广州新型智库丛书（第1辑）

机遇之城

建构世界一流的广州营商环境

陈万灵　著

SPM 南方出版传媒　广东人民出版社

·广州·

图书在版编目（CIP）数据

机遇之城：建构世界一流的广州营商环境／陈万灵著. —广州：广东人民出版社，2021.10

ISBN 978-7-218-15307-0

Ⅰ.①机… Ⅱ.①陈… Ⅲ.①投资环境—研究—广州 Ⅳ.① F127.651

中国版本图书馆 CIP 数据核字（2021）第 204433 号

JIYU ZHI CHENG：JIANGOU SHIJIE YILIU DE GUANGZHOU YINGSHANG HUANJING

机遇之城：建构世界一流的广州营商环境

陈万灵 著

出 版 人：肖风华

责任编辑：陈志强　王庆芳　张　瑜
责任技编：吴彦斌　周星奎

出版发行：广东人民出版社
地　　址：广州市海珠区新港西路 204 号 2 号楼（邮政编码：510300）
电　　话：（020）85716809（总编室）
传　　真：（020）85716872
网　　址：http://www.gdpph.com
印　　刷：广东鹏腾宇文化创新有限公司
开　　本：787 毫米 × 1092 毫米　1/16
印　　张：16　字　　数：258 千字
版　　次：2021 年 10 月第 1 版
印　　次：2021 年 10 月第 1 次印刷
定　　价：78.00 元

如发现印装质量问题，影响阅读，请与出版社（020-85716849）联系调换。
售书热线：020-85716864

■ 总　序

老城活力再迸发　出新出彩开新局

　　城市是文明的标志，是时代的精华。作为人类经济、政治、文化、社会活动的中心，城市伴随着人类文明进步而不断发展，而城市的发展又汇聚人流、物流、资金流、技术流、信息流，成为推动经济社会发展乃至人类文明进步、人的全面发展的强大驱动力。当今世界，城市化或城镇化已成为公认的衡量现代化水平的重要表征。全球城市化率在进入 21 世纪后快速提升，2008 年已跨越 50% 的重要节点。自改革开放以来，我国经历了世界历史上规模最大、速度最快的城镇化进程，特别是党的十八大以来我国城镇化率从 2012 年的 52.57% 迅速提升到 2020 年的 63.89%，实现从落后到显著反超世界平均城市化水平[①]，创造了世界城市发展史上的中国奇迹，也为当前全球城市化进程贡献了最大动力。

　　中心城市是区域和国家城市体系中的核心骨干，发挥着引领性和枢纽型的重要功能。中心城市发展关乎国家现代化建设和高质量发展，体现一个国家的国际竞争力。广州，作为具有 2200 多年建城史的历史文化名城、海上丝绸之路的

---

　　① 联合国人居署 2020 年 10 月发布《2020 年世界城市报告》，该报告公布的当期世界城市化率为 56.2%，并预测世界城市化率将在 2030 年突破 60%，参见 https://unhabitat.org/World Cities Report 2020。

千年枢纽型商都，作为今日之国家中心城市、综合性门户城市、粤港澳大湾区核心城市，作为拥有国际商贸中心、综合交通枢纽和科技教育文化中心功能的超大城市，在全国大局中有着举足轻重的重要地位，是代表中国参与全球合作与竞争的一支重要力量。面向新时代新征程，广州如何才能不负国家重托，肩负起更光荣更艰巨的历史使命？在全球城市的竞合博弈中，广州又该如何脱颖而出，自强不息？

东风好作阳和使，逢草逢花报发生。2018年10月，习近平总书记视察广东，嘱托广州实现老城市新活力，在综合城市功能、城市文化综合实力、现代服务业、现代化国际化营商环境方面出新出彩。这一重要指示，为走过两千余年历史的广州，总结弘扬历史经验，坚定育新机开新局，更好担当时代使命，给出了清晰的努力方向和目标路径。

老，是城市的历史积淀，是城市的发展底蕴，是城市值得世代赓续的"精、气、神"；新，是城市的时代使命，是城市的发展愿景，是城市生命力的新的焕发。新故相推，日生不滞。"老城市"为"新活力"的萌发厚植根基，"新活力"为"老城市"的肌体注入新的能量。实现老城市新活力，本质上就要把习近平总书记提倡的"全生命周期"管理理念，贯穿于城市这个结构丰富、功能强大的有机体的全方位治理，在"老"与"新"的有机统一中，推动城市生命力在继承发展中不断升华。

何谓"出新"？何谓"出彩"？出新，是城市新旧活力的更替和新活力的迸发，是城市创新力的涌流。不论是在城市的营商环境、产业与文化发展、社会与生态环境建设和综合治理等各方面，都必须遵循城市发展规律，因势利导，在理念创新、技术创新、文化创新、治理体制机制创新等方面敢为人先。在当今全球城市竞争发展的百舸争流中，惟创新者进，惟创新者强，惟创新者胜！出彩，是令人喝彩的城市发展、自然风貌和气质神韵等城市特色的打造，是城市让生活更美好的体现，是具有强大吸引力和广泛美誉度的城市魅力的亮丽绽放。在当今世界城市布局如同满天星斗竞相争辉中，惟出彩者优，惟出彩者美，惟出彩者劲！

广州这样的老城市，欲实现高质量发展和现代化治理，必须贯彻习近平总书记的重要指示，既善于"盘活"自身的历史遗产，又善于在城市建设、更新和发展中谋新篇、开新局，如此才能让我们具有雄厚历史积淀的老城市，更好经受时代变迁的考验，更好承担起社会主义现代化强国建设赋予广州新的使命任务。广州要实现老城市新活力，重在深入挖掘广州丰厚的历史底蕴，把"老城市"历久弥新的活力基因挖掘出来，在与时俱进中赋予"新"的特点、"新"的优势，为城市注入"新"的时代内涵。而"四个出新出彩"，恰恰正是广州这个老城市焕发新活力的四个重要抓手：综合城市功能的出新出彩，讲的是发展定位，强调的是城市大要有大的样子、要发挥中心辐射作用，要求广州既要充分发掘特大城市经济规模、创新带动、人才集聚等方面的优势和集中力量办大事的能力，又要在解决特大城市治理体系和治理能力的问题上开拓创新，为全国全省加快构建新发展格局打造重要战略支点；城市文化综合实力的出新出彩，讲的是发展动力，强调的是城市发展要注重文明传承、文化延续，解决好传统文化与现代化的融合问题，要求广州根植悠久厚重的历史文化，创新培育建设具有时代内涵的红色文化、岭南文化、海丝文化、创新文化，交出物质文明和精神文明两份精彩答卷，为城市改革发展注入强大的文化支撑和不竭的精神动力；现代服务业的出新出彩，讲的是发展优势，强调的是厚植"千年商都"传统优势，增创"现代商都"特色优势，要求广州发挥高水平现代服务业对城市发展、区域和国家经济社会发展的服务带动功能，推动构建具有世界竞争力的现代产业体系，跻身具有卓越全球化服务功能的国际大都市行列；现代化国际化营商环境的出新出彩，讲的是发展环境，强调的是对接国际规则标准，对标对表最优最好，要求广州推动形成全面深化改革、全面扩大开放新格局，持续推进市场化国际化法治化营商环境建设，进一步提升全球资源配置能力，增强粤港澳大湾区世界级城市群的核心引擎功能。

为科学总结广州近年来贯彻落实习近平总书记重要指示的进展和经验，更好引领各项工作全面出新出彩，进一步提升新时代城市发展境界、发展质量，中共广州市委宣传部、广州市社科联立项组织了系列重大研究课题，在深入研讨、多方论证基础上，成功推出了以"老城市新活力"为专题的"广州新型智库丛书"（第1辑）。丛书第1辑共5册，围绕一个主轴——老城市新活力，分别就激活广州这座城市在历史长河中积淀下来的"活力基因"，实现综合城市功能、城市文化综合实力、现代服务业、现代化国际化营商环境方面出新出彩进行深入探究，作出富有学理性和实践性的阐发。丛书第1辑坚持历史与现实相贯通、理论与实践相结合，注重总结广州在实现老城市新活力、"四个出新出彩"方面已有的良好基础和成功经验，深入提炼实现老城市新活力的五大活力基因、四大重要支撑体系，同时分析展示了今后的重点努力方向，提出了继续前行的发展路径和政策建议。而鉴于老城市新活力和出新出彩的时代命题具有普遍的现实意义，期待广州所作的探索和努力以及丛书第1辑的深入研究总结，能够为我国城市特别是众多老城市普遍迸发新活力提供可分享、交流的经验和认知，其中所蕴含的能够激发人们对现代城市建设与治理作深入思考、探讨的相关论述和实施方法，或可供所有研究城市发展、参与城市治理的各界读者以启迪。

新时代赋予新使命，新征程呼唤新作为。走过2200多年历史的广州，既闪耀着不朽的荣光，又有着向史而新、开拓前行的锐气。当习近平总书记在庆祝中国共产党成立100周年大会上向全党全国发出"踏上实现第二个百年奋斗目标新的赶考之路"的时代号令之际，广州在实现老城市新活力、"四个出新出彩"方面，已迎来良好的开局。时代的东风唤醒着花城的蓬勃生机，鼓舞着广州干部群众再振

"闯"的精神、"创"的劲头、"干"的作风，全面焕发老城市新活力，以"四个出新出彩"引领各项工作全面出新出彩，在全面建设社会主义现代化国家新征程中争当排头兵。我们相信，在习近平新时代中国特色社会主义思想指引下，在我们国家实现现代化、中华民族实现伟大复兴的宏图大业中，广州在新的赶考路上，一定能再向世界展示出一系列活力洋溢、不断出新出彩的漂亮答卷！

是为序。

丛书编委会

2021 年 10 月

■ 卷首语

广州是我国南大门和内地瞭望世界的一扇窗，还是对外开放和内外交流的枢纽。即使在帝国主义国家对社会主义中国全面封锁的年代，广州仍然通过香港保持对外联系。历史上，广州以其对外开放而闻名于世，作为古代海上丝绸之路的发祥地之一和"千年商都"，传承了历史遗留下来的有效商贸规则和优良商贸文化。中华人民共和国成立后不久，广州开设"中国进出口商品交易会"（亦称"广交会"），代表中国进行对外贸易。

改革开放以来，广州作为首批对外开放城市，1984年设立"经济技术开发区"，对体制机制进行系统改革，90年代中期初步建成"市场经济体制"架构，并开始投资"软环境"建设，采取了一系列"灵活"措施推动"软""硬"环境不断改善。进入21世纪，广州加快与国际规则接轨行动，加强与香港国际经济中心的商贸规则对接，并与深圳经济特区保持密切联系，把市场经济体制和国际商贸规则从经济特区传递进入内地，可以说，广州在制度和规则创新方面发挥了率先示范和推广的作用。

2008—2011年，广州设立和完善了规范化、集中服务场所（行政服务中心），构建了社会治理政府公共服务平台，形成广州市全部行政审批、公共服务事项"前台综合受理、后台分类审批、统一窗口出件"的"一站式"和"一条龙"服务模式。党的十八大报告提出全面深化经济体制和"放权、监管、服务"改革初步思路，推动政府职能向创造良好发展环境、提供优质公共服务的方向转变。2012年年末，习近平总书记在视察广东的重要讲话中对包括广州在内的广东改革开放提出了期望，要求广东实现"三个定位，两个率先"。党的十八届三中全会召开以来，中国改革开放进入新时代。在新的起点上坚定不移将改革开放进行到底，提出了营商环境建设的明确思路，围绕"放管服"把体制机制改革引向深入，从宏观方面的市场准入制度，到贸易和投资体制，再到各个部门细枝末节。

2012年10月，在广东省委、省政府关于《广东省建设法治化国际化营商环境五年行动计划》的指引下，广州率先展开营商环境优化的各方面行动，做实民众关心的生活细节便捷化，在建设公平正义的法治环境、透明高效的政务环境、竞争有序的市场环境、和谐稳定的社会环境、互利共赢的开放环境等方面取得了显著成效。2014年，南沙获批中国（广东）自由贸易试验区片区，要求建设成为粤港澳深度合作示范区和21世纪海上丝绸之路重要枢纽；2016年，广州获批城市定位"国际商贸中心和国际综合交通枢纽"，被中央寄希望于"以制度创新为核心"，成为全国新一轮改革开放先行地。广州积极利用自由贸易试验区政策，全力推进贸易便利化改革，于2015年6月构建起多个部门功能集成的国际贸易"单一窗口"，信息互换、监管互认和执法互助"三互"大通关改革、全球质量溯源体系、出入境无纸化申报、海事无人机"智慧口岸"服务、船舶载运危险货物快速通关等，均跻身全国标志性改革行列。在中央广播电视总台编撰的《中国城市营商环境报告2018》中，广州居中国城市营商环境综合排名第四位，其中广州市基础设施和政务环境两项排名全国第一。

广州体制机制改革开放一直备受关注，习近平总书记于2017年4月对广东工作做出重要批示，希望广东做到"四个坚持、三个支撑、两个走在前列"，要求在全面建成小康社会、加快建设社会主义现代化新征程上走在前列；于2018年3月参加十三届全国人大一次会议广东代表团审议时要求广东开创工作新局面，在构建推动经济高质量发展体制机制、建设现代化经济体系、形成全面开放新格局、营造共建共治共享社会治理格局上"四个走在全国前列"。2018年10月，习近平总书记在视察广东时，要求广州实现老城市新活力，在综合城市功能、城市文化综合实力、现代服务业、现代化国际化营商环境方面出新出彩。广州营商环境建设出新出彩是贯彻党和国家关于营商环境建设方针的重要政策，是践行习近平总书记指示的重要举措，为广州营商环境建设指明了方向。为此，广东省委、省政府要求有关部门参照支持深圳建设中国特色社会主义先行示范区模式，建立支持广州的工作机制和特事特办机制，主动协调解决广州遇到的困难和问题，以同等的力度，全省动员、全力支持广州推动"四个出新出彩"，实现老城市新活力。

在习近平总书记关于实现老城市新活力的重要讲话精神的鼓舞下，广州在营商环境建设方面取得了一个又一个的新业绩、新成就。广州建成全国首个"电商出口退货功能的跨境电商公共服务平台"、全国首个成功试点跨境电商 B2B 出口业务的跨境电商综合试验区；广州开发区获评 2019 年度"全国经济技术开发区营商环境指数""中国营商环境十佳经济开发区"排位第一名和"中国营商环境改革创新最佳示范区"，作为广东唯一代表入围"2019 中国改革年度案例"，荣获联合国"2019 年度全球杰出投资促进机构大奖"，形成一批可复制推广的经验做法；广州南沙新区荣获 2020 年"国际化营商环境建设十佳产业园区"称号。

从 2019 年的营商环境改革 2.0 版，到 2021 年启动的营商环境改革 4.0 版，广州不断"加码"体制机制改革任务，瞄准最高标准、最高水平规则，深化与港澳营商环境建设合作，对标香港多个领域的市场规则，为加快建立与国际高标准贸易投资规则相衔接的制度体系奠定了基础，重点在市场准入、产权保护、法制保障、政务服务等方面对标港澳的制度安排，加快金融、医疗、建筑及基础设施等领域的规则对接，探索推进穗港澳三地"单一窗口"系统对接与合作。

为了推进更高水平开放型经济新体制建设，中共中央、国务院先后发布实施《粤港澳大湾区发展规划纲要》《建设高标准市场体系行动方案》，广州正在按照中央文件的有关精神，筹划和率先开展高标准市场体系示范建设，在夯实市场体系基础制度、改善提升市场环境和质量、实施高水平市场开放、完善现代化市场监管机制等方面，全面完善产权保护制度、实施市场准入负面清单制度、完善公平竞争制度，有序扩大服务业市场开放，推动制度型开放。加大力度推进粤港澳大湾区建设，更好落实 CEPA（《内地与香港（或澳门）关于建设更紧密经贸关系的安排》）框架下对港澳开放措施。在构建开放型经济新体制、建设法治化营商环境等方面，积极挖掘改革潜力，破解改革难题。坚持使用"绣花"功夫扎实做好营商环境改革各项措施落地，努力建构更具竞争力的国际一流营商环境，在细节上做到"人人都是营商环境，处处优化营商环境"，为市场主体和民众提供优良的营商环境。2021年7月，国务院确定广州培育"国际消费中心城市"定位任务。广州营商环境建设将把国际消费中心城市与增强国际商贸中心功能结合起来，进一步推动商贸服务和消费环境的优化，促进"双循环"新发展格局的形成和完善。力争把广州建设成为具有平安有序的城市环境、先进高效的政务环境和世界一流的现代化国际化营商环境的国际消费中心城市。

前　言

　　"营商环境"是一个由来已久的议题。早在 1979 年，世界经济论坛编撰的《全球竞争力报告》就使用"营商环境"来评价城市竞争力。2003 年，世界银行通过《营商环境报告》评估各国私营企业发展环境，从而把"doing business"推向国际社会，引起世界各国政府的普遍关注。2008 年，世界银行首次发布了《2008 中国营商环境报告》，之后"doing business"被翻译成中文"营商环境"，引起中国社会各界的重视。广东较早地重视"营商环境"建设实践，2012 年中共广东省第十一次党代会提出建设国际化营商环境的制度框架，并推动广东省委、省政府制定和实施《建设法治化国际化营商环境五年行动计划》。2013 年 10 月，党的十八届三中全会报告明确提出了营商环境建设的思路，并作为国务院推进政府职能转变和机构改革的行动，推动全国各地营商环境建设的实践。2015 年，国务院正式提出"放管服"改革，作为"营商环境"建设的具体行动。

　　广州地处中国"南大门"，20 世纪 50 年代开始的"中国进出口商品交易会"一直延续至今，为广州现代化、国际化营商环境奠定了基础。改革开放以来，广州作为首批开放城市，率先进行体制机制改革，推动市场机制和商贸规则创新，并且逐步恢复"千年商都"留存下来的惯例和商贸文化。80年代设立"国家级经济技术开发区"，90年代设立"保税区"。进入20世纪以来，逐步设立"出口加工区"（2000）、"保税物流区"（2008）、"南沙保税港区"（2008）、"南沙（国家级）新区"（2012）、"自由贸易试验区"（2015）等，不断推动经济体制机制改革和开放，优化投资环境建设，推动行政体制改革和政商关系的改善，完善对外贸易和引进外资的便利化营商环境建设，对接世界贸易组织（WTO）规则，等等。2012年，广州率先启动营商环境的优化建设，在法治环境、政务环境、市场环境、社会环境、开放环境等方面进行探索。党的十八届三中全会明确提出"营商环境"建设后，广州营商环境建设不断扩大范围和深度，深入细化各个领域各个部门，包括一些新兴领域营商环境建设，从境内体制改革，到边境体制机制改革，再到境内政策调整和法治化建设，广州都走在全国前列，取得了显著成效。2018年《中国营商环境与民营企业家评价调查报告》对全国34个主要城市营商环境进行评估，广州位列全国第一，"政务环境指数"评分位列副省级城市和地级市第一。

2018年10月，习近平总书记视察广东时，提出了实现老城市新活力，进一步要求广州"在综合城市功能、城市文化综合实力、现代服务业、现代化国际化营商环境方面出新出彩"，这为广州营商环境建设指明了方向。近几年，广州制定出台了关于营商环境综合改革和优化建设方案和措施，推动广州营商环境改革从1.0版，到2.0版和3.0版，2021年实行4.0版的各项措施。广州营商环境建设成就引起了外界广泛关注。世界银行有意向将广州作为评价中国营商环境的"样本"。因此，广州营商环境建设具有更重要的现实意义，一是贯彻党和国家关于营商环境建设方针的重要政策，实现习近平总书记关于广州营商环境建设出新出彩的嘱托；二是为全国营商环境建设树立"广州样本"；三是不断激发市场主体活力，增强广州生产力和国际竞争力；四是推动广州经济转型升级和高质量发展；五是推动构建和完善广州"双循环"新发展格局，助推广州构建世界一流国际商贸中心、国际消费中心城市。

营商环境是指市场主体在获准进入市场、生产经营和退出等企业生命周期过程中涉及的外部因素和条件的总和。从微观角度看，营商环境是指关于企业"设立—经营—注销"环节所涉及的规则和机制；从宏观角度看，是指企业生命周期涉及的政务环境、经济环境、法治环境、人文环境等，包括政府行政方式及公共服务、产业发展和创新的政策环境、市场化环境、法治化环境、国际化环境、社会环境、设施条件及硬环境、软环境建设等。所以，市场主体生命周期"设立—经营—注销"过程的考察和分析，可以延伸到宏观方面对应的体制机制建设，对应到有关部门行政程序和效率。可见，营商环境的研究所依赖的理论基础可以追溯到新制度经济学理论和方法。从这个理论角度看，营商环境是激励和约束市场主体行为或活动的制度环境和制度安排，包括体制机制、法律法规、规则程序等。但是本书并不阐述新制度经济学理论，而是把新制度经济学理论作为考察营商环境建设的暗含方法。因此，在考察广州现代化国际化营商环境建设状况后，直接进入现实问题的描述和提炼。

鉴于上述营商环境的内涵界定，本书安排以下研究内容。

（一）广州营商环境建设的背景与意义。首先从"营商环境"概念的兴起和演变说明营商环境建设的背景，并简单说明中国营商环境建设的状况。其次，阐述其内涵和外延，重点阐述"营商环境建设的行动框架"。最后说明广州营商环境建设的形势，揭示广州营商环境建设"出新出彩"的意义。

（二）广州营商环境建设的状况与绩效。首先概述近几年广州营商环境建设的进展，展示从营商环境改革1.0版到4.0版的建设过程，其次提炼其营商环境建设的成效。最后，采取个案分析方法，总结广州经济技术开发区凭借体制改革与开放创新获得"最佳示范区"，黄埔区走在前沿的"数字政府"和"智慧政务"建设，南沙自由贸易试验区便利化创新及其国际化营商环境建设的经验。

（三）营商环境建设的评价与基本标准。阐述国际化营商环境评价的实践，通过多个评价方法比较，总结评价方法，展示主要的国际化营商环境评价指标体系，并进行比较分析，进一步提炼国际化营商环境的基本标准。

（四）营商环境建设先进样本的经验与启示。从众多营商环境建设实践中选择几个"先进样本"，阐述其营商环境建设的基本做法，总结先进样本的经验，提炼对广州营商环境建设的启示。

（五）广州营商环境优化的基本思路与方向。根据广州营商环境建设的状况，借鉴营商环境建设的基本标准和先进样本建设经验，提出优化广州营商环境的基本思路，进而提出营商环境"广州样本"建设出新出彩的三大方向，即高标准规则建设、现代化营商环境建设和国际化营商环境建设。

（六）营商环境"广州样本"的建设路径。基于广州营商环境优化的基本思路与方向，阐述六大路径：一是优化政务环境，提升公共服务水平；二是优化企业选择空间，助推产业转型升级；三是优化科技发展环境，重点支持创新实践；四是优化人才发展环境，促进人力资本集聚；五是优化规制运行环境，提升营商环境社会治理水平；六是优化生产生活环境，完善城市服务功能。

（七）巩固和提升营商环境"广州样本"的保障措施。基于前述"广州样本"建设的思路、方向和路径，提出"广州样本"建设的保障措施：一是提高中国营商环境"广州样本"的认识；二是加强"广州样本"标准的宣传和普及；三是提升对标"广州样本"的企业国际化规则意识；四是加强对标"广州样本"的政府组织行动。

营商环境建设是一个动态的、一直在路上的创新和完善过程，随着社会发展和时代进步，市场主体不断创新，每个主体都要经过各自生命周期实现更新，对营商环境总有新的需求，需要政府、社会各界组织和个人不断努力，包括企业本身的努力，创造不同特色的、适合的营商环境。

目录

第一章
广州营商环境建设的背景与意义

　　"营商环境"术语的引入及其建设行动推动了中国体制机制改革，既推动了经济体制改革，又推动了政府行政管理体制机制的创新，大幅度降低了体制运行摩擦成本和制度性成本，加快了要素的自由而快速流动，促进了经济组织运行效率与和谐社会建设。高效率的体制机制是国家竞争力的基础和区域竞争力的基本保障。近几年营商环境建设实践和国际高标准规则为中国体制改革提供了重要经验和参考。2018 年 10 月，习近平总书记视察广东过程中进一步要求广州实现老城市新活力，推动现代化国际化营商环境建设"出新出彩"，为广州营商环境建设指明了方向。广州营商环境建设的"出新出彩"不仅提升了广州的国际竞争力，而且促进了广州经济高质量发展与和谐社会建设。

第一节　营商环境建设的背景

　　营商环境具有较强的综合性，在中国语境中，体制机制、商务环境、经营环境、投资环境、硬环境、软环境等术语，早已出现在各种政府工作报告和文件、媒体和学术论著中。近几年，在中国开放"接轨"的潮流中，社会各界逐渐关注国际上所说的"营商环境"问题，并在官方文件、媒体报道和学术论著中频繁使用，而且越来越重视营商环境建设或营商环境改革。

一、营商环境建设的国际背景

"营商环境"（business environment）最早来自世界经济论坛 1979 年所编撰的《全球竞争力报告》，该报告对各个经济体的竞争力进行评估，使用"营商环境"来评价城市竞争力。显然，该报告没有明确定义"营商环境"，只是列举基础设施、市场因素、宏观经济背景、创新与商业活力等指标来说明。一般而言，营商环境是指在某个经济体的企业开展经营活动的便利化程度，反映该经济体的企业营商的难易程度，实质是反映政府与企业的政商关系。

在国际社会，还有许多国际组织也关注各国"营商环境""政商关系"。比如，世界贸易组织（WTO）很早就重视政商关系，关注各个成员国营商环境状况，而且都希望伙伴方改善企业营商环境。早在 WTO 前身"关贸总协定"乌拉圭回合谈判结束后不久，随着关税和其他贸易壁垒的大幅度下降，各成员国就开始关注复杂的通关手续和烦琐的单证要求问题，希望简化货物过境手续、增强贸易法规透明度等。1995 年，世界贸易组织成立，并提出把反映各国政商关系的"贸易便利化"问题列入新一轮谈判内容。1996 年新加坡部长级会议把"贸易便利化"作为一个独立的议题，一开始遭到发展中经济体成员的极力反对，经过反复讨论，2004 年各个成员方同意以"一揽子工作方案"附件 D 的形式，达成该议题的谈判模式。各成员方经过多年多轮谈判，2013 年 12 月，WTO 第九届部长级会议达成 WTO 成立以来第一份多边贸易协定"巴厘一揽子协定"，其中贸易便利化最引人关注。2014 年 11 月，世贸组织各成员通过落实《贸易便利化协定》有关事项的议定书，并交付 WTO 成员核准。2017 年 2 月 22 日，三分之二成员核准接受该协议，同时生效，并对已批准协定的成员正式实施《贸易便利化协定》。贸易便利化几乎涉及贸易的全部过程，包括外贸、海关、外汇、银行等多部门，实际上是反映贸易领域的营商环境。这些环节内容涉及的规则和体制，是各成员国境内政策、规则和制度的反映。中国在

2015年9月向世贸组织提交《贸易便利化协定》接受书，成为第16个核准议定书的成员。2016年3月，中国成立由商务部牵头的关于贸易便利化的部级联席会议，同年12月发布首个《贸易便利化年度报告》，对照协定内容全面梳理中国贸易便利化情况。

在WTO致力于改善贸易便利化问题过程中，世界银行集团（简称"世界银行"）把"营商环境"概念推向国际社会，引起世界各国政府的普遍关注。2001年，世界银行在探讨各国私营部门发展的新战略时，发现私营企业经营环境很重要，急需一套衡量和评估各国私营企业发展环境的指标体系，即企业营商环境指标体系。于是，世界银行设立Doing Business小组，负责创建企业营商环境指标体系。2003年，世界银行发布《营商环境报告》，使用"Doing Business"为报告题目，翻译成汉语"营商环境"。世界银行的目的是对各国私营企业发展环境进行评估。

从2003年发布第一个世界营商环境评价报告后，世界银行坚持每年发布一个评估报告，公布各个经济体营商环境得分和排名。之后，不断丰富营商环境评价内容，改进其指标体系，并且不断变换考察重点，从企业生命周期、税收、环保，到知识产权等。经过多年的运行，世界银行营商环境评估系统得到不断完善，其指标体系和方法得到改进，营商环境指标体系和评估排名逐渐成为企业选择投资区位的指南，也是各国政府展示其治理能力和结果的标志。

与此同时，世界银行还关注与贸易便利化相似的物流问题。随着全球各国关税下降，供应链效率低下是贸易自由化和经济一体化的主要障碍。物流以及贸易便利化等方面被视为降低贸易成本的手段，提升物流绩效可以降低物流成本，提升贸易便利化可以降低交易成本。2007年，世界银行组织开发出"物流绩效指数"（Logistics Performance Index，LPI），用来衡量世界各国贸易物流发展水平。该指数描述了经济及其影响因素。自2007年以来，《物流绩效指数》报告每两年出版一期，设置港口及基础设施质量、海关效率、内陆运输及时效性等若干贸易指标，对168个经济体进行调查，据此确定各个国家贸易物流绩效及其排名情况。这引起了世界各国的重视，采取各种策略来提升物流绩效，其物流效率出现了缓慢趋同态势。高收入经济体正在努力推行"绿色物流"措施，或采取有利于环保的物流服务。中等收入经济体通常注重改善物流服务，特别是提高运输、货运代理和仓储等环节的服务效率。低收入经济体通常采取改善基础设施和边境管理等措施。2008年国际金融危机后，互联网、大数据、智能制造、新能源等新技术得到广泛运用，供应链绩效成为国家或地区竞争力的重要指标。

世界银行于2014年发布的《物流绩效指数》报告指出，各国都认识到便利化问题的重要性。但是，世界各国物流效率还存在一定差距。多年来，发达经济体物流绩效指数排在前列，比如，德国、荷兰、比利时、英国、新加坡、瑞典、挪威、卢森堡、美国、日本等。在世界银行发布的《物流绩效指数（2018年）》报告中，显示发达经济体在全球贸易物流中仍居领先地位，高收入国家平均得分比低收入国家高48%。

从上述背景看，国际社会对营商环境的关注由来已久，而且越来越重视，并积极行动起来，形成关注营商环境的潮流。许多国际机构都涉及营商环境的评价和研究，各国政府都非常重视营商环境建设和优化，以此改善投资环境，从而提高国际竞争力。这些关注和行动代表各个国家和投资商对营商环境不同角度的评价：有的关注宏观政策，有的关注政商关系，有的注重物流环境，有的重视贸易和投资便利化，等等，这些反映了国际社会对营商环境的多角度评估和综合判断。无论是发达经济体，还是发展中经济体，都不断改善或优化营商环境，大力提升贸易便利化水平和物流绩效指数。

二、国内营商环境建设的状况

改革开放以来，中国一直致力于营商环境的调整和改善，采取了"体制改革""经营环境""投资环境"等话语体系来表现。官方也会经常制定一些关于"投资环境"的政策文件，比如，国务院于2004年颁布的《关于投资体制改革的决定》，财政部于2002年出台的《外商投资环境建设补助资金管理办法》，广东省政府于 2002 年、2004 年先后出台的《关于进一步优化广东投资软环境的若干意见》《关于进一步优化投资环境做好招商引资工作的若干意见》，广州市人民政府于 1998 年颁布的《关于进一步改善投资软环境的若干规定》（现已废止），等等。因此，在"营商环境"术语出现之前，社会各界通常用"投资环境""经营环境"来说明企业经营所面临的政治、经济、法律和社会文化环境，通常分为"硬环境"和"软环境"，前者是指资源状况、能源、交通运输、通信等的条件和设施状况，后者是指企业所在地的政府效率及政策、教育水平、技术环境、社会文化、法律服务、信贷条件等情况。从过程和内容看，中国营商环境建设的各个时期呈现不同特点。

（一）宏观"体制改革"模式

中国体制改革始于对计划体制的调整和改革。1978 年，党的十一届三中全会拉开体制改革的序幕，主要是政府不断放松对下级政府和企业的管制权，逐步让企业独立经营。1982 年，党的十二大提出了"计划经济为主，市场调节为辅"改革思想，形成了"有计划的商品经济"模式。1987 年，党的十三大提出了"国家调节市场，市场引导企业"的经济机制。1992 年，邓小平南方讲话和党的十四大召开确定了市场经济体制的改革目标。之后，体制改革力度不断加大，改革的领域不断拓宽，从宏观到微观，从经济领域到政治领域及其他领域拓展。总体来看，体制改革大体上可分为经济体制改革和行政体制改革两大类。这两方面是相互联系的，从早期进行计划体制的完善和改革，逐步过渡到减少计划范围及其执行强度、增强市场机制作用的市场化改革，再到后来进行国际化、法治化改革。其实质是降低政府直接干预企业的市场行为，降低政府的监管范围和直接管制，逐步建立市场经济体制机制，为各类企业的自主决策、独立经营、自由竞争营造越来越宽松的营商环境。

在经济体制改革方面，我国同时进行了内部体制改革和对外开放体制的改革，强调通过体制开放"倒逼"体制改革，内部体制改革和对外开放体制改革都非常重视投资环境建设，特别是在开放和引进外资方面，采取了"超国民待遇"措施，不断改善投资环境，为外商投资及经营提供了全方位服务，获得了外商高度评价。随着中国加入 WTO（2001），一方面加强市场经济体制机制建设，不断强化企业的独立自主作用，降低政府的行政干预，提升企业行为管理法治化水平；另一方面，遵循"国民待遇"原则，对所有市场主体营造一种公平竞争的营商环境。随着中国改革开放的深入进行，营商环境得到持续改善，逐步取代早期"超国民待遇"，对外商投资实行国民待遇，同时也给予国内企业特别是民营企业享受公平的国民待遇，参与公平的市场竞争。

在行政体制改革方面，一系列改革多数与投资环境、经营环境以及政商关系密切相关。改革开放以来，中国进行了八次较大规模的行政体制改革。1982 年进行了第一次大规模机构改革，重点是精简机构和取消干部终身任职制度。1988 年进行第二次机构改革，在第一次改革内容基础上，开始重视政府职能调整，增加了理顺党政关系和转变政府职能的任务。从现在语境来看，当时的行政体制改革已经具有"营商环境建设"的含义。1993 年的机构改革目标是围绕"市场体制"展开，推动政府和企业的职能分开，减少政府对企业的管制。1998 年的机构改革目的是消除政企不分的组织基础，对国有企业进行改制。2003 年，依据中国加入 WTO 的承诺而进行的行政体制改革，深入推进政府职能转变，强调经济调节、市场监管、社会管理和公共服务等方面职能，完善宏观调控体系，深化国有资产管理体制的改革，推行内外贸易统一管理体制，健全金融、食品药品、安全生产监管体制。2008 年和 2013 年的两次机构改革主要实行"大部门"体制，目标是转变政府职能和理顺职责关系，强化政府的宏观调控职能，弱化对微观组织（企业）及其具体事务的管制和审批。在 2008—2012 年这五年中，国务院分两轮取消和调整行政审批事项 498 项，各部门取消和调整的审批项目总数达到 2497 项，占原有审批项目的 69.3%。① 2018 年的改革，再次强化党和政府的宏观调控和公共职能。可见，中国行政体制改革实际上是调整政府与企业的"政商关系"，为政府增强"服务"意识、提高服务质量

---

① 温家宝：《政府工作报告——2013 年 3 月 5 日在第十二届全国人民代表大会第一次会议上》，2013 年 3 月 19 日，见 http://www.gov.cn/test/2013-03。

营造了体制基础和制度保障，并不断扩大企业自由竞争的空间，扩大企业在自主选择行业、参与市场竞争与合法退出等方面的权利和空间。

从上述改革开放的内容看，中国的体制机制改革一直以"转变政府职能""减少行政干预""改善政商关系""营造公平竞争环境"等形式出现，不断推进营商环境的改善。

（二）基于企业角度"营商环境"模式

自从 2008 年世界银行首次发布了关于中国的国别报告之后，社会各界对"营商环境"有了更多了解，并给予足够关注。从此，中国社会各界开始研究营商环境建设问题，对体制改革开放赋予了"营商环境建设"的内涵。世界银行的《2008 中国营商环境报告》从开办企业、登记物权、获取信贷和强制执行合同四个方面，反映了中国 30 个城市的地方投资环境状况，这些评价指标值，为各个地方营商环境建设提供了可供比较的依据和参照标准。引起各地政府的重视并以此评估值为参照，推动了各地研究和制定改善营商环境的措施和政策。

中国较早重视"营商环境"建设实践的地区是广东。2012 年 5 月，广东省第十一次党代会上提出"力争通过五年努力，基本形成法治化、国际化营商环境的制度框架"，省委、省政府决定制定《建设法治化国际化营商环境五年行动计划》。之后不断推动广东营商环境的改善。

党的十八届三中全会之后，"营商环境"建设逐步成为全国性行动。党十八届三中全会报告明确提出了营商环境建设的思路，要求"推进工商注册制度便利化，削减资质认定项目，由先证后照改为先照后证，把注册资本实缴登记制逐步改为认缴登记制。推进国内贸易流通体制改革，建设法治化营商环境"。2014 年国务院《政府工作报告》总结了上年政府核准投资项目目录，推动工商登记制度改革的情况，提出了推进政府职能转变和机构改革，大幅减少行政审批事项；首次提到"营商环境"，并从开放和利用外资角度提到当年工作重点"打造内外资企业一视同仁、公平竞争的营商环境"。之后，不仅在国务院政府工作报告和文件中常常出现，也在地方政府工作报告、文件和规划中频繁出现，显示了政府对营商环境建设的重视和行动。2015—2016 年营商环境建设总体上取得阶段性成效。围绕激发市场活力，深化商事制度改革，工商登记全面实施"三证合一、一照一码"，前置审批精简 85%。依托"互联网＋政务服务"，全面推行"双随机、一公开"，加强事中、事后的监管，建立公平竞争审查制度。出台有关政策举措，推动了"大众创业、万众创新"，2016 年新登记企业增长 24.5%，加上个体工商户等，各类市场主体每天新增 4.5 万户。①

（三）基于政府角度"放管服"模式

2012 年，党的十八大会议报告指出全面深化经济体制，强调行政体制改革，要求深化行政审批制度改革，继续简政放权，推动政府职能向创造良好发展环境、提供优质公共服务的方向转变，这实际上就是"放权、监管、服务"改革初步思路。国务院在《关于第六批取消和调整行政审批项目的决定》中取消 171 项行政审批项目、调整 143 项行政审批项目，推动政府大量退出市场竞争机制能够有效调节、行业组织或者中介机构能够自律管理的事项。

2013 年开始加大了"简政放权"的力度，3 月，十二届全国人大一次会议第四次全体会议通过了《国务院机构改革和职能转变方案》，国务院办公厅发文具体实施这个方案（国办发〔2013〕22 号）。5 月，国务院做出《关于取消和下放一批行政审批项目等事项的决定》，第一批先行取消和下放 71 项行政审批项目等事项，重点是投资、生产经营活动项目。2013 年全年取消和下放了 416 项行政审批等事项，扩大"营改增"试点，取消和免征行政事业性收费 348 项。②

2014 年，继续推进简政放权的改革，国务院《政府工作报告》显示全年"国务院各部门全年取消和下放 246 项行政审批事项，取消评比达标表彰项目 29 项、职业

---

① 根据 2016 年和 2017 年的国务院《政府工作报告》有关总结提炼而成。

② 李克强：《政府工作报告——2014 年 3 月 5 日在第十二届全国人民代表大会第二次会议上》，2014 年 3 月 14 日，见 http://www.gov.cn/guowuyuan/2014-03/14/content_2638989.htm。

资格许可和认定事项 149 项，再次修订投资项目核准目录，大幅缩减核准范围"。

2015 年是中国政府重视"放管服"改革和营商环境建设的转折点。国务院《政府工作报告》提出 2015 年是全面深化改革的关键之年，是全面推进依法治国的开局之年，要求"加大简政放权、放管结合改革力度"，建立规范行政审批的管理制度，所有行政审批事项都要简化程序，明确时限，深化商事制度改革，加强事中事后监管，要求"各级政府都要建立简政放权、转变职能的有力推进机制，给企业松绑，为创业提供便利，营造公平竞争环境"。为了落实国务院工作计划，5 月 12 日，国务院在全国推进简政放权放管结合职能转变工作的电视电话会议①上，正式提出"放管服"改革，即简政放权、放管结合、优化服务的改革，"放管服"改革内涵得以充实，并贯穿营商环境建设的多个方面；并提出以参与世界银行全球营商环境评估为抓手，将《营商环境报告》对中国的排名作为一种监督和激励机制，并以此评估"放管服"改革成效和进展。党的十八届五中全会提出要完善法治化、国际化和便利化的营商环境，大力营造稳定公平透明、可预期的营商环境。全国"取消和下放 311 项行政审批事项，取消 123 项职业资格许可和认定事项，彻底终结了非行政许可审批。工商登记前置审批精简 85%，全面实施'三证合一、一照一码'。加强事中事后监管，优化公共服务流程"。②

2016 年，中国继续推进"放管服"改革向纵深发展，营商环境持续向好。"放管服"是宏观调控的关键性工具，"行政管理体制改革"是全面深化改革的重要内容。国务院 2016 年《政府工作报告》提出坚持继续推进"放管服"和行政体制改革。继续简政放权，推进商事制度改革，减少审批，取消或下放相同相近、关联事项；推进"证照分离"改革试点，继续削减前置审批和不必要证照。推进政府监管

---

① 李克强：《简政放权放管结合优化服务深化行政体制改革 切实转变政府职能——在全国推进简政放权放管结合职能转变工作电视电话会议上的讲话》，2015 年 5 月 15 日，见 http://politics.people.com.cn/n/2015/0515/c1024-27003244.html。

② 李克强：《政府工作报告——2016 年 3 月 5 日在第十二届全国人民代表大会第四次会议上》，2016 年 3 月 5 日，见 http://www.gov.cn/guowuyuan/2016zfgzbg.htm。

体制改革，提高政务服务效率，继续减少行政审批事项，"取消 165 项国务院部门及其指定地方实施的审批事项，清理规范 192 项审批中介服务事项、220 项职业资格许可认定事项"[①]。

2017 年，国务院的工作重点在于加快推进基础性、关键性事项改革，持续推进政府职能转变，《政府工作报告》中提出"全面实行清单管理制度，制定国务院部门权力和责任清单，加快扩大市场准入负面清单试点，减少政府的自由裁量权，增加市场的自主选择权……加快国务院部门和地方政府信息系统互联互通，形成全国统一政务服务平台"。2017 年 7 月，习近平总书记在中央财经领导小组第十六次会议上强调，北上广深等特大城市要率先加大营商环境改革力度，营造稳定公平透明、可预期的营商环境。

2018 年，按照党中央、国务院部署，各地区、各部门深化"放管服"改革取得了很大成效。1 月，国务院常务会议部署持续优化营商环境，不断优化"软环境"，继续精简企业开办、施工许可、水电气报装、不动产登记、纳税等事项的审批程序，积极推进"证照分离""双随机、一公开"等监管方式。进一步清理取消经营服务性收费和行业协会商会收费，优化口岸营商环境，降低通关环节费用。6 月，国务院召开全国深化"放管服"改革转变政府职能电视电话会议，李克强总理强调持续深化"放管服"改革，推动政府职能深刻转变，最大限度激发市场活力。7 月，国务院成立了推进政府职能转变和"放管服"改革协调小组，并下设优化营商环境专题组，先后出台了《关于部分地方优化营商环境典型做法的通报》《关于聚焦企业关切进一步推动优化营商环境政策落实的通知》等一系列文件，对优化营商环境做出了具体部署。全国在线政务服务平台建设加快，实现"一网通办"，将部分地方实施的政务服务"一站式"办理、涉税业务"通办"、套餐式集成服务、"互联网＋医保"、民生服务"指尖"办理、跨区域协同监管等 28 项便利化商事措施，向更

---

① 李克强：《政府工作报告——2017 年 3 月 5 日在第十二届全国人民代表大会第五次会议上》，2021 年 3 月 5 日，见 http://www.gov.cn/guowuyuan/2017zfgzbg.htm。

大范围推广。优化办税服务，不动产一般登记、抵押登记业务办理时间年底前分别压缩至 15 个、7 个工作日内。①

（四）"贸易和投资便利化"试验

2013 年 9 月，设立中国（上海）自由贸易试验区，目的是深度推行贸易和投资便利化的改革试验，大幅度简化商事制度，形成可复制可推广的体制机制。2014 年，上海自由贸易试验区对外商投资实行"准入前国民待遇加负面清单"的管理模式。之后，以缩短"外商投资负面清单"为中心，公布多个版本外资准入"负面清单"，不断提高自由贸易试验区自由化和便利化水平。在上海自由贸易试验区取得了初步改革成效基础上，2015 年 4 月在广东、天津和福建设立自由贸易试验区，鼓励各个自由贸易试验区持续优化营商环境的措施，比如，在海关办理登记时，直接使用其数据办理货物收发货人注册登记，实行市场监管、商务等部门数据共享，大大简化海关进出口登记的程序；实现海关与检验检疫业务全面融合，统一申报单证、统一现场执法等；优化办税服务，大幅压缩企业办理纳税时间。打造内外资企业一视同仁、公平竞争的营商环境，使中国继续成为外商投资首选地。

2016 年 4 月，按照 WTO《贸易便利化协定》第 23 条的要求，中国商务部牵头成立了"国家贸易便利化委员会"，颁布《国务院贸易便利化部际联席会议制度》。按照联席会议制度，同年 12 月发布首个《贸易便利化年度报告》，对照协定内容全面梳理中国贸易便利化情况。之后几年，积极推广上海等自贸试验区改革创新成果，外资企业设立及变更逐步由审批制改为备案制。推行通关一体化、单一窗口、通关无纸化、边境机构合作、AEO（Authorized Economic Operator，授权经济经营者）制度、发布放行时间、取消及降低行政性收费、放行和征税分离等领域的贸易便利化措施，取得了显著进展。

---

① 《李克强主持召开国务院常务会议部署持续优化营商环境等》，2018 年 7 月 18 日，见 http://www.gov. cn/xinwen/2018-07/18/content_5307460.htm。

2017 年 3 月，辽宁、浙江、河南、湖北、重庆、四川和陕西设立自由贸易试验区。2018 年 8 月，山东、江苏、广西、河北、云南和黑龙江设立自由贸易试验区。2018 年 4 月国家决定将海南全岛设立为自由贸易试验区（港），实行更加开放的政策，深化体制机制改革，加快形成法治化、国际化、便利化的营商环境，探索自由贸易港建设。2020 年 9 月，自由贸易试验区进一步扩围，设立了北京、湖南、安徽和浙江自由贸易试验区。全国已经设立了 22 个自由贸易试验区（港），自由贸易试验区建设布局逐步完善。党的十九大报告对自由贸易试验区赋予了更大改革自主权，建设投资和贸易便利化程度更高的开放体制机制。国务院先后印发了《关于支持自由贸易试验区深化改革创新若干措施的通知》《关于推进自由贸易试验区贸易投资便利化改革创新》，持续推进自由贸易试验区贸易投资便利度、国际物流便利度、金融服务便利度及其法制保障。

（五）"市场准入负面清单"模式

2014 年 7 月，国务院发布《关于促进市场公平竞争维护市场正常秩序的若干意见》，要求制定"市场准入负面清单"，明确列出禁止和限制投资经营的行业、领域、业务等，进一步限制政府审批干预，清单以外的行业，各类市场主体皆可依法平等进入。国务院 2015 年《政府工作报告》提出继续推进市场准入负面清单的研究和制定工作，国家发改委和商务部等部门于 2016 年 4 月联合公布《市场准入负面清单草案（试点版）》，在天津、上海、福建、广东四个省（市）试行，其中非允许清单共 328 项，包括禁止准入类 96 项，限制准入类 232 项。之后不断减少负面清单的非允许项目。

2017 年，市场准入负面清单试点范围扩大到 15 个省（市）。党的十九大提出要全面实施市场准入负面清单管理，深化商事制度改革，完善市场监管体制；提出"构建亲清新型政商关系"，将进一步简政放权、参与和引领国际经济合作作为营商环境建设的重要举措，既注重防范和规避负面影响，也注重优化政策环境、法治环境、社会环境和市场环境。

2018 年 12 月国务院公布市场准入负面清单 2018 年版，全面实施全国统一的"市场准入负面清单"，其中禁止准入类 4 项、许可准入类 147 项。落实各类所有制企业一视同仁的承诺，废止妨碍市场公平竞争的规定。加快投资项目承诺制改革，简化投资审批，最终实现企业投资一般"零审批"，重点专项加强事后监管。在市场准入负面清单实施过程中不断修订，2019 年 9 月公布 2019 年版清单，限制类事项 131 项；2020 年 12 月公布 2020 年版清单，列入事项 123 项，市场准入限制持续放宽。

总之，全国统一的市场准入负面清单制度在短短几年内全面铺开，确立了市场准入环节的负面清单管理模式，对于清单之外的行业、领域、业务等，市场主体可以依法平等进入，实现"非禁即入"。这对市场主体的预期和行为起到积极引导作用，企业活力得到进一步激发，政府行为得到更好规范，逐步形成了体制比较成熟、制度更加定型的市场监管体系。

（六）"营商环境法治化"模式

为持续深化"放管服"改革优化营商环境，更大激发市场活力，增强发展内生动力，2019 年 10 月国务院发布《优化营商环境条例》，把营商环境建设上升到制度层面，推进了中国营商环境建设的法治化水平。该《条例》强调了平等对待各类市场主体，包括市场准入、平等获取要素、招标投标和政府采购等环节；针对市场主体在生产经营活动中可能遇到的痛点难点堵点问题，从便利企业开办、生产经营、规范税费办理、融资、人才服务、公共服务等方面进行了规定。

党中央、国务院于 2020 年 5 月发布《关于新时代加快完善社会主义市场经济体制的意见》，明确提出"以一流营商环境建设为牵引，持续优化政府服务"，对新时代优化营商环境提出了明确要求。国务院办公厅于 2020 年 7 月发布《关于进一步优化营商环境更好服务市场主体的实施意见》，持续提升投资建设便利度，进一步简化企业生产经营审批和条件，优化外贸外资企业经营环境，完善优化营商环境长效机制。

总体来看，党的十八大以来，党中央、国务院围绕深化"放管服"改革、优化营商环境做出了一系列重大决策部署。国务院多批次做出关于取消和调整行政审批项目的决定，2016—2019 年，国务院办公厅下发的与营商环境相关的政策文件就达到 53 项，涉及登记注册、不动产登记、行政审批、市场监管、纳税便利化、"放管服"、事中事后监管、信用建设、市场改革等。[①]"放管服"改革取得突出成效，让企业的制度性交易成本显著下降，大大激励了民众创业创新积极性，市场主体活力增强，其数量保持高速增长态势。

（七）营商环境建设的绩效

随着中央政府"放管服"改革持续推进，"放管服"举措为各个领域的营商环境改革提供了有效指引，并引导各地确定营造更高水平、更高质量的营商环境目标，推动全国法治化国际化营商环境建设持续向好，大幅度降低了制度性交易成本。在内贸流通体制建设方面，不断完善流通标准化信息管理系统，建设配送网络和一批便民生活服务网点，推动城市物流"最后一公里"难题的解决，清理妨碍统一市场的各种规定和做法，及时查处不正当竞争行为。在"反垄断"调查中，对待各类市场主体"一视同仁"，不论企业、行业、组织的形式、规模和注册地，均适用同样的标准，并不存在对外资企业收购中国企业设置障碍的问题。同时实施优化软硬件条件、加强公共服务、保护知识产权等一系列措施，推动中国营商环境建设踏上新的台阶。

在世界银行发布的历年《营商环境报告》中，中国全球营商环境排名位次不断攀升，成为全球营商环境改善最快的国家。2019 年 10 月，世界银行发布《2020年营商环境报告》显示，中国营商便利度的全球排名继 2018 年大幅提升 32 位后，2019 年又跃升 15 位，升至全球第 31 位。世界银行称，由于"大力推进改革议程"，

---

① 毕磊：《"回眸'十三五'，喜看新成就"系列报道五："公平、高效、开放"中国营商环境持续优化》，2020年 10 月 7 日，见 http://news.cnr.cn/native/gd/20201007/t20201007_525287942.shtml。

中国连续两年跻身全球优化营商环境改善幅度最大的十大经济体（见表1-1）。

表 1-1　《营商环境报告》综合营商便利度之中国排名变化

年份	中国排位	中国评分	评分前五位
2006	108	—	新西兰、新加坡、美国、加拿大、英国
2007	93	—	新加坡、新西兰、美国、加拿大、中国香港
2008	90	—	新加坡、新西兰、美国、中国香港、丹麦
2009	86	—	新加坡、新西兰、美国、中国香港、丹麦
2010	78	—	新加坡、新西兰、中国香港、美国、英国
2011	87	—	新加坡、中国香港、新西兰、英国、美国
2012	91	—	新加坡、中国香港、新西兰、美国、丹麦
2013	91	—	新加坡、中国香港、新西兰、美国、丹麦
2014	96	—	新加坡、中国香港、新西兰、美国、丹麦
2015	90	62.58	新加坡、新西兰、中国香港、丹麦、韩国
2016	84	62.93	新加坡、新西兰、丹麦、韩国、中国香港
2017	78	64.28	新西兰、新加坡、丹麦、中国香港、韩国
2018	78	65.29	新西兰、新加坡、丹麦、韩国、中国香港
2019	46	73.64	新西兰、新加坡、丹麦、中国香港、韩国
2020	31	77.9	新西兰、新加坡、中国香港、丹麦、韩国（中国台湾第 15 位）

资料来源：历年世界银行《营商环境报告》的相关数据。

第二节　营商环境的内涵与表现形式

营商环境是一个国际用语，使用越来越广泛，其建设内容十分丰富，有宏观因素，也有微观因素，主要包括社会、经济、政治、法律等因素。从规范使用看，通过"营商环境"界定，准确揭示其内涵，阐明恰当的表现形式，有助于准确构建其研究逻辑思路和行动框架，推动营商环境建设的全面深入展开。

一、营商环境的内涵

"营商环境"术语的渊源，最早可追溯至世界经济论坛于 1979 年起始的《全球竞争力报告》（*The Global Competitiveness Report*）中使用的"营商环境评估体系"。在该报告中，并没有直接界定营商环境，而是把营商环境理解为影响竞争力的因素，采取了列举法对营商环境进行分解和罗列，营商环境或竞争力被分解为制度、基础设施、金融市场发展、宏观经济等 12 个方面。

世界银行提出的"营商环境"指标，目的是比较世界各国私营企业发展环境。该报告避免直接定义"营商环境"，而是对各个经济体关于企业"设立—经营—注销"周期内所适用的规则和制度进行评估，从遵守这些规则和制度所耗费的时间和费用进行评估，据此对所涉及的经济体营商环境进行评估排名。

在《优化营商环境条例》（国务院令第 722 号）中，营商环境被定义为"企业等市场主体在市场经济活动中所涉及的体制机制性因素和条件"，包括市场主体保护、市场环境、政务服务、监管执法、社会环境、产业环境、人才环境"七因素"。

在学术界，一些学者对此进行了深入探讨。斯拉潘德尔（Carlo Slappendel, 1996）认为企业营销环境的重要因素包含消费者、供应方、竞争者、政府等，与企业组织创新有关的环境变化和不确定性、环境异质性以及沟通等。卢卡斯（Henry C. Lucas Jr., 2000）把影响企业重要决策的外部环境因素分为技术、管制、经济、社会文化、消费者、供应方、竞争者、国际影响八种类型。世界银行前副总裁和首席经济学家斯特恩（Nicholas Stern，2002）认为投资环境影响回报和风险，由政策、制度和具体执行行为组成的环境，包括现存的和预期的可能实行的政策和制度环境。艾弗特（B. Eifert，2005）、盖尔布（A. Gelb，2005）和拉玛钱德兰（V. Ramachandran，2005）将营商环境定义为影响不同企业和行业经营效率的政策、机构、基础设施、人力资源、地理环境等。卡林（W. J. Carlin，2007）和西布莱特（Paul Seabright，2007）认为营商环境是指单个企业不能控制的能够影响企业经营便捷稳定性、成本费用的经济环境。孙丽燕（2016）指出"营商环境是支配商业活动所必需的政策、法律、制度、规则等的一种复杂的融合体，营商环境是投资氛围的一个子集，包括落实政策的行政和执法体系，影响企业运作方式的体制安排"。娄成武和张国勇（2018）基于市场主体的角度，将营商环境界定为某一地区的市场主体所面临的包含政务环境、市场环境、法治环境、基础设施环境、要素环境等在内的发展环境，是政府所提供的各种正式制度及非正式制度的外在表现。陈伟伟和张琦（2019）将区域营商环境定义为某一区域内对企业生产运作有直接或间接影响的外部环境，且这些外部环境是企业自身能力无法改变的存在，只有政府、社会多方介入才能改变。杨继瑞和周莉（2019）认为营商环境具体指开设、运作企业时，日常执行贸易活动遵循当地政策法规所需耗费的成本。李志军（2019）在《中国城市营商环境评价》中提出"城市营商环境是影响企业经营的各种外部环境与因素的综合体，包括政府政务服务效率、公共服务、金融信贷服务、人力资源、创新环境和市场环境六大项"。在上海市人民政府发展研究中心、上海发展战略研究所出版的书《全球城市营商环境评估研究》（2019）中，将营商环境定义为一个企业在某个国家或地区开展经营活动时所面临的市场前景环境、要素支撑环境、政务支持环境、权益保护环境和城市服务环境等外部条件的总和，是决定企业进入市场的"吸引度"、企业开办运营的"高效度"、企业实现目标的"便捷度"和企业长久发展的"可持续度"的关键因素和核心要件。

对上述各个界定进行综合可以发现，营商环境是指市场主体在获准进行生产经营和退出等过程中涉及的政务环境、经济环境、法治环境、人文环境等外部因素和条件的总和。

从性质上看，营商环境属于一种制度性环境，具有规范性、公开性和稳定性，实质上反映"政商关系"。营商环境对市场主体成长发展有重要影响，如企业开办时的注册登记，企业融资规定，企业破产规定，都属于市场主体活动中应当遵循的制度规则，为此市场主体需付出制度性成本，即遵守制度的交易成本。从新制度经济学理论来看，营商环境是指影响市场主体行为或活动的制度性安排，包括体制机制、法律法规、规则程序等。[①]

由此可见，营商环境的内涵十分丰富，是一个综合、复杂和有机的体系，营商环境涉及市场主体准入市场、生产经营和退出等企业生命周期全过程和各个领域，覆盖政务服务、市场交易环境、法律规定、监管及其法治保障等方面，比如市场主体的创新、创业活动，涉及开办企业、拓展经营范围的规定，如市场准入条件、政府办事流程、监管规则以及相关法律规定等。

二、营商环境外延及表现

国际上"营商环境"基本内涵大同小异，在中国主要表现在三个方面：一是从宏观角度看，营商环境与中国改革开放以来一直进行的体制改革密切相关；二是营商环境与一个区域的投资环境、招商环境有关；三是反映政府与企业的政商关系。从这些方面，可以构建营商环境建设的行动框架。

（一）营商环境的体制基础

从体制看，企业营商环境由政府经济管理体制决定，营商环境优化过程就是体制机制不断改革的过程。在计划经济时代，除了少数个体户外，不允许私人企业存在，在社会主义全民所有制背景下，国营企业和集体经营企业不是严格意义上的"企业"。这些企业经营活动完全在国家计划范围内活动。随着改革开放的推进，经

---

① 沈荣华：《优化营商环境的内涵、现状与思考》，《行政管理改革》2020 年第 10 期。

济体制发生了根本变化，允许非公有制企业存在，大力发展集体企业，引进外资企业等。后来，随着改革开放的深入推进和企业制度改革，形成了多种所有制格局，国有企业可以转变为股份制企业，由多种所有权控制，集体企业演变为民营企业和不同所有者持股的股份制企业，还有不少纯粹的个体户、合伙企业、私人企业等形式。可以说，在社会主义市场经济体制下，允许各种所有制形式、产权组合形式的企业存在，并在法律保护下独立经营、自负盈亏、自担风险等。可见，经济体制及其社会制度构成了营商环境的"制度环境"，得到相关法律体系的维护和保障。

（二）招商投资与经营环境

从区域经济环境看，营商环境表现为投资环境或招商环境和经营环境。从投资或招商角度看，区域经济发展离不开要素投入，最基本的要素是资本，其次是劳动力和人力资本等。许多地方为了发展当地经济，想方设法吸引外部资本和人才。为此，各地政府从土地及厂房建设、交通运输条件、电力设施、通信设施等方面为企业生产经营提供了优越的生产环境，并不断增加投入改善基础设施，不断美化生活环境、生态环境等，目的是吸引外资，吸引人才。除了这些"硬件"条件外，各地还不断从"软件"方面，加快监管机制改革，从注册、办理各种证件、缴交税费等方面，给予便捷的支持，这实际上为企业生产经营提供了便利，构成了企业的经营环境。因此，经营环境是营商环境的另一个角度所表现出来的形式。

（三）政商关系与"放管服"改革

从政府与企业关系看，营商环境与"政商关系"相联系。政商关系体现了政府部门与企业的关系，在结构上更具有包容性，包括政府前期推动的"软环境"建设，与时下政府推行的"放管服"改革密切关联。"放管服"即"简政放权、放管结合、优化服务"，实质是优化政商关系，目的是保障企业更充分的独立经营和自由竞争，推动企业发展和经济发展。政府提出的"放管服"是"改善政商关系"的准确提炼，是"优化营商环境"的具体操作手段即"抓手"。政府通过多年的"放管服"改革，大大改善了政商关系并优化了营商环境。

三、营商环境建设的行动框架

从微观的经营角度看，营商环境与企业的经营环境概念高度重叠，实际上是指企业所在经济体关于企业"设立—经营—注销"周期所涉及的规则和机制等。在经营过程中，企业需要有保障公平竞争、经营环境稳定的规制，从静态上保障企业在各个生命周期阶段的公平环境，从动态上保障企业整个生命周期运行的稳定预期。

从宏观角度看，企业生命周期涉及政府与经济发展的关系，是支持或者抑制企业活动，涉及政府的行政方式、产业发展和创新的政策举措，涉及市场化水平、法治环境、国际化环境、社会化环境、硬条件与软条件建设等。所以，把宏观与微观两个角度结合起来，结合世界银行的评估体系，可以形成现代化、国际化营商环境建设的一般框架（见表1-2）。

表1-2　现代化、国际化营商环境建设的一般框架

宏观层面＼微观层面	开办企业	扩建企业	企业经营	企业破产	与世界银行指标关系
政府行政及公共服务水平	企业准入：开办登记、产权登记、办理施工许可	经营准入：经营许可、办理施工许可	经营行为：事中监管、依法行动	破产办理：依法公开、透明、公正	开办企业、办理施工许可、产权登记、破产办理
法治化环境	法律依据：准入程序及透明度	经营许可	过程监管：企业行为约束、纳税、合同执行、知识产权保护	法律依据：破产程序及透明度、投资者保护	经营许可、投资者保护、纳税、合同执行
市场化环境	市场准入：负面清单	市场机会	要素获得：土地、资本、人力、技术、电力等	市场规律的维护	获得电力、获得信贷

（续表）

宏观层面＼微观层面	开办企业	扩建企业	企业经营	企业破产	与世界银行指标关系
国际化营商环境	准入：投资负面清单、国民待遇、对外投资资格	跨国经营：国内市场及外资国民待遇	跨国贸易：进出口贸易及便利化、资本流动及外汇管理	国际规则：外资国民待遇、国际惯例	跨境贸易：贸易便利化、投资便利化
社会环境	个人参与：企业形式、社会组织形式	要素（人力）获得、经营范围	要素（人力）获得、经营范围、行业组织约束	个人社会保障：有限责任、无限责任	劳动力市场监管
产业发展环境	行业定位：产业链、价值链选择	市场容量，产业配套能力	供应链、产业链关系	产业生态、稳定性	企业经营与扩建
创新环境	研发成果产业化及转化率	企业战略转型：持续创新	要素获取：人才和技术、研发效率	产品更新、产品生命周期	企业扩建与发展
设施条件及硬环境	以基础设施为前提	建设效率保证	电力、信息化、交通便捷		获取资源便利性
软环境	许可登记效率	政策连续性，许可登记效率	稳定预期：安全保障、信用保障、公正待遇	公开透明、公正、效率	企业经营环境
与世界银行指标关系	开办企业、产权登记、办理施工许可	办理施工许可、劳动力市场监管、获得电力和信贷	获得电力和信贷，纳税、合同执行、劳动力市场监管等便利化	投资者保护、破产办理	

注：世界银行指标包括开办企业、办理施工许可、产权登记、获得电力、获得信贷、少数投资者保护、纳税、跨境贸易、合同执行、劳动力市场监管、破产办理、政府采购12类指标。重点关注各项事项的难易程度，即程序及其手续、所需时间和费用。

（一）政府行政及公共服务水平

这反映了政府与企业的政商关系，政府官员廉洁程度直观地反映政府官员执行规则或法律的公正态度，政府监管或干预是否公开透明、公正执法、公平对待所有企业行为，对于一个企业经营来说非常重要。中国政府一直以来坚持体制改革、国有企业改革、"放管服"改革等，实际上就是不断改进政商关系、提高公共服务水平的过程。

（二）法治化环境

企业经营行为遵从法律制度约束，政府对企业的监管也必须遵从法律制度。政府不仅要加强法制建设，推动法治体系完善，加大执法力度，加大企业违法行为的调查与处罚，反对行业垄断经营，打击不公平竞争行为等；而且必须加强企业的诚信建设，打击假冒伪劣、拖欠货款、逃避债务、违约严重、利用合同欺诈、财务造假等不讲诚信的行为。

（三）市场化环境

按照市场机制运行的要求，完善经济体制机制。一方面，降低政府对企业的干预，特别是要避免对民营企业、外资企业的行政干预，保持合理合法的适当监督，要求按照已经公开的法律、规则和制度进行监管。另一方面，保持国有企业合适的规模，稳定国有企业经营范围，为其他市场主体营造一个公平的竞争环境。

（四）国际化营商环境

企业运行需要符合国际惯例、国际规则的体制机制，这也是开放经济的基本要求。基于国际化高标准规则体系的开放经济有助于促进要素和产品自由流动，有助于引进高端要素和外国直接投资（FDI）资本和"走出去"对外投资，开拓国际市场。

（五）设施条件及"硬"环境

从设施条件看，企业经营要求有便捷的交通运输条件，充足的电力供给，发达的通信条件和信息化设施，适用的生活、环保设施等保障企业基本运行的环境。

（六）产业发展环境

从根本上看，营商环境建设要保障企业发展的产业生态环境处于良性运行态势。通过经济发展规划，培育产业生态系统，完善产业链、供应链生态系统，为处于产业链不同环节的企业提供通畅的供应与销售服务，保障企业生产经营顺利持续进行。

（七）创新环境

从企业发展看，企业经营发展离不开创新环境，需要有利于科学研究、技术创新的环境，为企业源源不断地提供共性技术，促进企业新技术、新产品的产生。使企业产生的发明专利和技术创新、转让和购买技术的交易能够得到有效保护。

（八）社会环境及"软"环境

企业运行需要安全、和谐、包容的社会环境，包括社会信用、商业惯例、契约精神等因素构成的良好文化氛围。需要能够便捷地获取合适人才、技术等要素的市场环境；需要有发达的社会中介组织，比如行业组织、咨询组织等非政府组织，这些社会组织能够发挥沟通企业和行业标准，约束企业行为，并为企业生存、经营和发展提供包容性氛围。

第三节　广州营商环境建设形势及其出新出彩的意义

营商环境实际上是反映一个地区的软实力与综合竞争力的重要标志。对于具有悠久历史的广州来说，营商环境建设有助于发扬优良商贸文化传统，促进老城市焕发新活力。改革开放以来，广州发挥"先行一步"优势，率先进行体制改革和机制创新，营商环境建设取得了巨大成就。广州良好的营商环境促进了要素高效流动，吸引资本、人才等要素不断集聚，促进经济增长和社会和谐发展。

一、广州营商环境建设的形势

从历史角度看，广州建制已经有两千多年历史，有"千年商都"之美誉，一直是中国对外贸易的重要港口城市，是海上丝绸之路的发祥地之一。早在唐朝，朝廷就向广州派遣专门管理对外贸易的官员"市舶使"；到了宋代，朝廷在广州设立全国第一个管理外贸机构"市舶司"，特别是近代清朝广州"十三行"及其行商制度得到了广泛认可。广州作为对外开放的口岸和外贸港口城市，一直延续到中华人民共和国成立。

20 世纪 50 年代开始，享誉世界的"中国进出口商品交易会"一直在广州举办，以时间最久、档次最高、规模最大、成交量最多，被誉为"中国第一展"。在这个发展过程中，逐步形成了被广泛认可的商业意识和商业文化，特别是广州开放包容、传统商业习惯、市场意识已经生根于文化中，逐步形成了"规矩"意识、契约精神和服务意识等，而且与外国文化特别是西方商贸文化进行持久的交流，形成了国际化商业规则。

改革开放以来，广州开始重新融入全球化的潮流之中，体制机制的改革带来了广州投资环境的根本变化。改革开放初期，利用外资和国内集资兴办基础设施，并努力改变"软件"环境，形成了一种更广泛吸引外资的氛围（王德业，曾节，沈贵进，1988；徐南铁，1991；刘小玲，1991）。进入新时代，在现代科技、经济全球化影响下，广州作为国际商贸中心城市将重塑国际竞争新优势，推动"千年商都"出新出彩。

（一）广州营商环境建设率先行动和持续优化

改革开放以来，广州不仅在体制改革和对外开放方面"先行先试"，而且在新一轮深化改革方面率先筹划和试验，在营商环境建设的多个领域领先于全国。20 世纪 90 年代中期，当时全国各地正在探讨建立"市场经济体制"问题，广州市外经贸委已经谋划改善"软环境"，提出了《关于改善广州投资环境若干建议》并获市政府批准实施，目的是通过改善广州投资环境，加快引进外资重大项目。其中采取了许多便利化措施，特别是在宏观经济紧缩环境下实施灵活措施，率先对外商投资企业实行区域性国民待遇，"在土地使用费、水电费、吃住行方面的费用给予外资企业与国内企业一视同仁待遇"，简化办事程序和规范管理，集中年检，力创一流的服务水平。1998年12月广州市政府颁布了《关于进一步改善投资软环境的若干规定》，实施了减轻企业负担的一系列措施，规范税外收费，改革行政事业性收费及其保证金，整顿经营服务性收费，营造依法办事的法治环境、开放有序的市场环境、精简高效的服务环境和安全文明的社会环境等。

进入21世纪以来，中国加入世界贸易组织（WTO）后，广州投资"软""硬"件环境得到了进一步改善。在硬件建设方面，通过"十年大变"工程[1]，交通和通信等基础设施有较大改善，地价、电价、各类收费，劳动力工资成本等控制在合理水平。在软件方面，对有关涉外地方性法规、规章和其他政策措施进行了清理。广州市政府办公厅出台了《关于进一步优化投资环境做好招商引资工作的实施意见》，把WTO框架下的"非歧视"和"透明度"、公平贸易等原则纳入政策和法律制度中，逐步增强政府管理服务意识、市场意识、法治精神和知识产权观念等。在开放领域方面，广州比国内其他城市先行开放保险、银行、旅游、法律服务、电信增值服务、基本电信服务和零售业七个行业；在外贸外资政策方面进行较大调整，放开外贸经营权，取消外贸公司的进出口代理，取消外资企业的出口申请、外汇平衡等制度；扩大外商外资领域的市场准入，对外资企业实行国民待遇；提高外贸政策的透明度等。[2]

特别是借助举办亚运会，广州不仅在硬件方面加大基础设施投入，新建机场、高铁站和地铁，改善交通条件，而且在软件建设方面积极转变政府职能，改进管理方式，政事分开、政府与市场中介组织分开；强化服务意识，改善服务态度；按照

---

① 曾雅：《重磅解读广州十年大变》，《南方日报》2010年10月22日。
② 陶达嫔：《入世十年广州在开放中加速国际化》，《南方日报》2011年11月3日。

国家大部制改革方案，精简机构，简化审批手续，加快完善外经贸部门办事机构建设，为企业提供便利服务；大力推进联网监管、便利通关，提高通关能力和效率。随着利用外资环境的逐步改善，来广州投资的外资企业数量和质量进一步提高，呈现出总量多，制造业多，大项目和高新技术项目多，到2005年，世界500强跨国公司有122家在广州投资设厂（杨平，涧泉，2006）。在广东省委、省政府《建设法治化国际化营商环境五年行动计划》的指引下，广州率先推动了营商环境的改善，在建设公平正义的法治环境、透明高效的政务环境、竞争有序的市场环境、和谐稳定的社会环境、互利共赢的开放环境等方面取得了显著成效。

（二）广州营商环境建设范围拓宽和走向深入细化

自党的十八届三中全会明确提出了"营商环境"建设后，广州营商环境建设继续扩大范围和深度，越来越深入细化，从"窗口"部门到细微的、新兴领域拓展，从境内体制改革到边境体制机制改革转变。

从广州市政府设立规范化、集中服务场所（行政服务中心）开始，到2020年7月设立"政务公开专区"，行政服务不断细化和优化。2008年设立行政服务中心，以"便民、高效、廉洁、规范"为宗旨，以"集中办理、统一管理、公开透明、信息共享"为原则，建立政府为企业和市民提供"一站式"和"一条龙"政务服务，构建政务受理、投资服务、政务信息三大政务服务系统。2011年设立"广州市电子政务中心"，秉承"用心服务、竭诚为民"的工作理念，以方便机关、方便用户、方便百姓为目标，致力于建设跨部门统一互通的电子政务。2015年，设立广州市人民政府政务管理办公室，6月广州市委、市政府办公厅出台了《广州市"五个一"社会治理政府公共服务平台建设工作方案》和《广州市推进行政审批"条块结合、四级联动、以区为主、重点下移、集成服务"改革实施方案》，对行政审批进行了"集成服务"改革，推行"一卡通行"（市民卡）、"一号接通"（12345政府服务热线）、"一格管理"（网格化服务）、"一网办事"（网上办事大厅）、"一窗服务"（政务大厅），形成广州市全部行政审批、公共服务事项"前台综合受理、后台分类审批、统一窗口出件"。2020 年，广州全面推进基层政务公开规范化和标准化，在全省率先完成编制 26 个试点领域基层政务公开事项标准目录共 2.4 万项，并在各区政府网站"基层政务公开标准化规范化"专栏发布；同时在全市服务事项集中的窗口单位和公共服务单位，设立了政务公开专区 254 个，为市民群众提供咨询、申请、查阅等政务公开服务[①]；更进一步地加强基层社区公共服务综合信息平台建设，建立社会治理政府公共服务平台综合信息应用基础支撑系统。2021 年 5 月广州市人民政府于出台《广州市用绣花功夫建设更具国际竞争力营商环境若干措施》，坚持使用"绣花"功夫扎实做好营商环境改革各项措施落地，努力构建更具竞争力的国际一流营商环境，在细节上做到"人人都是营商环境，处处优化营商环境"，为市场主体和民众提供优良的营商环境。

广州与佛山两地政府合作打破行政壁垒，创立广佛两地政务"跨城通办"服务经验模式。2017 年 11 月，广州市花都区和佛山市南海区第一次实现行政审批跨城通办，实现"窗口收件、两地互通、限时办结"，缩短广佛之间时空距离、方便两地群众就近办事。同时，花都区与南海区行政中心通过"市民之家"自助服务终端机，与厂家深度合作，实现政务信息查询、材料打印等事项的跨区域自助办。[②] 这些政务服务不断细化，进入社区，通过网络进入企业和家庭。

广州市政协常委曹志伟于 2013 年 1 月在广州市政协会议上展示了广州市"一个建设投资项目经过 799 天的审批日程"，被称为投资项目建设审批办证流程的"万里长征图"[③]，引起了社会各界的重视，在中国各地掀起了"精简审批流程"体制机制改革潮流。广州对建设投资项目、工程项目审批流程进行改革，2017 年 4 月，出台了《关于建设工程项目审批制度改革的实施意见》，要求企业投资类建设工程项目从立项到竣工的审批理论时长，从之前的 300 多个工作日，缩短到 115 个工作

---

① 何小敏：《广州市设立 254 个政务公开专区为市民服务》，《信息时报》2021 年 5 月 7 日。
② 吕绍刚、李语：《广州花都优化营商环境 打造政务服务"花都速度"》，人民网－广东频道，2018 年 10 月 29 日。
③ 韩江子：《审批"万里长征图"揭示官僚作风制度化》，《羊城晚报》2013 年 1 月 24 日。

日。[①] 2018 年 12 月出台了《广州市工程建设项目联合审批办法》，对联合审批规则、实施流程和优化措施进行集成整合，大大提升了工程建设审批效率。

广州政务服务体制改革还进入新领域，比如对创业投资、风险投资等各类股权投资机构注册、简易低风险工程项目审批、市场采购等市场活动进行支持，广州市政府先后出台了《关于促进广州股权投资市场规范发展的暂行办法》（穗府办〔2015〕5 号）、《广州市市场采购贸易综合管理办法》（穗府办规〔2017〕1 号）、《关于进一步优化社会投资简易低风险工程建设项目审批服务和质量安全监管模式实施意见（试行）》（穗建改〔2020〕3 号）、《广州市持续深化获得电力改革实施方案》（穗工信函〔2020〕1 号）、《广州市进一步优化社会投资简易低风险项目电力接入营商环境实施办法（试行）》（穗工信函〔2020〕3 号）等。

基于广东自由贸易试验区南沙片区海关体制改革和机制创新试验，南沙区进一步出台十项政务服务管理改革措施，旨在加速打造国际一流营商环境。[②] 积极利用自由贸易试验区政策，全力推进贸易便利化改革，在口岸通关方面创新改革 141 项，其中 36 项为全国首创。其中，国际贸易"单一窗口"集成度最高，有 18 个功能模块、涵盖 21 个部门；"三互"大通关改革、全球质量溯源体系、出入境无纸化申报、无人机"智慧口岸"及其海事服务智能化、船舶载运危险货物快速通关等，均跻身标志性改革行列。[③]

（三）广州营商环境制度化和法治化建设稳步推进

广州作为率先加大营商环境改革力度的城市之一，为持续优化营商环境，采取了一系列法治化措施。继南沙自由贸易试验区推行"准入前国民待遇加负面清单"管理模式后，广州大力推行法治化、制度化营商环境建设。2017 年以来，广州市商务委为了贯彻《外商投资企业设立及变更备案管理暂行办法》，广州全域全面实施

---

① 宋超：《"万里长征图"审批改革要做到 5.0 版》，《新京报》2017 年 11 月 10 日。

② 王伟文：《广州南沙自贸区挂牌 3 年：加速构建国际一流营商环境》，《人民日报》2018 年 4 月 23 日。

③ 罗艾桦：《广州南沙自贸区 擦亮五张新名片》，《人民日报》2018 年 4 月 23 日。

对外资准入前国民待遇加负面清单，向各区政府全面下放事权，积极简化外资企业设立和变更的程序，实施外商投资审批"备案制"改革，通过备案信息系统填报、提交申请材料，大大减省程序和时间。

广州率先开展优化营商环境地方立法行动。2019年4月广州南沙发布《广州南沙新区（自贸片区）知识产权促进和保护办法》，属于国内自由贸易试验区首部知识产权保护的地方政府规范性文件，全面覆盖知识产权创造、运用、保护、管理和服务全链条。2020年5月，广州市市场监督管理局印发《关于深化知识产权"放管服"改革 优化营商环境的实施意见》，深化知识产权领域简政放权、提高监管效能和服务水平、持续优化营商环境等四方面16条措施，强化知识产权创造、保护和运用，加快推进知识产权保护的法制建设。

在"放管服"建设方面，着力打造政策制定权责清单，做到"法无授权不可为，法定职责必须为"，及时建章立制，依法行政，政务公开，更新信息公开目录和指南，积极开展商务执法活动。初步建立"广州市贸易政策合规专项工作联系机制"，把广州市政府54个部门及直属机构，11个区政府纳入系统，参照国际经贸规则，对广州贸易政策进行合规性评估，建立企业可预期的"法治化营商环境"。自1999年开始，广州在全国率先建立了法规政策说明制度，采取"法治化营商环境宣传月"形式，至2017年已召开了法规政策说明会89场，参加企业累计超过2万家，参会企业代表累计达2.4万人次，增强企业和社会在法治化营商环境建设上的获得感，在全社会形成"法治营商环境、广州创优先行"共识，增创广州发展新优势。[①]

为了实施国家《优化营商环境条例》（2019年10月8日国务院第66次常务会议通过，2020年实施），广州对以前优化经营环境的方法和经验进行进一步总结，对"市场准入负面清单"制度、审批流程及"证照分离"、优化项目监管、工程建设项目审批和质量安全监督、规范行政收费和政府绩效、网上办事等进行了规定，并上升到法制层面。2020年12月发布《广州市优化营商环境条例》，从市场、政府、

---

① 广州市商务委：《广州：落实外资管理改革 释放外商投资活力》，《中国外资》2017年第11期。

人文和法律环境等方面提出了优化广州营商环境的具体措施，包括"一站式"人才安置服务、特殊应急企业担保、工业供应链保护和融资服务创新，针对市场主体的小规模违规行为的容错纠正机制，对新技术、新产业、新形式和新模式实行宽容和审慎监管，体现了广州优化营商环境立法创新和"广州优化"模式。

（四）广州营商环境现代化和数字化建设高效率推进

广州作为千年商都，经历了各个时代的世界各民族文化交流，在商贸规则创新方面都走在时代前列，引领时代风气之先。在新时代，同样走在创新的前列，特别是应用现代科技手段，促进商贸业规则的创新。"十三五"时期，广州为了加快国家中心城市建设，积极推进基于"互联网＋政务服务"方式的电子政务。《广州市国民经济和社会发展第十三个五年规划纲要（2016—2020年）》对政务信息化进行总体部署，创新"互联网＋政务服务"模式，大力提升公共服务整体水平和协同治理能力。同时，颁布《广州市人民政府办公厅关于促进电子政务协调发展的实施意见》和《广州市电子政务第十三个五年发展规划（2016—2020年）》，落实电子政务各项措施。在《广州市进一步优化营商环境的若干措施》中提出了"打造1个全国领先的'智慧政务'平台"。

2016年，广州全面启动政务"一窗式"集成服务改革，10月正式实施《广州市网上办事管理办法》，政务服务逐步向"网上办理为主，现场办理为辅"过渡。畅通一网办事服务渠道，深化12345热线整合建设，实施网格化规范管理和特色试点，大力推动"互联网＋"政务服务便民利民，政务服务体系日趋健全，效能不断提升。

在贸易便利化方面，广州对外贸易"单一窗口"于2014年年底启动建设，2015年7月上线试运行，后来不断完善，至2020年年底已建成货物、运输工具、跨境电子商务、信息查询、舱单申报等16大业务功能，实现了海关、边检、港务、海事等21个部门的"信息互换、监管互认、执法互助"，进一步简化企业通关手续，提高通关效率，企业报关报检时间缩短2/3，大幅度降低了通关成本。

2013年广州成为全国6个跨境电商服务试点城市之一，2016年获批成为第一批跨境电子商务综合试验区，建成和运行"单一窗口"跨境贸易电子商务公共服务平台，也是中国（广州）跨境电商综合试验区的线上综合服务平台。2016—2020年，该平台服务企业2738家，位居全国前列。广州跨境电商不断探索新模式，为全国贡献多项"广州经验"和"广州智慧"，在《中国跨境电商综试区城市发展指数报告（2020）》中，广州位列先导城市首位，跨境电商发展总指数、发展规模指数两个指数全国第一。2020年1月广州建成全国首个电商出口退货功能的跨境电商公共服务平台，实现了电商出口退运的联网核放，有效支持跨境电商、市场采购等新型贸易业态发展；7月获批成为全国首个成功试点跨境电商B2B出口业务的跨境电商综合试验区。9月广州市商务局发布《广州市推动跨境电子商务高质量发展若干措施》，实施了19条关于优化跨境电商的营商环境、提高通关效率、引进专业人才等措施。

（五）广州高标准规则营商环境建设走在前列

广州多年来坚持推进营商环境建设，取得了举世瞩目的成效，不仅在更宽领域、更多细节方面进行营商环境的体制改革，而且在营商环境建设的规则方面迈上高标准台阶。2015年，广州市就出台了《广州市建设市场化国际化法治化营商环境三年行动方案（2015—2017年）》，注重以制度创新为核心，以促进贸易投资便利化为主线，营造以法治建设为核心的可预期的营商环境。2016年4月，广东省纪委积极响应习近平总书记关于对新型政商关系的号召"官商之间淡如水，要相敬如宾，不要勾肩搭背"，在全国率先出台《关于推动构建新型政商关系的若干意见（试行）》，明确政商交往的规则界限。广州市委、市政府积极贯彻行执行省纪委关于新型政商关系意见，理顺政府经济职能，树立政府权力边界意识；把政企关系建立在法治关系基础之上，健全配套法制和党内法规，做到法律层面的精准化；设立官商交往"红线""规矩"，完善和认真落实"权力清单""责任清单"；推行政务公开制度，健全行政内部运行的协调机制和公共评价体系，加强建设社会监督体系。2017年8月广州市政府出台《关于优化市场准入环境的若干意见》，并附"广州市商事主体住所（经营场所）自主承诺申报负面清单"；9月出台《关于促进民营经济发展的若干措施》（俗称"民营经济20条"），目的是消除由于不完善管理制度导致的不健康的政商关系，破坏政府形象和损害法治建设。在联合国人居署2017年10月发布的《全球城市竞争力报告2017—2018》中，广州在全球城市中的竞争力排名继续上升，其中，在"全球城市经济竞争力指数"排名中，广州首次进入前20强，排在全球第15位；在"全球可持续竞争力"排名中，广州上升至第36位。

2018年10月习近平总书记视察广东，要求广州实现老城市新活力，之后，广州制定出台了《广州市营商环境综合改革试点实施方案》（俗称"营商环境1.0改革"），重点强调行政服务效率提高，例如获得许可的同时就可以开工。11月，广州市政府常务会议审议通过《广州市营商环境综合改革试点实施方案》《优化营商环境指标推动我市营商环境评价走在全国前列工作方案》《广州市优化营商环境专项行动计划》等系列优化营商环境政策文件。全面落实营商环境综合改革系列政策，组织开展企业开办或注销、办理施工许可、登记不动产、缴纳税费、跨境贸易、获得电力、获得用水、获得用气、获得网络、获得信贷、知识产权等11个专项行动，打造营商环境"广州样本"。在中央广播电视总台编撰的《中国城市营商环境报告2018》中，广州居中国城市营商环境综合排名第四位，其中基础设施和政务环境两项排名全国第一。

2019年3月广州市政府出台了《广州市进一步优化营商环境的若干措施》（营商环境2.0改革），7月，进一步提出《广州市推动现代化国际化营商环境出新出彩行动方案》，推动营商环境改革"再提速"，要求在巩固行政效率的基础上探索接轨世界贸易投资规则，目的是提高政府服务质量。尤其是对接港澳规则，在商事制度、要素流动、行业监管等方面率先提出52项与港澳规划衔接任务，"打造1个全国领先的'智慧政务'平台，争创2个走在前列的国家级试点示范区域，推进10大重点领域营商环境攻坚工程"。2020年广州再度"加码"营商环境改革（营商环境3.0改革），要求瞄准最高标准、最高水平规则，深化与港澳营商环境建设合作。香港营商便利度排名全球第四位，广州率先对标香港、对接港澳多个领域的市场规则，为加快建立与国际高标准贸易投资规则相衔接的制度体系奠定了基础，重点在市场准入、产权保护、法制保障、政务服务等方面对标港澳的制度安排，加快金融、医疗、建筑及基础设施等领域的规则对接，探索推进穗港澳三地"单一窗口"系统对接与合作。

二、广州营商环境建设出新出彩的意义

营商环境事关要素和产品流动、企业生存和发展的基础，直接影响到市场主体的生存和成长、创新和发展、投资预期、生产效率等，最终影响到经济发展、社会就业和民生改善等，是一个国家或地区综合竞争力的基本支撑。因此，优化营商环境就是发展生产力和提升竞争力。在新形势下，按照习近平总书记的嘱托，加强广州营商环境建设，推动营商环境出新出彩具有重要意义。

（一）广州营商环境建设"出新出彩"的政治意义

加强营商环境建设是党和国家开创的"改革开放"事业在新时期的具体表现和行动方式。在党的领导下，中国体制改革和建设社会主义市场经济体制取得了辉煌成就。在行政体制改革方面进行不断改革，行政效率不断提高。党的十八大报告强调行政体制改革，要求通过简政放权和转变政府职能，改善政商关系，为经济发展提供优质公共服务和营造良好体制机制环境，这实际上是"放管服"改革的雏形，成为十八届三中全会关于营商环境建设的重要手段，及至2015年5月国务院才正式提出"放管服"改革部署，推动了营商环境建设做实做细。这些改革开放政策举措需要广东先行先试，为全国提供示范和经验。

中央一直对包括广州在内的广东改革开放寄予厚望，从习近平总书记2012年期望广东实现"三个定位，两个率先"，到2017年希望广东做到"四个坚持、三个支撑、两个走在前列"，再到2018年强调"四个走在前列"，即在构建推动经济高质量发展体制机制、建设现代化经济体系、形成全面开放新格局、营造共建共治共

享社会治理格局上走在全国前列。2018 年 10 月 22—25 日，习近平总书记视察广东，发表关于实现老城市新活力的重要讲话，进一步要求广州"实现老城市新活力，在综合城市功能、城市文化综合实力、现代服务业、现代化国际化营商环境方面出新出彩"。这为广州营商环境建设指明了方向。因此，广州营商环境建设出新出彩是贯彻党和国家关于营商环境建设方针的重要政策，是践行习近平总书记指示的重要举措。

广州是粤港澳大湾区核心引擎城市，具有对周边区域发展的辐射带动作用。粤港澳大湾区发展是中国新时期的国家重大战略，《粤港澳大湾区发展规划纲要》是指导粤港澳大湾区未来合作发展的纲领性文件，从战略定位、空间布局等方面作出了总体规划和定性。广州营商环境建设有助于推动粤港澳大湾区改革和发展。广东省委、省政府要求有关部门参照支持深圳建设中国特色社会主义先行示范区的工作模式，建立支持广州特事特办机制，主动协调解决广州遇到的困难和问题，以同等的力度，全力支持广州推动"四个出新出彩"，实现老城市新活力。

（二）广州营商环境建设"先行一步"的示范意义

广州地处沿海、改革开放的前沿，发挥"先行一步"优势，率先进行经济体制改革开放，率先进行社会主义市场经济的实践，初步建立起社会主义市场经济体制。广州在"十三五"规划期间，深化"放管服"改革，促进了有效市场与有为政府的更好结合。《中国营商环境与民营企业家评价调查报告》对全国 34 个主要城市 2018 年营商环境进行评估，广州位列全国第一，"政务环境指数"评分位列副省级城市和地级市第一。2020 年，国家营商环境评价考核广州市"政务服务"指标排名全国第一，而且广州政务服务及其数字政府建设在全国发挥引领性作用。广州"放管服"改革成为优化营商环境和实现城市治理体系和治理能力现代化的重要推动力，进一步激发各类市场主体活力。[①]

广州正在按照党的十九届四中全会精神，积极进行新时代社会主义市场经济体制建设，率先开展高标准市场体系示范建设，为加快实现老城市新活力、"四个出新出彩"提供坚实支撑。[②] 因此，广州营商环境建设具有示范和引领作用，并坚持借鉴国际先进经验与广州实践相结合，以世界银行评估营商环境排名靠前的国家和地区为标杆，积极对接国际先进理念和规则，使营商环境更规范、更透明和更便利。《广州市推动现代化国际化营商环境出新出彩行动方案》对广州营商环境改革提出明确要求：构建更有效率的企业全生命周期服务体系，营造更有吸引力的投资贸易环境，营商环境显著提升；争取与国际先进营商规则初步衔接，营商环境位居全国前列；营造国际一流营商环境，打造成为世界银行现代化国际化营商环境评估的"样本城市"。

（三）广州营商环境建设有助于增强生产力和竞争力

广州依靠率先改革开放的政策优势，吸引了国内外要素集聚，带动了经济快速发展。随着全国改革开放展开，广州拥有的政策优势逐步减弱，优化营商环境成为广州提升生产力和竞争力的关键因素。营商环境建设是以制度型开放为保证，降低制度型交易成本的效应明显，能够激发市场主体活力，对资源、资本、技术及其高端人才有较强市场竞争力。营商环境状况决定了高端要素及资源的流向，也就决定了要素组合方式，从而决定生产方式。广州优化营商环境建设有助于集聚国际高端要素，推动生产方式和经济增长方式的转型升级，从而增强生产力和竞争力。

党的十八大以来，通过深化"放管服"改革，自由贸易试验区投资与贸易便利化建设，在营商环境建设方面取得了一定成就，但还有进一步提升和优化空间。广

[①]　广州市政务服务数据管理局：《广州"十三五"回顾：深化"放管服"改革，数字政府建设成效显著》，2021年2月8日，见 https://3g.163.com/local/article/G2AVOC2004178H5G.html。

[②]　吴瑕、史伟宗：《广州市部署推进高标准市场体系建设 率先开展高标准市场体系示范建设。进一步激发各类市场主体活力》，《信息时报》2021年5月6日。

州必须充分利用多年来体制改革成果，发挥政府高效率的治理机制，着力优化营商环境，继续创新行政管理和公共服务方式，继续转变政府职能，进行审批流程再造，精简审批事项，减少政府对企业的直接干预；按照党中央、国务院要求，进一步做好简政放权、强化监管和优化服务，营造更有吸引力的国际化、法治化、便利化营商环境。帮助企业解决实际困难，保护企业规范经营、力争成为行政审批事项最少、审批程序最规范、审批时限最短的城市，通过优质高效的公共服务提升企业配置资源的效率。企业在生产经营过程中，面对政府监管和政府服务，"最多跑一次"，找最少的部门、交最少的材料，就是节约时间和成本；高效率行政、规范的管理与服务、便利的贸易投资程序、健全的法治体系，就是企业和民众心目中的最优营商环境，就是解放和发展生产力。

（四）广州营商环境建设有助于推动经济高质量发展

中国改革开放进入关键时期，建设高标准市场体系越来越重要，是经济体制改革的重要方向、构建新发展格局的基础支撑、推动经济高质量发展的重要动力。营商环境是企业生存发展的重要土壤，助于民营经济充分迸发出创新活力。优化营商环境建设是建设高标准市场体系的重要途径。营商环境国际化是指建立符合国际惯例和规则的市场经济运行机制和体系，是广州有效开展国际交流与合作、参与国际竞争的重要基础，是"软实力"国际竞争力的重要体现。国际化营商环境不仅是广州市政府提供公共服务的标志，而且是建设现代化市场经济体系、吸引更高端要素和高质量发展的制度基础，能够吸引大量的资金、人才、技术等各种发展要素，从而激发各类市场主体的活力，推动广州区域经济高质量发展。

加大改革力度和开放深度，实现从主要依靠优惠政策吸引外资转向以优化营商环境吸引全球要素。通过"放管服"改革，深化政府自身改革，改善政商关系，让企业家放心安心。通过优化营商环境，进一步降低制度性交易成本，引导市场预期，激活企业创新活力，推动广州经济发展转型升级和经济高质量发展。要求实现政务环境、市场环境、社会化服务环境、融资环境和法治环境的优化，推动实现投资自由化、对外贸易和投资更加便利化，要求转变监管理念，即从货物管理转变为企业管理；转变外贸管理体制，即从现有限制性贸易转变为自由化贸易和投资；转变开放型和创新型政策，放宽外汇政策和税收政策，通过更加开放的体制机制提高国际竞争力水平。

（五）广州营商环境建设有助于推动广州"双循环"新发展格局的形成和完善

优化商贸环境与消费环境是营商环境建设的重要领域。通过商贸环境和消费环境建设，巩固和发展广州国际商贸中心和国际消费中心功能，推动"双循环"新发展格局的形成和完善。广州依托千年商都，成为享誉世界的国际商贸中心城市，拥有集聚国际商品及要素的强大功能和充足的基础设施，推动广州 2010 年成为国家中心城市。经过十多年建设，广州城市设施建设水平得到大幅度提高，要素集聚程度得到提高，广州依托成熟的商贸体系、庞大的消费市场和高水平的对外开放，消费能力和潜力都处于全国前列，具备了国际消费中心城市基本条件。2021 年 7 月，国务院明确广州国际消费中心城市的定位。未来广州营商环境建设必然围绕培育国际消费中心功能而展开。因此，广州作为营商环境建设样本，将进一步推动商贸服务和消费环境的优化，促进"双循环"新发展格局的形成和完善。

营商环境"广州样本"建设主要从以下几个方面推动国际商贸中心和消费中心功能建设。一是通过广州国际交通枢纽设施建设，增强国际要素和商品集聚能力提升，能够促使广州成为全球最大的消费品供应链枢纽。随着广州交通枢纽设施建设的优化，广州对人口、要素及商品的吸引力将增强，商品采购中心的功能和物流枢纽地位将发育得更加稳固，从而推动商贸体系和消费体系的逐步完善，国际商品及消费市场的交易能力将得到提升。这正是畅通"内循环"、拉动"外循环"的重要内容。二是通过城市内部硬环境基础设施建设，并与大湾区基础设施协调，促使大湾区物流环境改善，扩大广州辐射影响的范围，提升人们出行、消费购物的便捷程度，扩大旅游消费规模。同时打通物流配送"最后一公里"，满足商品专业交易市场、批发市场、零售市场和物流配送的要求，满足消费者购物环境和快捷消费的需求。三是通过广州商贸环境政策引领、模式和业态创新，推动商贸服务质量和水平提升。优越的营商环境能够提供优质的商贸服务质量，促进专业交易市场转型升级，实现与国际商贸中心和消费中心的城市定位匹配，优化国内外各类商家、国际知名品牌、消费者集聚的市场环境，推动国内外各类品牌、精品集聚、贸易和消费，提升国际商贸、商旅环境和消费者高品质新体验，促进商务会展、休闲旅游、医疗康养、影视娱乐、体育赛事、教育培训、时尚文化等领域的融合发展。四是通过消费环境的大幅改善，加强消费者权益保护，使广州消费吸引力大幅增强。广州通过梳理城市公共空间、生态环境的美化建设，提高了宜居宜业的生活居住环境，增强广州城市的生活消费竞争力。通过配套政策措施提升消费领域诚信体系建设，健全市场监管和消费维权体系，实行新业态、新模式的包容审慎监管模式，健全消费者投诉高效处理机制，增强消费者购物消费的新体验。

所以，广州营商环境建设可以把国际消费中心城市与增强国际商贸中心功能结合起来，坚持新型消费和传统消费、实物消费和服务消费并重，增加优质商品和服务供给，建设国际商品展示地、国际品牌聚集地、时尚潮流引领地、岭南文化传承地、消费创新策源地。加上供给侧的高品质产品、广式优质服务供给、消费金融支撑，实现"购物广州""商旅广州""休闲花城"城市品牌，为广州产品、广州服务、广州品牌赋予新内涵，助推广州构建世界一流国际商贸中心、国际消费中心城市。

第二章
广州营商环境建设的状况与绩效

广州地处沿海开放地区前沿，拥有"千年商都"的历史底蕴。改革开放以来实行的一系列体制机制创新，在传统商贸观念和文化的支撑下，焕发出前所未有的活力，推动广州经济社会的开放和发展。广州被赋予了"先行先试"的历史使命，持续不断地进行体制改革和机制创新，从早期优化投资环境和改善政商关系，到遵循"放管服"体制改革和营商环境建设，一些改革经验得到肯定和推广。近几年广州加大对营商环境的改革力度，改革范围不断扩大，树立了"人人都是营商环境，处处优化营商环境"理念；改革领域不断深入细化，"绣花功夫"贯穿企业生产经营和民众生活的方方面面，营商环境建设水平和国际竞争力得到了大幅度提升，获得世界银行肯定并入选中国营商环境评估的"样本"。

第一节　广州营商环境建设的进展

2018 年 10 月，习近平总书记视察广东时强调，像广州这种特大城市一定要把大的优势发挥出来，更好发挥中心辐射作用，在综合城市功能、城市文化综合实力、现代服务业、现代化国际化营商环境方面出新出彩。习近平总书记的重要指示体现了党中央对营商环境建设的高度重视，为广州建设开放型经济新体制指明了新方向，确立了新坐标。广州以此为根本遵循，在推动建设现代化国际化营商环境出新出彩方面取得了阶段性成效。

一、广州营商环境改革"升级之路"

推动现代化国际化营商环境出新出彩，是新时代赋予广州的使命，是贯彻落实习近平总书记对广东重要讲话和重要指示批示精神的具体行动。2018 年以来，广州先后实施营商环境改革 1.0 版、2.0 版、3.0 版、4.0 版，改革持续深化细化，不断提速升级。2018 年 10 月，广州市委、市政府提出并经广东省委全面深化改革委员会审定印发《广州市营商环境综合改革试点实施方案》。2019 年，在推动各项任务落地的基础上，制定印发《广州市进一步优化营商环境的若干措施》（俗称"营商环境改革 2.0 版"）。2020 年 1 月，在加快落实《广州市推动现代化国际化营商环境出新出彩行动方案》的基础上，贯彻执行国家《优化营商环境条例》，制定印发《广州市对标国际先进水平全面优化营商环境的若干措施》（俗称"营商环境改革 3.0版"）。2021 年 5 月 10 日，印发《广州市用绣花功夫建设更具国际竞争力营商环境若干措施》，开启"营商环境改革 4.0 版"，将"人人都是营商环境，处处优化营商环境"的理念贯穿始终，打造全国营商环境建设的重要"策源地"和"试验田"。

（一）营商环境 1.0 版改革

2018 年 10 月，中共广东省委全面深化改革委员会印发《广州市营商环境综合改革试点实施方案》，提出 8 个方面 43 条具体举措，大体可以分为国家级改革试点、重点区域改革和"走在全国前列改革"三类。国家级改革试点包括压缩企业开办时间、工程建设项目审批制度改革、优化税收营商环境三个方面；重点区域改革包括广州开发区、南沙自贸区、国家临空经济示范区三个方面；"走在全国前列"改革包括系统推进投资便利化、贸易便利化、市场监管、产权保护、科技创新、人才发展六个方面。

营商环境改革 1.0 版实施后进一步激发了市场活力。2018 年，广州全市新登记各类市场主体 41.11 万户，同比增长 25.47%；实有各类市场主体达 205.68 万户；新增高新技术企业超过 2000 家，高新技术企业总数从 2015 年的 1919 家增加至 2018 年超 1 万多家，稳居全国第三；新设立外商直接投资企业 5376 家，增长 1.2 倍。[①]

（二）营商环境 2.0 版改革

2019 年 3 月，中共广东省委全面深化改革委员会颁布《广州市进一步优化营商环境的若干措施》，提出 13 项改革任务，43 条具体举措，被称为营商环境改革 2.0 版。营商环境改革 2.0 版主要包括建成 1 个全国领先平台，2 个走在前列国家级示范区，进行了 10 大重点领域改革——打造 1 个全国领先的"智慧政务"平台；争创 2 个走在前列的国家级试点示范区域（广州黄埔区、南沙自贸区）；推进开办企业、办理建筑许可、不动产登记、缴纳税费、跨境贸易、获得电力、获得用水、获得用气、获得信贷、知识产权保护 10 大重点领域营商环境攻坚工程。

营商环境改革 2.0 版实施后，广州营商环境持续优化，提升了市场主体积极性。2019 年新增市场主体 44.26 万户，增长 7.66%，其中新增企业 32.13 万户，增长 14.85%，日均新增企业 880 户；[②] 2019 年上半年固定资产投资 3033.63 亿元，同比增速为 24.8%，增速创 6 年新高，规模和增速均排名全省第一；2019 年上半年民间投资增速超过 40%，增速高于同期全国平均水平，也高于同期的北京（33.6%）、上海（38.4%）、深圳（12.3%）[③]。

---

① 广州市市场监督管理局、广州市科学技术局、广州市商务局工作报告。

② 广州市市场监督管理局工作报告。

③ 广州市统计局关于 2019 年上半年广州市经济运行报告。亦可参阅《2019 年上半年广州市经济运行稳中有进》，广州市人民政府网站"政务公开—数据发布"，2019 年 7 月 23 日。

（三）营商环境 3.0 版改革

2020 年 1 月，广州印发《广州市对标国际先进水平全面优化营商环境的若干措施》，从五大方面共提出 26 条改革任务、82 项改革举措。营商环境改革 3.0 版举措集中于"坚持 1 个导向，结合 2 种评价，打造 3 个高地"——1 个导向是以市场主体的获得感和满意度，着力提升政务服务市场主体满意度；2 种评价是世行评价和国家评价，聚焦企业全生命周期深化改革，推进"四减一优"（减流程、减成本、减材料、减时间、优服务）；3 个高地是打造创新创业创造高地、国际营商规则衔接高地和法治化营商环境高地。

2020 年，广州在国家营商环境评价中位居全国前列，全部 18 个指标获评全国标杆。2021 年 3 月在国务院办公厅公布《优化营商环境条例》落实情况 15 项创新举措中，广州有 4 项（应用区块链技术提高招投标效率、海关推进智能通关、实行破产案件"繁简分流、快慢分道"、深度应用电子证照，助力实现依申请办理事项网上可办）入选，超过总数的 1/4，也成为入选创新举措最多的城市。

广州实施营商环境改革 1.0 版、2.0 版、3.0 版，从"简政放权"到"重点领域营商环境攻坚"，再到"跨部门革命性流程再造"，实现营商环境改革"三级跳"。截至 2020 年年底，广州实有市场主体 269.67 万户，其中企业 158.43 万户，比 2015 年分别增长 1.03 倍和 2.01 倍；累计引进百亿元以上项目 37 个；在穗投资世界 500 强企业增加 26 家，总数达到 309 家；2020 年实际利用外资近 500 亿元，增长 7.5%，规模创历史新高。[①]

（四）营商环境 4.0 版改革

2018 年以来，广州营商环境建设已经历 1.0 版、2.0 版、3.0 版三个改革阶段，办理开办企业手续的时间从 4 个工作日到 0.5 天办结，完成获得水、电、气的程序

---

① 温国辉：《2021 年广州市政府工作报告——2021 年 1 月 29 日在广州市第十五届人民代表大会第六次会议上》，2021 年 2 月 4 日，见 http://www.gz.gov.cn/xw/gzyw/content/post_7067569.html。

需要 10—20 个工作日，到全面落实电、水、气输送外线工程行政审批总时间不超过 5 个工作日，量化的指标不断缩减，创新举措也在稳步实施。进入"十四五"开局之年，广州制定《广州市用绣花功夫建设更具国际竞争力营商环境若干措施》，推动开展营商环境改革 4.0 版，从六大方面提出 35 条改革举措、共 260 项年度任务。

4.0 版改革围绕"国家试点、湾区示范、指标攻坚、涉企服务、数字赋能、智慧监管"六大方面总体布局，做到"新、细、活、彩"，即平台更新、服务更细、监管更活、品牌更出彩。平台更新体现在抢抓国家营商环境创新试点城市建设机遇，一体化推动要素市场化配置改革试点，大力推进中新广州知识城、南沙粤港澳全面合作示范区、全国社会信用体系标杆城市建设，打造全国营商环境改革创新的重要"策源地"和"试验田"。服务更细表现为坚持问题导向，在细节上找差距、补短板，从产业发展全链条、企业生命周期出发，充分利用大数据和信息化技术，建设完善政务区块链等数字基础设施，加速数字应用场景落地。监管更活呈现在突出创新监管，率先构建信用全周期闭环监管、行业综合监管、包容审慎监管、社会自治监管"四位一体"新型监管体系，实现监管"无事不扰"又"无处不在"。品牌更出彩展现在广州营商环境的"金字招牌"，将复制推广广州开发区"一门式"政策兑现经验，全市推行"一窗受理、内部流转、限时办结"的"政策兑现集成服务"。

二、聚焦市场主体生命周期的体制机制创新

营商环境改革是一项长期工程，还将不断深入社会经济运行各个领域和细枝末节的"毛细血管"。优化营商环境改革"无止境"，改革创新永远"在路上"。

（一）企业投资决策："投资政策大算盘"的信息集成

2021 年 3 月，广州发布实施《广州市产业招商导流计划》《广州市目标投资者

滴灌计划》《广州市重大产业项目 3+X 招商服务工作方案》《广州市重要会展活动招商引资工作方案》等 4 个文件，形成线下重大产业项目"3+X"招商服务新机制。8月正式推出全国首个面向投资者的投资政策智能化运算服务平台——"投资政策大算盘"，为境内外投资者提供直观、便捷、友好的决策参考工具，"一键"助力投资决策。

1. 全面精准解决投资痛点堵点

投资者在投资决策过程中，有时候会面临具体条文看不懂等问题，"投资政策大算盘"智能运算平台集成了省、市、区各级政府相关部门投资政策，按产业、层级、投资规模等进行分类，通过投资者信息的匹配，精准输出对应投资政策，为投资者提供最优投资信息和选择方案，帮助投资者切实解决信息纷繁复杂，投资者获取、筛选、运用政策难的问题。

2. 便捷直观的"一键直达"投资服务

投资者仅通过简单便捷的操作及信息填报，即可实现一键速算拟投资或已投资项目的资金支持额度，各级政府相关部门政策及其资金扶持额度一目了然，"一键直达"政策条目原文，包含支持政策主要条目简介和原文链接等内容；"一键联系"还可以即时得到政府职能部门服务人员一对一的政策投资咨询服务。

3. 包容普惠面向中外投资者

"投资政策大算盘"免费对所有中外投资者开放，既面向有意投资广州的境内外投资者，也面向已在广州扎根、计划增资扩股的在穗企业。有意向者无须注册，即可通过"广州商务"微信公众号"便民服务"入口进入智能化运算服务平台，享受政策投资集成服务。这些体制机制和服务平台为广大投资者提供便捷优质投资服务，促进了招商引资的发展。2021 年 1—7 月，全市产业招商注册项目同比增长35.3%，实际使用外资同比增长 35.7%。

（二）企业准入：企业"开办"的服务模式创新

广州市委、市政府通过实施优化营商环境建设各项规划，对接国际营商规则，持续推进企业"开办"便利化改革，主动聚焦企业和民众办事便利化的诉求，全面普及开办企业"一网通—零成本—最快半天办结"服务新模式，助力优化营商环境。对照世界银行营商环境评估标准，广州按照办成"一件事"的思路，打破分工藩篱，强化专班工作机制，形成高效便捷、群众体验度高的开办企业"一网通办、一窗通取"新模式，压环节、减时间、降成本、优服务改革进程持续加快，政务体制改革的良好效应不断积聚，推动了市场主体的稳定。"十三五"期间，广州全市新登记各类市场主体186.42万户，较"十二五"时期增长108.42%，年均新增市场主体37.28万户。

1. 企业"开办"服务逐步规范化

广州市市场监督管理局等七部门于2020年2月出台《关于进一步优化营商环境提升开办企业便利度的意见》，对照国际最优水平，确立全流程"一表申报、一个环节，最快半天办结"改革目标，推行企业"开办"服务新模式，并将改革目标和主要制度措施纳入《广州市优化营商环境条例》，推动优化开办企业服务法制化和规范化建设。

2. 跨部门业务实行"一网通办"

2020年3月，"广州市开办企业一网通"平台优化升级在广州五个区试行，5月全面推行"一步办结"新模式。把办理"照、章、税、保、金、银"事项各个环节整合起来，实现了申请人只需登录一个平台、进行一次认证、一表填报，即可"一步办结"。

3. 多项办理结果实现"一窗通取"

"广州市开办企业一网通"平台通过业务流程重组优化，实现了各部门信息同步采集、实时共享，后台同步联办，最快0.5天办结，申请人即可在"一窗通取"专窗一次性领取纸质营业执照、印章、发票和税务Ukey的"大礼包"，同步完成就业和参保登记、住房公积金缴存登记，无须再另行办理，同步发放电子营业执照、电子印章和电子发票，实现开办企业全程"最多跑一次"。从2020年5月全面推广至今，全市通过平台开办企业办理率逐步增至99%，成功办理并领取"大礼包"28

万多笔，其中约半数在 0.5 天以内办结，新模式推广成效与先行改革的京沪看齐，实现了世界银行鼓励推行的全网办模式[①]。

（三）企业准营："e 证通"推动准营准入同步

广州通过商事制度改革破解准营堵点，进行资源整合和流程再造，标准化集成许可条件，为市场主体"准营"提供便捷。

1. 定制证照"零跑动"一网联办新流程

把智慧填表系统引入开办企业"一网通"平台，自动整合相关申请表单，证照申办信息一步采集，全程复用，通过自动识别企业自主申报的标准经营范围，精准判断并智能推荐"一站式"证照主题联办套餐，全程"零跑动"。广州率先实现了30 个涉及食品、药品、医疗器械等高频许可事项与商事登记事项联办、结果通取，并推动商事登记和 56 项食品等许可事项"跨省通办、省内通办"，57 个涉及食品等高频许可事项全程无纸化申办以及 91 个"一件事"主题许可事项联办。

2. 打造企业"e 证通"智能准营新名片

创新建立"e 证通"应用，企业申办成功后，自动归集电子照、章、票、证、社保信息和银行预设开户账号等无介质办理结果，以及食品经营许可证等 11 个高频电子许可证，推动政务服务、经营活动"一站式"智能亮照亮证，实现无接触"e 证准营"。方便企业随时随地自助查询、下载和使用，社会公众也可以通过扫描营业执照上的二维码，实现一码获取证照信息。

3. 拓展电子证照跨领域新应用

广州率先应用全国通用电子营业执照进行数字签名认证，通过对接广州市可信认证服务平台和公安部门的"企业印章刻制备案系统"实现同章同模，为电子照章跨区域、跨领域、跨行业应用预留发展空间。积极推动电子照章向获得电力、登记财产等领域拓展，满足网上办事的身份认证、申领电子证照、加盖电子印章文档和

---

① 广州市市场监督管理局工作报告。

电子发票的需求。

（四）企业不动产登记：便捷化"一窗通办"机制形成

针对企业不动产登记，广州通过强化跨部门信息集成，全面优化登记流程，实行不动产登记"多头跑"为"一窗通办"，28 项登记业务"1 小时办结"，以"登记小窗口"撬动"服务大变革"，提升惠民、利企便利度。

1. 一窗通税务

不动产登记综合受理窗口对办理登记和纳税业务进行合并，统一收取并采集登记、税务等资料信息，并联审核，实现"到一个窗口、交一套资料、最多跑一次"办理涉税存量房转移登记。同时，设置企业专窗，为企业间非住宅转移登记等业务提供"1 窗 1 人 1 套资料 1 个环节 1 小时办结"的"5 个 1 服务"。

2. 一窗通民生

实行不动产登记部门与供电、供水、供气、电信等民生部门协同联动，实现登记平台与电水气网系统对接，在不动产登记窗口办理房屋过户时，可一并申请民生过户事项，登记案件核准后，系统自动推送民生过户需求及不动产登记电子证照信息，无须企业和民众多次跑动。

3. 一窗通地域

打破不动产登记属地限制，实现多层级跨地域"随心办"。各区域不动产登记综合受理窗口均可办理全广州范围内涉税存量房转移、赠与、析产等登记业务，减少企业和民众跑动。同时设置跨城通办、跨省通办窗口，提供更便捷多样的"跨域通办"服务。四是一窗通业务。根据实际需要，破除"一事一案"的限制，按照"申请人只跑一次、共性资料只收取一套、办理时限仅按一个登记类别确定"的原则，登记窗口可灵活提供登记业务组合办理，涉及预告登记、转移登记、变更登记等不同类别登记组合达 60 余种。五是一窗通数据。加强不动产登记部门与税务、住建、公安、市场监管、民政等部门信息联动，实现包括身份证、营业执照、结婚证、缴税凭证等 62 类电子证照及 7 类电子信息共享，累计减少 106 项材料。

（五）企业知识产权保护：体制机制不断完善

为维护公平竞争的市场经济秩序，广州始终坚持开拓创新，进一步加强知识产权保护力度，创造更优的营商环境，护航广州高质量发展，推动大湾区形成以创新为核心竞争力的知识产权保护高地。

1. 知识产权保护机制进一步完善

广州设立 32 个相关职能部门组成的广州市知识产权工作领导小组，统领协调全市知识产权工作，每年发布《广州知识产权发展与保护状况》（白皮书）。广州市市场监督管理局（知识产权局）充分发挥协调广州知识产权法院、广州知识产权仲裁院、广东省知识产权维权援助中心、中国广州花都（皮革皮具）知识产权快速维权中心、广州市知识产权纠纷人民调解委员会等机构的作用，在全市 11 个区全覆盖建立重点产业知识产权维权援助与保护工作站。2018 年，广州市海珠区探索建立展会知识产权纠纷的快速处理与协调机制，成立了全省首个会展知识产权保护中心，入选 2018 年度广州优化营商环境十大创新案例；2019 年 10 月该中心进一步升级为"琶洲会展与数字经济知识产权保护中心"，倡导强化产业知识产权保护，支撑会展经济和数字经济发展。2020 年 5 月国家知识产权局批复同意《广东省知识产权局关于推荐广州市申报中国（广州）知识产权保护中心的请示》，中国（广州）知识产权保护中心建成后将面向高端装备制造产业和新材料产业开展知识产权快速协同保护工作。截至 2020 年年底，广州有知识产权调解机构 62 家、知识产权仲裁机构 5 家、知识产权快速维权及援助机构 28 家，进一步健全了知识产权维权援助体系。

2. 知识产权保护规则体系逐步完善

广州市政府根据知识产权运行的实际情况，临时政策和长期制度建设结合，不断完善知识产权保护规则体系。比如，为完善知识产权领域信用体系建设，2019 年 9 月，广州市 39 个部门联合签署了《关于对知识产权领域严重失信主体及其有关人员开展联合惩戒的合作备忘录》，推进对知识产权领域严重失信主体开展联合惩戒工作。2020年，广州印发《广州市关于强化知识产权保护的若干措施》和《关于进一步加强版权行政执法与监管工作的通知》。广州市市场监督管理局（知识产权局）修订印发《广州市知识产权工作专项资金管理办法》，将专项资金支持范围扩大至专利、商标、地理标志等各类知识产权，进一步优化专利资助政策，全面提升广州市知识产权质量。为支持和推动生产企业复工复产，广州市市场监督管理局（知识产权局）在疫情防控期间出台了《广州市知识产权质押融资风险补偿基金服务企业应对疫情困难线上办理工作指引》，进一步提高专利质押融资项目补贴标准，降低企业融资成本，缓解中小企业受疫情和延期复工影响导致的经营困难。

3. 知识产权违法行为查处力度增强

广州市不断强化跨部门执法协作联动，严厉打击专利、商标侵权假冒行为以及侵犯商业秘密、涉疫情物资等知识产权违法行为，增强知识产权保护力度。广州市市场监督管理总局实施《2020年知识产权执法"铁拳"行动方案》及《2020年度知识产权保护专项行动方案》，有力地打击了侵犯商标专用权的行为。与新冠肺炎疫情防控工作相结合，发布《关于加强疫情防控商品知识产权保护工作的通知》，强化疫情防控关键领域、重点产品执法检查，严厉打击侵犯口罩、防护服等防疫商品商标、专利权违法行为，市场监管部门配合公安部门快速查处了价值23万元假冒"3M"注册商标专用权口罩案件。2020年，广州严厉查处恶意申请注册"李文亮""雷神山""火神山""吹哨人"等商标的违法行为，对涉案的9家代理公司立案查处。落实国家市场监管总局等七部门《关于印发全国防疫物资产品质量和市场秩序专项整治行动方案的通知》的要求，联合开展了打击医疗器械、防疫用品领域侵犯知识产权专项行动。

（六）企业破产：首创全国破产"智融"平台

针对企业破产环节的复杂纠纷，广州法院打造全国首个全流程一体化破产资产处置平台和重整投融资"智融"平台，实现四个全国首创，即全国首个"互联网＋金融科技"破产重整综合服务平台、破产资产处置全流程一体化服务平台、破产重整线上线下融合智能运营平台、破产重整投融资生态圈平台，实现五大核心功能。

1. 提升破产资产处置效率和价值

提供项目推介、交易撮合、评估询价、拍卖物流等资产处置全流程服务，助推破产资产高效处置和价值最大化。

2. 提升重整价值识别能力

运用市场化标准判断企业重整价值，融合京东、淘宝等互联网平台大数据和流量优势，提升重整价值识别率。

3. 提升破产重整融资支持力度

集聚中国平安、广州资产、互联网金融平台等金融或准金融机构，为重整期间的困境企业破产费用及继续经营提供流动性资金支持，满足重整融资需求。

4. 提升线上线下融合智能服务水平

利用大数据技术进行智能分析，深度融合破产信息、资产信息和市场需求，依托网络交易平台、产权交易机构等线上大数据信息招募投资人，智能匹配服务需求，并主动对接线下融资和一体化综合配套服务，实现线上智能服务与线下主动服务衔接。

5. 提升"办理破产"透明度和公信力

通过打造集约化的破产信息公开平台，实现破产信息全程公开、交易程序步步留痕，充分保障债权人、投资人等相关主体的知情权和决策权。

第二节　广州营商环境建设的成效和经验

近年来，广州高度重视营商环境改革，在广东省委、省政府《建设法治化国际化营商环境五年行动计划》的指引下，积极推动了营商环境改革，取得了一定成效，推动营商环境不断优化提升，形成了不少营商环境建设的创新，为国家推进营商环境政策出台提供了经验、为各地优化营商环境提供了示范，为加快建设粤港澳大湾区提供了支撑。

一、广州营商环境建设的成效

（一）政务服务效率得到提升

市场主体是经济发展的主力军，其快速发展有赖于营商环境建设和优化。深化"放管服"改革和优化营商环境，有助于社会经济发展。2018 年以来广州营商环境的四轮改革实现了政务服务的不断优化，市场主体获得感与满意度有所提高。

1. 营商环境改革 1.0 版构建了"政务平台"

重点打造了统一安全的政务服务云平台、数据资源整合和大数据平台、一体化网上政务服务平台，推行"一表申请、统一受理、并联审批、统一出证"服务方式，制定审批服务事项标准规范，实现同一审批事项关键要素市区两级统一。

2. 营商环境改革 2.0 版完善了"政务平台"

于 2019 年年底，在广州"数字政府"建设的框架下，打造政务数据高度共享、涉企审批事项高度整合、政务服务各环节与所需数据高度对接的"智慧政务"平台：4 月底前实现电水气外线工程联合审批落地，对规划、住建、公安、交通、市政、水务等有关部门审批事项进行全面整合；6 月底前基本实现重点领域和高频事项"线上一网通办、线下只进一扇门、现场办理最多跑一次"；年底前将部门分设的办事窗口整合为综合窗口，实现"一窗办理、一网通办"。[1]

3. 营商环境改革 3.0 版加快了"智慧政务"平台建设

广州"互联网＋政务服务"水平得到全面提升，2020 年实现各类申请事项可网办率 100%、政务服务大厅办理事项网上可预约率 100%；以市场主体便捷高效办好"一件事"为目标，梳理出不少于 50 个"一件事"目录清单，形成了主题式、套餐式集成服务；实现政务服务标准化规范化，在不同层级实现同一事项名称、编

---

[1] 黄舒旻：《广州推出营商环境改革 2.0 版》，《南方日报》2019 年 4 月 1 日 A01 版。

码、依据、类型等基本要素统一，逐步实现同一事项无差别受理、同标准办理；建设线上线下相统一、多渠道全方位评价体系，包括政务服务大厅（站点）"好差评"机制；推行政策兑现"一门式"办理，推动个人所得税优惠政策财政补贴、优秀创业项目资助等一批政策事项落地兑现。

4. 营商环境改革 4.0 版实现了政务平台"数据共享"

政务服务领域，广州将着力提升"一网通办"用户友好度和服务智能化水平，打响"穗好办"政务服务品牌；城市治理领域，建立健全"一网统管"标准体系，建设"穗智管"城市运行管理中枢。以提升市场主体满意度为导向，着力破解数据共享不充分、部门协同不到位、对标改革不彻底等共性问题，精准施策，注重改革集成。随着数字赋能营商环境的不断深入，营商环境改革 4.0 版将通过建立公共数据开放利用管理机制，将公共数据资源转化为社会财富。

（二）法治化营商环境逐步形成

优化营商环境不仅有利于激发市场主体活力、创造竞争新优势，而且有利于吸引外资、提升对外开放水平。习近平总书记强调，法治是最好的营商环境，做好改革发展稳定各项工作离不开法治，改革开放越深入越要强调法治。[①] 因此，良好的法治环境对一个区域的发展起着至关重要的作用。

1. 营商环境建设制度体系不断完善

为营造稳定、公平、透明、可预期的法治化营商环境，2020 年，广州市推进立法项目 29 项，加强制度建设，逐步完善以《广州市优化营商环境条例》为核心、以相关法规章和规范性文件为支撑的地方营商环境制度体系。《广州市优化营商环境条例》于 2021 年 1 月 1 日开始实施，总结广州市近年来优化营商环境经验做法，并体现广州特色，在数据经济发展、产业供应链保障、信用产品推广等方面提

---

① 《习近平主持召开中央全面依法治国委员会第二次会议并发表重要讲话》，2019 年 2 月 25 日，见 http://www.gov.cn/xinwen/2019-02/25/content_5368422.htm。

出全国首创的"广州方案"，成为立法体例独创的一章"开放创新"。同时进一步完善配套制度，广州拟出台新一轮《广州市科技创新促进条例》，完善创新治理体系和科技人才培养激励机制，激发创新主体活力；拟出台《广州市公共法律服务促进办法》，统筹律师、公证、司法鉴定、仲裁、调解、法律援助等公共法律服务资源，加快推进公共法律服务体系建设，为市场主体提供全方位的法律服务。广州深入推进行政执法"三项制度"（行政执法公示制度、执法全过程记录制度、重大执法决定法制审核制度），率先在全国建立行政执法数据年报公示制度，该项制度被国务院采用并向全国推广。

2. 法律服务质量和效率不断提升

广州一直致力于完善营商环境建设的法治保障机制和提升法律服务质量。近几年，积极发挥律师的专业作用，指导广州市律协成立世界银行营商环境评估指标的专业律师研究小组，与相关单位有效对接，协助解决各单位法治保障的困难和问题。成立全国首家涉外律师学院、"一带一路"律师联盟广州中心，为推动广州涉外法律服务业发展奠定了坚实的基础。提出了"打造全国公共法律服务最便捷城市"的新发展理念，建成公共法律服务实体平台2942个，建立全国首家5G市级公共法律服务中心，研发"广州公法链""广州法视通""企业健康指示码"等信息化项目。开展企业"法治体检"，先后服务中小微企业5.7万家，免费体检企业5.5万家。建立商事纠纷多元化解平台，设立广东省自贸区南沙片区贸促商事（人民）调解中心、跨境电子商务行业人民调解委员会和广东知识产权纠纷人民调解委员会，推动市律协成立广州国际商事商贸调解中心，高效便捷地解决商事纠纷[①]。

3. 中小投资者权益保护力度不断增强

近几年广州非常重视中小投资者权益保护，一是中小投资者权益保护方式不断创新。设立"法护公平·中小投资者权益保护"项目，针对公司控股股东、实际控制人利用关联交易侵害公司、中小股东利益的案件，为有需要的中小投资者提供法

---

① 吴笋林：《广州司法局免费为5.5万家企业提供"法治体检"》，《南方都市报》2020年10月14日。

律援助，切实保障中小投资者合法权益。二是完善证券纠纷解决机制。探索在先行调解、证据取证、确立示范案件、全程全方位调解、引入专业支持、降低诉讼成本等程序性环节中，为中小投资者建立便捷、高效的绿色诉讼通道。成立广州国际商贸商事调解中心，加强对中小投资者相关争议的调解。充分发挥广东中证投资者服务与纠纷调解中心作用，完善优化中小投资者诉求处理机制。三是进一步提升诉讼便利度。完善证据交换规则和律师调查令制度，充分发挥民商事案件中律师调查的作用，提高中小投资者的举证能力。探索民商事案件证据开示制度，出台民商事案件证据开示指引，引导中小投资者及时固定争议焦点，规范民商事案件庭前程序。开设中小投资者纠纷案件的审判绿色通道，市区两级法院成立专业审判团队，专门审理与投资者有关的纠纷案件，同时试用先行判决方式集中宣判，以缩短审判周期、统一裁判尺度。

（三）营商环境从信息化走向数字化

世界各国已充分认识到数字化战略的重要性，正在经历向区域产业数字化转型。多个国家均已明确制定数字化建设相关政策和规划，明确实施数字化战略，通过数字化改革和建设推动政府服务数字化转型。各国各城市因地制宜发展数字经济，向区域产业数字化转型，形成了叠加溢出效应，推动政府变革、城市建设和营商环境建设向数字化、智慧化方向演进。

1. 全国首个开办企业"5G智慧导办"建成

近几年广州坚持走信息化、智能化道路，围绕提升企业群众实际办事体验度，依托大数据、区块链、5G技术实现科技赋能，打造智慧型开办企业服务，力求让企业和民众办事像"网购"一样快捷方便，创建知识库、问答库，平台指引全面数字化、可视化，每一填报事项均能一键获取智慧导办，导办机器人和后台导办人员通过可视化手段，即时与企业点对点沟通。2020年11月新服务上线以来，已为1.7万家企业解答导办咨询3.5万多次，有效缓解了传统渠道咨询压力，极大地提升了网上办事的便捷性和体验感。广州企业注册越来越便利，开办企业便利度水平进一步提升。

2.标准化智能审批平台建成和推广

近几年，广州着力提升掌上办事便利度，创新发布微信小程序，系统自动匹配数据，采取下拉选项，减少录入量，实现申办、刷脸、签章、扫描一站式单设备完成，便利企业群众全天候"掌上办企业"。广州将"三个自主申报"（企业名称、经营场所、经营范围）和"人工智能＋机器人"无人审批等改革成果，整合到"一网通"平台，提升商事登记标准化、智能化"秒批"，全市营业执照商事登记智能"秒批"已达到60%以上，助力全流程0.5个工作日内办结。广州着力提升掌上办事便利度，创新发布微信小程序，系统自动匹配数据，采取下拉选项，减少录入量，实现申办、刷脸、签章、扫描一站式单设备完成，便利企业群众全天候掌上办企。实现企业名称自主申报、标准地址库、经营范围规范化表述等，规范办事条件、办理流程、信息采集和数据共享，借助"人脸识别""数字签名"等信息技术，通过手机刷脸签名、线上核验住所信息、审批流程再造等，构建统一的政务自助服务平台，实现商事登记自主申报、智能审批、自助打印。

3."单一窗口"特色服务功能不断增强

近几年广州建立了外贸"单一窗口"与口岸物流系统协同，实现进口提货单和设备交接单电子化流转，节省外贸企业"跟单"费用和纸质提货单的制作成本；开发上线了进出口货物报关资料预录入功能，做到"一次录入，全程共享"，实现货主（货代）与报关代理之间的数据共享，大幅提高了企业的工作效率，降低数据差错率，缩短企业报关准备时间。配套上线水运舱单综合服务系统，通过与船代、码头作业系统进行对接，实现了报关代理、船代及码头之间的数据共享，码头实现自动触发运抵报告发送，解决由于运抵不及时而影响报关的问题，将原来最少需3小时出口报关准备时间降到15分钟以内，实现"单一窗口"向不同船代提交预配数据，让企业操作更加便利快捷。广州在全国率先将国际会展纳入"单一窗口"，实现了会展申报无纸化以及展会自动核销，截至2020年12月15日，已为214场展会提供了服务，极大地提高了企业及海关工作效率和会展监管的智能化水平。[1]

---

[1] 广州市商务局工作报告。

4. 全天候智能通关系统建成开通

广州海关对接"数字广东""智慧港口"数字资源，利用 AR（增强现实）、AI（人工智能）、大数据等手段，建立全天候智能通关系统，实现低风险货物、旅客全天候快速智能通关。船边分流环节，自动识别集装箱号并快速理货，已提前申报无须查验的货物可直接提离，需查验的货物则移到查验区。查验环节，开发应用查验辅助机器人在海关非工作时间提前开展查验准备，进行数据采集和信息比对等基础性工作，机器人作业和海关查验派单并联进行，缩短了企业等待查验和海关关员进行查验时间。推行数字化改革以来，企业可以通过"单一窗口""互联网＋海关"实现 24 小时"一键通关"；在全国任一口岸申报，在机场、南沙等枢纽口岸 24 小时智能通关。

（四）跨境贸易手续更加便利化

1. 办理流程全面简化

近几年广州全面推广电子报关委托，简化口岸验核证件和随附单证，企业进口申报无须提交合同、装箱清单，出口申报无须提交合同、发票、装箱清单等商业单证。海关审核确有需要时，企业再以无纸化方式提供。同时，依托"单一窗口"推广单证电子化，实现"单一窗口"报关单、舱单申报、运输工具申报覆盖率 3 个100%，推广《海关专用缴款书》、出口《原产地证书》自助打印、减免税等新功能模块的使用。截至 2020 年年底，广州海关、黄埔海关取消企业提交相关事项办理证明 84 种，结合清理证明事项，统一修改完善关区企业资质管理业务申请材料和办理流程。

2. 通关效率大幅提升

近几年广州海关通过海港智能化系统、黄埔海关通过关港信息平台实现海关信息与港口作业系统信息双向交互。广州南沙港区、黄埔新港口岸按照企业个性需求开展"船边直提""运抵直装"试点，推进"提前申报"模式，完善落实容错机制，深入推进"两步申报""两段准入"改革，切实缩减申报准备、转关办理和海关通关时间。同时，深入推进"两步申报""两段准入"改革，缩减申报准备、转关办理和海关通关时间，分别将 2020 年进口货物整体通关时间压缩至 14.36 小时、8.62 小时，较 2017 年压缩了 82.76%、80.01%；2020 年出口货物整体通关时间缩短至 0.97 小时、0.92 小时，较 2017 年压减了 91.40%、92.16%，[①] 进出口整体通关时间均排名全国大中城市前列。

3. 海关监管模式创新取得显著成效

近几年广州海关推行远程监管验放，对于可提离至海关指定场所实施监管的货物，企业可通过"线上海关"申请远程监管。传统监管工作从预约排期到现场查验需要 1—2 天时间，2020 年实现远程监管新模式只需 20 分钟就能完成"在线查验"。同时，广州海关、黄埔海关推行"智慧审证"模式，采集各国卫生证书、兽医官签字、动植物检疫证书、动植物签证官等信息，实现同屏比对展示，为比对审证工作提供延伸参考，提高了证书审核效率和准确率。以进口肉类卫生证书为例，现场审核时间从以往的 10 至 30 分钟缩短至 2 分钟以内。黄埔海关推行"智能审图"，充分发挥机检"人工智能"代替"普通人工"作业，审图时间从人工审图时的 15 分钟左右，缩短至 3 至 5 秒，还提高了标准品的有效识别率和通关时间。2020 年，黄埔海关共审核图像 57891 幅，同比增长 46.1%。[②]

4. "一站式"国际贸易综合服务平台逐步形成

2014 年年底，广州启动国际贸易"单一窗口"建设，按照"三互"大通关建设要求，围绕"一个平台、一次递交、一个标准"三个基本要素，建成了货物申报、运输工具申报、跨境电商、信息查询等 19 个功能模块，基本涵盖国际贸易全流程。广州"单一窗口"实行"统一登录、统一认证、统一授权"的模式管理，企业只需注册、登录一次，即可获得单一窗口的全部授权和使用功能，打通多个业务线条。以国际航行船舶申报模块为例，通过协调简化单证格式和数据标准，系统整合了海

---

① 广州市商务局工作报告。

② 广州日报：《智能监管"秒放"！黄埔海关去年审图 57891 幅》，2021 年 2 月 2 日，见 https://news.dayoo.com/guangzhou/202102/02/139995_53780236.htm。

关、原检验检疫、边检、海事、港务等 5 个部门的申报数据，"一次录入"分别发送至相关部门的业务系统，并统一接收各监管部门审批处理回执，一站式办结全部进出口岸手续，减少了 2/3 的数据重复录入。

（五）市场主体制度性成本有所降低

在优化营商环境的建设过程中，政府通过监管体制机制改革和服务创新，不断降低制度性成本，重点是通过"三减一优"改革举措推动市场主体经营环境优化。

1. 减环节

通过推行信任审批、加强政企数据共享、推广电子证照应用等方式，全面推动开办企业"一表申报"，建筑许可"一站式"办理，获得电力"四零（零申请、零上门、零审批、零投资）"服务，不动产登记与电、水、气报装等民生服务"一窗申请、并联办理"，让数据"多跑路"，企业群众"少跑腿"。

2. 减时间

通过"掌上办""随时办"，推动政务服务事项从"可网办"到"全网办"转变，提升"网办率"。通过"企业专窗"全流程不动产转移登记等 24 项登记业务 60 分钟办结领证。在现场服务窗口，通过自助网络终端设备，智能导办，邮寄服务等举措，进一步压减办事时间，提升办事体验。

3. 减成本

注重综合施策、灵活施策，打好组合拳，"政策普惠减成本""多措并举减成本"。各相关单位出实招、办实事、求实效：供电企业投资延伸至项目红线，降低企业接电用能成本；海关实施"两段准入""远程监管"，降低进出口企业物流成本和人力成本；法院完善预重整操作规则，降低破产企业重整成本；金融机构应用"信易贷"平台开发信用产品，降低中小企业融资成本。除了征收国家规定的 3.1% 的税收之外，广州减少、取消小微企业的登记费，2020 年逐步取消了全部企业不动产登记的登记费和证书工本费。

4. 优服务

聚焦市场主体和人民群众关切，提升政务服务效能。一方面，全面优化涉企服务，充分发挥法治联合体和咨询委员会的作用，建立"建议意见直通车"制度，对企业诉求"接诉即办"；另一方面，提升群众办事体验，新增入学、就业、退休等10件市民"一件事"专题服务，推出婚育、社保、养老等不少于300项"省内通办"事项，让广大市民群众享受更多优质服务。

总体来看，2018年以来，广州营商环境改革不断"加码"，从营商环境改革1.0版、2.0版、3.0版到4.0版，聚焦企业生命周期全过程，着眼企业兴办、准入市场、准营和退出全周期过程的制度创新和持续攻坚，着力构建减流程、减成本、减材料、减时间、优服务等体制和机制（见表2-1），全方位提高企业的改革获得感，以高标准营商环境推动经济社会高质量发展。

表2-1　广州营商环境历次改革对比

改革政策	开办企业所需时间	办理建筑许可（工作日）	获得电水气（工作日）	不动产登记（工作日）
1.0版	4个工作日以内	政府投资工程建设项目90个；社会投资项目50个。	低压电不超过10个，高压电不超过20个；用水不超过15个；供气不超过10个。	一般登记业务5个工作日以内。
2.0版	2个工作日以内	政府投资工程建设项目90个；社会投资项目22-50个。	低压电不超过3个；高压电不超过15个；用水、用气无外线工程不超过4个；有外线工程不超过10个。	企业不动产转移登记、变更登记、一般抵押登记业务当日办结，其余涉企业务4个工作日内办结。
3.0版	0.5个工作日办结	政府投资工程建设项目不超过85个；社会投资项目不超过35个不超过35个。	电水气外线工程不超过5个。	取消企业间办理存量非住宅交易网签，加快实现"4个1"。
4.0版	0.5个工作日办结	全面推行一站式网上办理，11个工作日内办结。	低压电不超过3个；高压电不超过12个。	不动产登记与电水气过户线上、线下"一窗受理、并联办理"。

资料来源：据广州市委、市政府及有关部门文件整理。

另外，广州近几年在优化对外贸易营商环境也取得了显著的成效：一是跨境贸易便利化改革创新走在全国前列。广州贸易率先实现"单一窗口"，在全国率先建设口岸通关时效评估系统，广州货物出口"提前申报"率为90%，进口"提前申报"率约60%，进口汽车配件"两步申报"率超过80%。率先将国际会展纳入"单一窗口"，广州港建设的"互联网＋港口物流智能"服务项目，是全国首个通过验收的智慧港口示范工程项目。二是口岸通关效率显著提升。广州采取了一系列举措，实现"单一窗口"与全国检验检疫无纸化系统的无缝对接，优化通关监管模式、简化单证办理手续、推进24小时全天候智能通关等一切改革创新举措。目前广州海关进口整体通关时间约为12.6小时，出口整体通关时间约为0.8小时，与2017年相比分别大幅压缩了85%和93%，压缩的幅度非常大。三是降低与规范口岸收费成效显著。通过实行港口经营服务性收费目录清单和公示制度，鼓励行业合理竞争，降低或免除货物港务费、港口设施保安费、货物港口建设费、引航费等口岸收费等，促进行业高质量发展。

（六）民众获得感和满意度增强

近年来，广州推行"码上办"平台便民举措，基于"穗好办"APP和一体化在线政务服务平台，办事人在市政务服务大厅通过"穗好办"APP亮码即可办事，实现政务服务办理方式革命性再造、数字化转型，增强了民众获得感和满意度。

1.建立全市"三清单"实现办事材料"免提交"

"码上办"基于政务服务信息共享三清单（电子证照清单、电子材料清单、数据共享清单）的梳理成果，将557类高频电子证照、870份电子材料以及各部门数据共享清单进行智能组合复用，办事人在实体大厅办理综合受理业务时，通过"穗好办"APP亮码授权后，在保障信息共享、材料复用安全性和可靠性的前提下，实现了相应业务办理材料的免提交、业务表单信息免填写，需携带或提交的纸质材料大幅减少，真正实现提速增效。

2. 整合认证渠道，实现线上—线下"无缝"衔接

结合政务服务大厅办事流程，整合广东省身份认证中心"粤信签"、广州市公安局"微警认证"等多个认证服务体系为统一认证入口，汇聚办事人和企业的身份、特征和办事等信息，并与"一窗"综合受理系统实时交互，将传统"带证"办事的窗口服务模式转化为"亮码"办事，截至 2021 年 6 月底，已覆盖 1660 项市级依申请类政务服务事项[①]，大大提升了办事效率。

3. 拓展应用场景，实现政务服务"一码通行"

按照"共享、授权、便民"的工作思路，通过"企业 / 个人"码的建设，串联政务服务事项办理的全过程，打造扫码取号、叫号提醒、亮码授权、进度查询、亮码出件、信息维护等"一站式"服务应用场景，创新事前事中双授权模式，办事人亮码办事，办事基本信息自动写入，电子证照和电子材料替代纸质材料，全面提升政务服务现代化、智能化水平。

二、广州营商环境建设的经验

近年来，广州营商环境优化建设的受重视度、资源投入度都很高，广东探索推出一些可复制、可推广的优化营商环境新举措。

（一）高规格统筹领导

广州成立市全面优化营商环境领导小组，市委书记、市长任"双组长"，市委常委、副市长分别牵头 8 个专题组和 12 个指标组，全市"一盘棋"，高位统筹推进各项任务。组建市优化营商环境工作专班和各指标专班，形成定期调度机制，领导小组办公室围绕指标领域改革定期召开专题调度会，组织走访中介机构、营商智库、市场主体，梳理研究改革问题困难，抓好跟踪督办，强力推动改革落实落地。

---

① 广州市发展改革委员会工作报告。

市人大常委会专题审议市政府关于优化营商环境工作情况报告，推动相关法规"立改废释"，加快优化营商环境地方立法；市政协常委会制定专题建议案，充分发挥参政议政作用，积极献言献策，协同发力推动营商环境迈上更高台阶。

（二）高起点谋划推进

聚焦企业全生命周期，主动对接国际通行营商规则，对标高标准规则体系，注重整体统筹谋划，推动营商环境改革政策迭代升级、前后衔接、纵深推进。以国家营商环境创新试点城市建设为牵引，率先构建粤港澳大湾区高标准市场体系，推动法治化、便利化指标攻坚，提升政务服务质量和效率，强化数字赋能，创新智慧监管，用绣花功夫建设更具国际竞争力的营商环境。

（三）高水平沟通服务

始终坚持市场评价是第一评价、企业感受是第一感受、民众满意是第一标准，从市场主体的视角出发，以企业和群众的获得感、满意度为导向，不断提升主动服务企业质量和效率，提升市场主体获得感、满意度，激发市场活力和社会创造力。畅通市场主体参政、议政和提供政策意见建议的渠道，出台企业家参与制定相关政策及实施细则的规制。市委、市政府主要领导定期召开企业家座谈会，各区积极举办企业"吐槽大会"、现场办公会，坚持开门问策、集思广益，主动解难题。整合社会各领域专业力量，组建广州市优化营商环境咨询委员会，打造优化营商环境重大决策部署专业"智囊"、政—企—民沟通的重要平台、对外交流合作重要窗口，广泛吸收意见建议，共商营商环境改革。

（四）高质量法治保障

统筹全市法治资源，成立广州市优化营商环境法治联合体，凝聚社会各界的强大力量和思想共识，组建一个咨询专家库、一个专业律师库和一个法律英语审核组，为优化营商环境工作提供高质量法治保障。认真践行"法治是最好的营商环境"理念，贯彻落实国家《优化营商环境条例》，总结各领域优化营商环境成熟的经验做法，将实践证明有效、市场主体认可的改革措施上升为制度性成果，创新采用立法专班和专家团队"双主体"制定《广州市优化营商环境条例》，于 2021 年 1 月 1 日起施行。同时在法律框架下进一步推动制度创新，着力解决市场主体反映强烈的痛点、难点和堵点问题。

第三节　最佳示范区：广州经济技术开发区体制改革与开放创新

2018 年 6 月获批成为首个"广东省营商环境改革创新实验区"以来，广州经济技术开发区全面落实《优化营商环境条例》和实验区建设方案，对标、对表国内外最高规则标准，在若干重点领域和关键环节精准发力、取得实质性突破，在"2019 年全国经开区营商环境指数"中排第一位、在"2019 年度中国营商环境十佳经济开发区"中排第一位，获评"2019 年度中国营商环境改革创新最佳示范区"，作为广东省唯一代表入围"2019 中国改革年度案例"，荣获联合国"2019 年度全球杰出投资促进机构大奖"，形成一批可复制推广的经验做法。

一、打造政策供给"新标杆"：强化体制机制改革

国家级开发区广州经济技术开发区在黄埔区内，2017 年 9 月，黄埔（行政）区、广州开发区深度融合成为一套行政系统，在行政上实行"一套人马两块牌子"。黄埔区域内的广州经济技术开发区、广州高新技术产业开发区、广州出口加工区、广州保税区、广州保税物流园区和中新广州知识城统称为"广州开发区"，成为黄埔区改革开放高端平台，此处重点关注广州开发区的一系列创新。

（一）率先完善制度体系建设，系统保障营商环境优化

黄埔区、广州开发区率先创建四个特色机构。一是在行政区与功能区融合互动发展的制度框架下，成立广东省首个"行政审批局"，实现企业投资建设项目"一枚印章管审批"。二是优化设立全国首个民营经济和企业服务局，专门破解企业"落地难"瓶颈问题。三是率先成立"营商环境改革局"，在北上广深四个特大城市中尚属首例，统筹推进及监督全区营商环境改革工作。四是全国唯一单设区级知识产权局，专司知识产权综合改革。2020年，黄埔区、广州开发区和广州高新区先后出台《营商环境改革创新促进办法》《鼓励市场主体参与营商环境建设办法》等政府规范性文件，制定全区营商环境绩效考评体系，以制度保障和推动营商环境改革。对标国内外一流，推出99项深化营商环境改革举措，打出优化营商环境政策"组合拳"，开启更具体、更深维度的改革创新。成立优化营商环境法治保障共同体，推动各方形成合力，聚焦政策制度设计，强化营商环境建设系统研究。

（二）率先提高政策供给质量，助推市场主体提质增量

2017年，黄埔区、广州高新区、广州开发区率先出台了"金镶玉"系列政策，掀起了全国产业政策风暴，并于2019年继续创新"金镶玉"2.0版。2020年2月，为支持企业在做好疫情防控工作的前提下全面复工复产，黄埔区、广州开发区、广州高新区在全国国家级开发区中率先出台"暖企亲企稳企八条措施"（简称"暖企8条"），同月出台"广州市黄埔区广州开发区广州高新区战疫情保稳定促发展若干措施"（简称"稳企6条"）；同年底出台《广州市黄埔区、广州开发区关于深化工业项目行政审批制度改革的若干措施》（简称"工业快批10条"）；再加上"高端生物制药8条""新基建10条""绿色金融10条""消费品工业8条"，共制定四个"黄金10条"及两个"美玉10条"2.0版，推动形成覆盖广泛、逻辑周延、有机统一的"金镶玉"政策体系，形成政策合力，保障市场主体平稳发展。

（三）率先衔接国际营商规则，营造国际化营商环境

全面实施"湾区＋"战略，找准粤港澳三地制度"接口"，率先推进粤港澳知识产权互认互通，全国首创 24 小时智能通关、大湾区同船货运模式，深化商事登记"跨境通"服务，推动香港工程建设管理模式落实。建设中新广州知识城国际科技创新合作示范区，以《中新广州知识城总体发展规划（2020—2035）》获国务院批复为契机，深化与新加坡在知识产权、金融服务、城市管理等领域合作。率先强化改革创新监督评价，开展对标世行模拟评估，建立指标优化任务台账，倒逼营商环境的优化。建立全省首个营商环境观察员制度，定期召开营商环境"吐槽大会"，形成意见建议，建立台账交办相关部门，形成改进闭环。开展企业满意度调查，走访企业并收集调查问卷，深入掌握营商环境"用户体验"，通过满意度调查发现问题，及时改进。

二、打造改革创新"新典范"：聚焦"痛点""堵点"改革

（一）深化审批制度改革，提升审批服务效能

2020 年 12 月，黄埔区、广州开发区在全国首发"智能秒批"目录清单，首批100 项智能秒批（核）事项清单涵盖 12 个行业，推动"人工审批"迈向"智能审批"。深化承诺制信任审批制度改革，发布《承诺制信任审批事项目录（2020 年）》，改革后事项覆盖领域从工程、企业开办等领域延伸至教育、文化等民生领域。推进工程审批建设审批改革，取消简易低风险工程建设设计方案审查、核发污水排入排水管网许可证办理等环节，采取全信任方式办理《建设工程规划许可证》和《人防意见书》，同时与《建筑工程施工许可证》进行三事项并联办理，实现"一次申请，三证齐发，即来即办"。实施"三阶段"施工许可，企业自主选择分"基坑支护和土方开挖""±0.000 以下""工程整体"三阶段申请办理施工许可证，审批承诺时间最长 3 个工作日，申报材料从 30 多份减少到最少 8 份，为企业节约 3—6 个月的筹建时间，真正实现"拿地即动工"。疫情时期聚焦复工复产，推出特殊时期审

批服务，出台《关于疫情防控时期对部分工业项目实施规划审批便利措施的通知》《关于新型冠状病毒肺炎疫情期间相关建设项目环境影响评价文件审批工作的意见》等政策文件，精简审批要件，开通"疫情审批绿色通道"，特殊审批举措获评2020年广州市十大信用创新应用案例。

（二）推进商事登记改革，激发市场经济活力

黄埔区、广州开发区在全市率先进行商事登记体制改革，2020年3月试点推行开办企业"一网通办、一窗通取"模式，最快"半日开办企业"；10月底，全区实有市场主体达21.07万户，同比增长35.37%，增速稳居全市第一；同年1—10月，全区新登记市场主体5.43万户，同比增长35.71%，增速居全市前列；其中企业4.85万户，同比增长51.49%。深化企业开办"无费区"政策，落实为企业免费刻章、免费邮寄等政策，2020年1—9月共为34051户新开办企业免费刻章34006套，减免企业刻章成本约1700万元。建立市场监管与税务联动、"府院联动"、虚假注册登记企业退出和企业吊销退出等联动共治新机制，促进快速退出市场，入选全市优化营商环境典型经验复制推广清单。构建企业信用体系，完善企业公共信用信息管理系统，完成区内21万户市场主体共4600万条高相关度数据的归集整理，企业年报率连续4年在全市排名第一。①

（三）优化政务服务，增进民生福祉

黄埔区、广州开发区在全省首推黄埔创新创业"金钥匙"，通过"一匙、一码、一库"，构筑企业全生命周期服务体系，提供从开办、筹建到经营管理乃至人才服务、政策兑现等企业全生命周期服务。全国首推"智政务＋新邮政"服务，"政邮专窗就近办""政邮专员上门办""智能终端自助办"，530个事项居家可办，824个事项自助申报，提供"24小时政务服务"，该举措被作为优化营商环境典型经验在

---

① 广州开发区营商环境改革局工作报告。

全市复制推广，获 2020 年度中国政博会政务服务创新奖、政务服务改革创新奖。

（四）聚焦"放管服"，建设服务型政府

黄埔区、广州开发区以企业和群众办事"一件事"为目标，加快推动"综合许可"改革落地。推进"综合性授权"改革，借鉴深圳、上海临港、北京经开区等经验，争取省市以批量清单式下放一批权限。出台《广州市黄埔区广州开发区电力营商环境改革十项措施》，开展"电水气热网"联办改革，落地全国首个优化电力营商环境联席办公室，进一步提升电水气热网接入效率。成功争取 13 项市级权限下放，推动部分权限事项下放镇街，为镇街发展"赋权强能"。

（五）创新监管方式，提升监管效能

黄埔区、广州开发区制定《公共信用信息归集和使用管理暂行办法》《企业公共信用评价管理暂行办法》，建立健全社会信用体系建设工作体制机制。推动分级分类监管，建成区公共信用信息管理系统，累计归集数据 7.13 亿条，实现全区 22 万家商事主体信用评价全覆盖，在劳动关系、食品药品、餐饮、环保、运输等行业领域开展分级分类监管工作，采取差异化的监管措施，强化信用约束，提高监管效率，被列为省信用服务实体经济试点。

三、打造创新创业"新高地"：增强企业获得感

（一）完善企业筹建服务，助力"中小企业办大事"

针对企业"并办"，黄埔区、广州开发区积极采取和完善"信任筹建"制度，将全国首个《信任筹建工作方案》升级至"2.0"版本，升级"全信任筹建"服务模式。进一步简化企业获得电力、用水、土方外运许可、免费中介服务的条件，为项目提供早勘察、早设计、早报建的便捷路径。打造"智慧筹建"服务品牌，全国首创企业筹建 APP，对筹建项目实施"一张地图看全貌、一键导航到现场、一组数据

入云端、一份报表知详情"的数字化管理。

（二）畅通政企沟通渠道，构建新型政商关系

为了畅通政企沟通，黄埔区、广州开发区建立了营商环境投诉举报机制，强化改革创新监督评价机制，深化全省首个营商环境观察员制度，以制度保障配套机构改革，协同推动改革创新，推动构建"亲""清"新型政商关系。拓宽市场主体参与营商环境建设的渠道，最大限度调动市场主体参与营商环境建设的积极性、主动性、创造性。创新开展不同主题的企业家"吐槽"大会，进一步畅通政企沟通渠道，推动营商环境建设更接市场地气，政策落地更精准有效。

（三）破解企业融资难题，激发市场主体活力

2019 年 7 月 18 日，黄埔区、广州开发区民营科技型中小企业金融创新服务超市正式上线，首创门店式金融服务超市，截至 2021 年 6 月，引进金融机构 80 多家，发布金融产品 200 余种，累计促成融资 170 亿元。推动绿色金融创新发展，出台"绿金 10 条"，发放绿色信贷产品 92 个，绿色信贷余额 187 亿元，绿色保险保费超过 5000 万元，位居全市前列。打造国内首个开发区特色的绿色金融标准体系，落地全省首个排污权质押融资项目。[①]

（四）落实政策兑现服务，增强市场主体获得感

为了落实各项政策，黄埔区、广州开发区建立和完善"一门式"模式。在全国率先推出限时政策兑现服务，不断优化、精简兑现材料。完善"黄埔兑现通"微信小程序，通过"掌上查、指尖办"，实现一半以上兑现事项"一次也不跑""最多跑一次"。截至 2020 年 9 月底，共拨付政策兑现资金 68.38 亿元，受益企业 2865 家。自 2016 年推出以来，累计完成 4 万余宗拨付，通过真金白银帮助企业降低成本超

---

① 广州开发区营商环境改革局工作报告。

300 亿元，5000 多家企业受益。

第四节　智慧政务前沿阵地：黄埔区"数字政府"建设

习近平总书记在党的十九大报告中提出加快建设创新型国家，为建设网络强国、数字中国、智慧社会提供有力支撑。为贯彻落实"数字中国"战略，广州市黄埔区结合工作实际，加快推进"数字政府"建设、推行智慧政务服务、创新服务模式，构建大平台共享、大数据慧治、大系统共治、大服务共惠的"数字政府"。

一、构建数字政府：阳光政务再上台阶

黄埔区作为拥有众多开放改革平台的行政区，政务服务水平和质量备受关注。黄埔区大力推进公开透明、公正公平、快捷高效的政务服务体制机制建设，重点是借助现代科技手段，加快政府服务的数字化和智能化建设。

（一）"数字政府"新三年行动计划

黄埔区加强实施《广州市黄埔区广州开发区"数字政府"新三年行动计划（2018—2020 年）》，持续推动设计的 31 个重点工程项目加快建设，已完成建设 12 个，正在建设 17 个，推进中 2 个。参照广州市政务信息化建设总体规划（2020—2022 年）和实施方案，编制黄埔区"数字政府"改革建设五年规划和政务信息化建设总体规划（2020—2022 年）。严格执行《黄埔区广州开发区政府投资信息化项目管理办法》，强化项目业主责任制，要求各业主单位科学制订建设计划和资金预算。实行信息化项目情况通报制度，整理在建信息化项目情况并进行全区通报。对于建设进度严重滞后的项目，暂缓其业主单位新项目立项申报。

（二）利用信息化手段实现数据"跑腿"

黄埔区通过建立区级审批监管政务服务大数据平台，支撑黄埔区 26 个部门 17 个镇街 169 个村居的政务服务业务，已进驻 5226 个业务事项，累计受理办件 13.17 万个。完善"多证合一"信息共享平台，通过该平台向区内 20 个部门自动推送事项 42 万余件。建设黄埔区电子证照系统，并接入黄埔区网上办事系统、行政审批系统，截至 2020 年 12 月，全区共开通 183 种电子证照目录，其中省市统签证照 82 种，区级证照 101 种。发出有效证照约 294.38 万张，其中使用区级审批系统发出电子证照 8231 张（全市首个开通使用区级审批系统发证的行政区），1951 个区级事项开通用证，用证次数 17500 次。完成 26 种证照存量转化，转化总量共计 21.07 万张。

（三）推动政务数据资源共享和阳光政务建设

依托《广州市政务信息共享管理规定》，黄埔区编制区级政务数据资源共享管理实施细则，提高区共享平台的数据质量；汇聚编制区级可开放的公共数据目录，牵头梳理履职工作中产生的可供开放的数据资源，明确数据更新周期和开放类别，编制区级公共数据开放目录，并将相关数据收集汇总报至市政府数据开放平台；以企业信用信息系统建设为切入点，建立区级政务数据资源共享管理平台，构建"资源管理平台＋信用信息应用"的体系，实现政务数据统一采集、各个部门共享互通，逐步解决业务系统各自为政、基础数据重复录入问题，"数字政府"建设取得成效。截至 2020 年 12 月，区级政务数据资源共享管理平台已上线运行；持续清洗 10.9 亿条政务数据，清洗后有效数据约 7.8 亿条；累计完成 12 个部门 83 个数据主题 9911 多万条政务数据共享。

二、持续惠民生：智慧政务取得新进展

黄埔区在营商环境建设方面，非常重视民生服务，以民众需求和民众获得感为

目标，不断改进政务服务的方法，实行服务流程"一体化"、窗口服务"一站式"，不断增强政务服务能力。

（一）聚力优化服务流程

黄埔区持续开展政务服务事项标准化工作，进一步夯实"网上办"基础。巩固提升"四级四同"标准化工作成果，及时跟进省市事项动态调整；深化办事指南全覆盖，完成街镇事项标准化梳理录入，重点解决事项缺失、配置错误、要素错漏等问题。推进"四免"优化专项工作，通过数据共享等技术，原则上实现免提交材料、免填写业务表单数据、免用实物印章、免手写签名；"以办事人为中心"统筹梳理"一件事"政务服务事项清单，同步开展其办事指南集成服务，进一步减少了企业和民众办理关联业务跑动次数，实现"一件事"一次导办。

（二）深化"网上办"，推进全流程网办

为了迎接"一体化政务服务能力"考评检验工作，黄埔区积极督促区各相关部门按照 2020 年重点城市"一体化政务服务能力"考核指标进行整改完善，重点提升"减时间、减跑动、即办率"等指标。牵头黄埔区各相关单位，通过组织区领导动员大会、召集区各相关单位至黄埔区政务服务数据管理局集中办公等方式，指导填报相关系统，全面落实"一体化政务服务能力"考评迎检工作。截至 2020 年 12 月，已实现 1747 个六类依申请事项加公共服务事项 100%"可网办"，100% 实现统一身份认证，六类依申请事项零跑动率 99.05%，886 个行政许可事项中 69.19% 可实现"即办"，办事时限压缩率 90.16%，大幅度缓解企业群众办事反复跑腿的难题。在广东政务服务网搭建"黄埔区、广州开发区通办专栏"，首批将 43 个事项纳入与深圳等 5 个湾区城市通办范围。

（三）打造智能审批与就近办服务体系

近几年，黄埔区把政务智能一体机部署至服务网点，全面实现"一站式""全

天候""零等待"的自助服务，打通政务服务"最后一公里"的渠道。经过全新系统升级的政务智能一体机整合了"视频咨询""粤港澳大湾区政务""省政务服务网黄埔区分厅""多证合一""网上中介超市""粤省事""社保业务""智能审批"等模块；提供便民服务事项查询办理，覆盖商事登记、社保、劳动就业、人才引进、公积金、不动产登记、法律援助、海关证明等多个领域；自带打印机、扫描仪等功能，使企业和群众在家门口就可获得"能办事，办成事"的体验。2020年12月发布《广州市黄埔区、广州开发区关于加快推进政务服务事项智能秒批（核）工作实施方案》，推出首批100项智能秒批（核）事项清单，事项清单涵盖了卫健、食药、特种设备、档案、文旅、交通、水务、教育、环保、农业等12个行业，在遍布全区各街镇、社区、园区、政邮便民服务点等39个场所的42台政务智能一体机同步上线，实现"智能申报、自动审核、网上发证"，为人工审批"解绑"，为办事企业和民众"松绑"。

（四）探索"一窗"政务改革，窗口服务更优化

自2019年起，黄埔区依托线上线下覆盖一体化政务服务大数据平台和实体政务大厅，充分运用"互联网+"政务服务思维和技术，深入推进审批服务便民化，不断完善"前台综合受理、后台分类审批、统一窗口出件"模式，建立"受理、审批、监管"相分离的政务服务模式。分设了企业开办服务区、企业经营管理服务区和企业筹建服务区三个区域对外服务，推出港澳青年创新创业专窗、民营中小企业专窗、工程建设项目联合审批专窗、水电气外网综合受理窗等一系列特色服务专窗。加强了窗口队伍建设和业务培训，建立窗口考核制度，提高综合受理窗口服务水平。实现"一窗"综合受理窗口办事区域布局更合理、受理事项更全面、窗口队伍更夯实、"一窗"运行更高效的目标，打造黄埔区"审批流程优、政务服务好、办事成本低、政府效率高"的政务服务新环境、新形象。

三、创新服务模式：营商环境上新台阶

黄埔区通过加大科技手段的应用，不断创新政务服务、公共服务模式，推进营商环境上新台阶，推动了政务服务快捷化、健康卫生管理信息化、政策兑现、政务服务网络化建设。

（一）完善"粤商通"专区功能建设

"粤商通黄埔（广州开发区）专区"于 2019 年 12 月 30 日建成后，为黄埔区企业提供从招商到开办、筹建、政策扶持、经营等全生命周期的"一站式、免证办、营商通"指尖服务。该专区经过不断探索完善功能模块，已上线有呼必应、企业办事、信息发布、企业扶持、营商环境改革、企业开办、企业筹建、人才招聘、安全生产、企业经营等十大模块 42 个功能点。注册用户逾 1.7 万个，访问量超 382 万人次，企业呼叫次数 126 次。该平台在全国第二届（2020）数字政府特色评选 50 强活动中，荣获"政务服务"创新奖。

（二）建设基于区块链的电子处方流转系统

2020 年黄埔区全民健康信息平台建设项目在黄埔区政务服务数据管理局完成审批立项，该系统正在建设完善中。该项目利用区块链技术建设电子处方流转系统，以分布式智能服务的方式将患者、医院、药店、医保机构、监管机构链接到一起，包含区块链加密储存的底层、链上服务的互联互通层和链下执行的业务逻辑层，实现链上链下通联、数据隐私保护、授权访问和资源调动。在确保处方真实性、有效性、可追溯性的前提下，实现院内处方至院外药店的有序延伸，同时探索医院集中处方审核中心，实现医院对区内药店开具处方的统一前置审核，强化医药协同监管。区块链处方流转平台保障了隐私数据保护、处方无法伪造、数据不可篡改与实时监管。

（三）打造"一门式"政策兑现系统

建立健全统一申办受理机制，整合现有政务服务资源，强化政策兑现业务信息数据的归集和管理，推行"一口受理、内部流转、集成服务、限时办结"服务和管理模式，打破部门界限、政务藩篱和信息孤岛。通过"一门式"的政策兑现系统，构建企业用户在线申请、部门在线审批、兑现结果在线反馈的一体化流程；通过系统汇聚全区政策兑现数据，已实现对不同兑现部门在企业扶持信息上的信息共享和公开透明，实现对政策兑现业务的统一、全流程管理。

（四）全国首推"智政务＋新邮政"服务模式

2020 年 4 月，利用邮政渠道网络点多面广、业务专业多元一体等现成资源，黄埔区创新推出"政邮专窗就近办""政邮专员上门办""智能终端自助办"等多种形式的基层便民便企办事渠道作为有效补充，把政务服务网络延伸到更多社会末梢，构建更加便捷、周到的服务平台，让群众和企业在家门口就能办事、办成事。在全国首推"智政务＋新邮政"服务模式，满足一张网"就近办"，10 个政邮网点全年无休，延伸 1 个区级、13 个街镇政务服务半径，填补政府节假日服务空当，提供群众家门口的"政务服务"；一清单"上门办"，530 个事项（约占区级政务服务事项的三分之一）居家可办，打通了群众办事"最后一米"，政务服务"零距离"；一机"智能办"，粤港澳大湾区跨城查询、1059 个事项自助申报、100个事项智能批。

第五节　国际化营商环境：广州南沙自由贸易试验区便利化创新

广州南沙区作为国家级新区、自由贸易试验区，发挥了改革先行先试的优势，营商环境改革经过连续 3 年对标，全球模拟排名从 2017 年的第 51 名提升至2019 年的第 24 名，开办企业、获得电力、执行合同等指标排名进入全球前列，商事登记确认制、财政管理等 2 项工作获国务院督查激励通报，荣膺地级及以上城市"2019 中国最具幸福感城市"称号，荣获 2020 年"国际化营商环境建设十佳产业园区"。《2020 广州城市治理榜》中，南沙区在营商环境榜夺得第一。中山大学"2019—2020 年中国自贸区制度创新指数成果报告"显示，南沙区投资便利化指数评估位居全国 43 个自贸片区第一，综合创新指数评估位居第三。

一、政务服务更加智能便捷

党的十八届三中全会以来，南沙"放管服"改革取得新进展，不断深入推进减证便民，进一步释放活力和创造力。一是不断提升行政审批效能。开办企业实现 0.5 天，登记财产实现 1 天，社会投资类简易低风险工程建设项目只需 28 天，获得电力低压接电 8 天完成。在重点区域试行"带设计方案"出让土地，并配套实行分步环评等措施，创新出办理施工许可证审批新模式，实现"交地即开工"。二是推进群众办事"三个零"。商事登记确认制改革实现企业注册"零审批"；"数字政府"实践实现 86%（1380 项）政务服务事项"零跑动"；通过数据集中共享、协同管理，打造"无证明自贸区"，推动涉及 19 个部门 221 项业务办理"零证明"。三是进一步增强服务意识。推出"企业帮办无偿服务"，推动"企业群众办"向"政府办"转变。自 2019 年 1 月 1 日至 2020 年 7 月 31 日，协助、帮办企业办理政务服务事项 57378 件，咨询量 72612 件。推行"一网通办""一窗通取"模式，评价期新设立公司 64678 户。四是多举措服务常态化疫情防控。全面推行政务服务"网上办""掌上办"、线下"预约办"，实施"互联网＋"推行无接触式服务。推出税务"不接触式服务措施"八条。对涉及疫情防控、交通物流、医疗资源等疫情保障项目，推行容缺审批和告知承诺制。对新建建筑工程在建设工程规划许可阶段，试行"告知承诺信用审批"。

二、市场环境更加便利和自由

南沙自贸区全力推动营商环境的改善走在全市前列，为企业营造一流市场环境。一是市场准入持续放宽。广州南沙区于 2017 年 7 月率先探索试点商事登记确认制改革，2019 年出台广东自由贸易试验区（南沙）片区《商事登记确认制管理办法（试行）》，推动商事登记去许可化。制定了针对金融业、专业服务、医疗教育和航运物流等领域对外开放清单指引，实现"外资准入和市场准入"门槛进一步清晰化。二是税收制度改革有序推进。全面推行增值税电子发票和区块链电子发票。集成推出出口退税 3 日办结、增值税一般退税 1 天办结、多缴退税主动退还等创新措施，多缴税费主动退还金额约 804.9 万元。打造集智能导税、智能提醒、智能办税、智能反馈于一体的智能办税服务厅，可一厅式办理 277 项涉税业务。三是企业融资环境不断改善。构建以"信易 +"为突破口的高质量社会信用体系。引导建立适应中小微企业特性的融资信用评价体系，提升区内全行业中小微企业融资信贷获得水平。推动 FT 账户资金池功能上线，截至 2020 年 7 月 31 日，累计开立 FT 账户 813 户，办理企业 FT 项下跨境结算约 533 亿元。四是贸易便利化水平大幅提升。在全国率先推进"互联网 +"改革，全流程"线上海关"建设实现"单一窗口"主要业务应用率 100%，企业办事效率提升 80% 以上。打造全天候智能通关模式，实现查验效率提升 30% 以上。2020 年 8 月，南沙海关进口整体通关时间为 13.49 小时，较 2019 年 12 月压缩 57.59%；出口整体通关时间 0.94 小时，较 2019 年 12 月压缩 72.71%。

三、市场主体保护机制更加完善

近几年南沙区不断完善公平竞争市场环境，保护和激发市场主体活力。一是促进企业公平参与市场竞争。通过取消地域限制、杜绝不合理商务条件等措施，参与 2020 年地方公路维修养护工程投标企业较 2019 年增加约 3 倍，其中广州市以外企业占招投标总数的 93.75%。二是强化知识产权创造保护。组建知识产权局，创新构建知识产权"1 办法 +3 平台"工作体系，出台全国自贸区首部知识产权促进和保护办法，建设中小微企业知识产权托管平台等服务平台，2019 年专利授权量和新增注册商标的增长率均居全市第一。三是设立知识产权维权援助和保护工作站，在标准工业园、乐天云谷产业园、广东医谷（南沙）产业孵化器、广州南沙创业创新服务平台、独角兽牧场等 5 个重点产业园区建立知识产权维权援助和保护工作站，整合咨询指引、纠纷调解、鉴定评估、侵权分析、检测预警等多领域多环节服务资源，为园区企业提供知识产权信息检索、法律咨询、争议解决等综合性维权服务，让知识产权保护和服务"住进"园区，贴近企业。四是加大中小投资者权益保护力度。成立南沙区优化营商环境法治联合体，整合南沙各类法治资源，为推动中小投资者保护提供强有力支撑。成立广州市南沙区综合行政执法局，整合包括知识产权执法在内的 21 个领域 4546 项执法事项，完善体制机制，梳理权责清单，延续、融合相近领域执法事项，深入开展联合执法，有效破解"权责交叉、多头执法"问题，确保"一支队伍管执法""一个口子对市场"。

四、监管执法更加高效有力

近几年南沙区不断创新监管模式，以"双随机、一公开"监管为基本手段，以守信联合激励和失信联合惩戒为补充，以信用监管为基础的新型监管机制，稳定、公平、透明、可预期的营商环境逐步形成。一是全面推行"双随机、一公开"监管机制。建立"双随机、一公开"监管工作联席会议制度，实行"一支队伍管执法、一次检查多领域"。2019 年，全区各部门共组织抽查市场主体 5361 户，非市场主体146 户。二是建立完善守信激励和失信惩戒联动机制。建立完善守信联合激励和失信联合惩戒制度，近两年共对 78 户市场主体采取联合惩戒措施，为 187 户守信主体实施守信激励措施。2019 年，依法将 35211 户次商事主体列入经营异常名录。三是全力打造信用监管"全区一张网"。建设南沙自贸区市场监管和企业信用信息平台，平台已归集 19 个部门产生的 160 个与"市场监管""信用信息"相关的数据主题，涵盖辖区 20 万余户市场主体、900 万余条数据信息，形成市场主体信用监管的"全区一张网"。四是积极推进市场监管领域社会共治机制。在全省率先建成食安"慧眼"监管云平台，在全区 180 家校园食堂全覆盖实行动态化智能监管，构建"政府监管、企业自律、公众监督"三位一体的监管新格局。

五、法治保障更加融合多元

近几年南沙区积极提升自由贸易试验区法治化水平，通过智慧政法建设，粤港澳法治融合发展和法律服务国际化水平不断提升。一是集聚法律服务功能。成立南沙"一带一路"涉外和商事审判中心，助力南沙打造集司法、仲裁、国际商事调解等于一体的国际化高水平法律综合服务基地。二是构建"N+4+2"规则衔接机制。逐年开展诉讼规则对接探索，创新 4 种港澳人士司法参与渠道，打造 2 个粤港澳司法合作交流平台。截至 2020 年 12 月，已实现"民商事案件证据开示指引""属实申述"等 6 项规则对接。三是粤港澳大湾区实现法律服务资源融合共享。推行大湾区内地九市跨域立案、跨域庭审，建立香港、澳门地区特邀调解员共享名册，实现港澳调解资源共享。四是多元化商事纠纷解决机制形成示范。全国率先引入港澳籍陪审员，首邀香港大律师适用香港调解规则成功调解涉外案件。在全国率先建立虚假诉讼失信人制度、全国首创"社会服务令"改革举措。

第三章
营商环境建设的评价与基本标准

围绕推动营商环境出新出彩，从 2018 年开始营商环境 1.0 版改革到 2021 年的 4.0 版改革，广州营商环境建设取得了巨大成就，对标世界银行指标体系中的 12 项指标整体情况大幅优化，一些指标位居全国甚至全球先进行列。但是，在政府数据开放共享、办事流程优化衔接、制度法规质量等方面与高标准的国际规则相比仍然存在一定差距，也是未来广州营商环境改革面临的重要挑战。广州营商环境建设只有不断优化，才能"更上一层楼"。

第一节　国际化营商环境评价的实践

营商环境是一个经济体发展能力和竞争力的重要基础，良好的营商环境是高质量发展的基本前提之一。优化营商环境的前提是确定"营商环境基本标准"，关键是科学合理的营商环境评估指标体系。营商环境评价是优化营商环境的基础性工作，有利于城市和政府部门通过"对标"高标准，跟踪先进，发现和改进问题，营造出良好的竞争格局。

国内外不少机构研发了营商环境评价指标，并开展评价活动，比如，世界经济论坛、世界银行、中国国家发展改革委员会等。其中，比较有影响的是世界银行研发的指标体系，每年发布《营商环境报告》，展示世界各国营商环境的评估指数。纳入世界银行《营商环境报告》的经济体在营商环境建设方面都有一定的特色。世界银行评价营商环境的各项指标的内涵和要求值得广州学习和借鉴。通过对比广州营商环境建设绩效与国际标准，寻求各项指标差距，为提升广州营商环境建设水平提供参考。

一、国内外营商环境评价的实践

无论从理论还是实践来看，营商环境建设都缺乏统一衡量标准。基于不同的目的和需要，各个评价机构在具体评估指标体系和方法上有很大差别。国际上有较大影响力的营商环境评估体系主要包括：世界银行开展的各经济体营商环境评估，分年度发布《营商环境报告》；世界经济论坛发布的《全球竞争力指数报告》；经济学人智库从事商业环境评估并发布《全球商业环境指数》；科尔尼管理咨询公司在城市层面上开展营商环境评价，并发布《全球城市营商环境指数》。除此之外，还有不少国际知名机构从商业环境、城市竞争力、投资环境等不同视角开展涉及营商环境的评价，提出营商环境相关评价标准。

在各国政府方面，中国、法国、俄罗斯、印度等政府也结合本国实际情况，开展了形式不同的营商环境评价。中国国家发改委牵头从 2018 年开展城市层面的营商环境评价，对国内投资环境的改善起到了明显的推动作用。法国从 2009 年基于本国价值观和国家利益角度开始推出本土化的《法国吸引力报告》；俄罗斯从 2014年开始对各联邦投资环境进行评价，并发布《地区投资环境国家排名》；印度参照世界银行指标体系从 2015 年开始推出《印度营商便利度排名》，对各邦和中央直辖区营商环境开展评价。

中国本土化营商环境评价包括官方机构——国家发改委和部分省市自主开展的营商环境评价。国家发改委牵头在 2019 年组织开展了全国 41 个城市的营商环评价，并发布《中国营商环境报告 2020》。其次，国内个别地方构建的评价体系。2018 年 7 月，广东省委、省政府印发《广东省深化营商环境综合改革行动方案》，要求全面深化营商环境综合改革。此后，广东省发改委、广东省政府发展研究中心联合开展营商环境评价调研，并委托广东省省情调查研究中心开展了 2018 年广东省营商环境试评价。浙江省发改委制定了《浙江省营商环境评价实施方案（试行）》，于 2019 年启动全省营商环境评价。此外，一些研究机构研发出各自的评价体系。亚太创新研究院、粤港澳大湾区研究院、上海发展战略研究所等本土机构也连续开展了省级或市级层面的营商环境评价。

二、主要国际化营商环境评价的比较

观察国内外代表性营商环境评价视角和体系，既有一些共性之处，也有评价机构所设置的特色指标。从评价的视角不同来看，大致可分为两大类别。一类是以世界银行为代表的基于企业微观生命周期视角而构建的评价指标体系，以及以此为蓝本的部分国别评价指标体系，包括中国、俄罗斯、印度等。另一类是以企业生命周期为基础，同时结合企业经营宏观环节而构建的评价指标体系，包括上述世界经济论坛、科尔尼管理咨询公司以及国内粤港澳大湾区研究院、上海发展战略研究所等。

从国内外评价机构的关注偏好来看，国际评价机构往往更关注市场化、法治化的营商基础环节，强调企业自由开办和经营、产权和利益保护以及公开透明、富有效率的政府服务环境；国内的评价机构在承认市场化、法治化重要性的同时，还十分关注诸如中国这样一个大国在评价营商环境时还需特别考虑的因素，例如广阔的市场空间、稳定的经济社会发展环境等对于营商环境的重要性，并设置相关指标。

（一）评价视角

世界银行、中国国家发改委的营商环境评价总体上基于企业生命周期的微观视角，评价企业开办、扩张、经营和破产等环节的基本环境。而世界经济论坛、科尔尼管理咨询公司、粤港澳大湾区研究院、上海发展战略研究所等机构则从企业经营的宏观环境进行考察，主要包括市场环境、法治环境、政府服务、基础设施、社会环境等因素。

（二）评价主体

开展营商环境评价的主体主要有以下几类：一是政府为主体的营商环境评价。中国国家发改委的营商环境评价是政府主导的国家层面上的评价，此外如俄罗斯、印度等国也开展了政府主导的营商环境评价，我国广东、浙江、湖北等诸多省份也陆续开展了政府组织下的营商环境评价。二是国际组织开展的营商环境评价，包括世界银行、世界经济论坛等国际性组织和机构。三是社会组织和机构以及学者个人开展的营商环境评价，如科尔尼管理咨询公司、粤港澳大湾区研究院、上海发展战略研究所等。总体而言，政府和权威组织开展的营商环境往往权威性强、影响力大，而社会组织和机构开展的营商环境结果偏差往往很大，权威性较弱，争议往往也比较大。

（三）评价客体

世界银行、中国国家发改委的评价对象为中小企业，而其他国际组织、社会机构开展的营商环境评价指标值一般为宏观统计指标，实际评价对象实质上涉及所有经济活动主体。

（四）评价指标设置

从评价指标体系的所设置指标的共性之处来看，微观层面上，企业准入、开办难易程度和成本、要素供给、经营成本、产权保护等是几乎都涉及的指标；宏观层面上，政府行政和公共服务、制度和法制保障、基础设施是提及频率最高的指标。

（五）评价方法

世界银行、中国国家发改委基于微观视角的评价，主要采用的方法是假设标准化情境，委托第三方填报，获取评价数据，强调实际案例的支撑。而其他基于宏观视角的评价，主要是采用现有统计数据，运用客观统计数据构建指标体系进行评价。

三、主要营商环境评价的共性关注点

综观国内外主要营商环境评价机构开展的营商环境评价实践活动，虽然各自评价目的、评价视角等存在不同，但仍然有一些共通之处，值得广州在营商环境优化过程中加以关注。

（一）关注企业全生命周期经营环境

无论是世界银行、国际经济论坛等国际机构，还是国家发改委、粤港澳大湾区研究院等本土机构，在营商环境评价方面的共识之处就是从企业全生命周期的视角反映企业对营商环境的感知。如国家发改委在企业全生命周期链条视角设置了 15 个指标，完整反映企业从开办到注销的全生命周期，衡量中小企业获得感和办理便利度。这 15 个指标还可以进一步衡量"放管服"改革的创新举措和政策落实情况，评估中小企业办理涉及企业经营事项的政府审批流程和服务，以此推动地方政府更好地为企业提供高质量、高效率的服务。

（二）强调营商环境的法治化保障

所有机构的营商环境评价指标体系都强调企业经营的法治化环境，尤其是世界银行等国际性机构评价重点也是从法治保障的角度出发。世界银行敏锐地观察到，私营经济的发展不仅依赖政府宏观政策，也与各经济体的制度改革尤其是法律制度改革之间存在明显的相关关系。[①] 推动企业经营与成长，除了宏观贸易与投资政策之外，还有赖于"重商兴商"的制度构建与优化。世界银行"删繁就简"，对经济增长与法律制度改革间的关系，仅就涉及企业营商活动监管规则中的"程序的复杂性与成本"及"法律制度的力度"进行定量评估，从法律制度建构、改革、优化的层面，为营商环境改善和优化提供可操作的路径。[②]

（三）聚焦政府服务质量与效率的评价

不同评价主体出于不同目的，对营商环境的内涵和维度界定不同，从关于营商环境实证研究的文献来看，大都将其界定为一种制度软环境。[③] 在国际机构和本土机构中，政府服务、政务服务或公共服务中都占据了相当大的权重。世界银行营商环境评价体系本质上就是政府针对企业经营与发展提供的政府服务质量评价。

（四）关注宏观营商环境成为新趋势

与传统的国际机构营商环境评价几乎只关注企业微观层面的审批、制度和政策不同，本土的评价机构以及近年来新的国内外第三方机构营商环境评价越来越关注企业经营的宏观环境。也就是说，越来越多的机构认识到营商环境实际上是包含外部环境的有机复合体。具体而言，对于城市营商环境，主要反映城市给予企业经营环境整体状况的优劣。例如，国家发改委从城市高质量发展维度设置了三个指标，来综合评价各地投资贸易便利度和长期投资吸引力，衡量中小企业赖以生存和发展的城市高质量基本面。粤港澳大湾区研究院的评价体系则根据我国经济发展的特点，增加了如市场容量、人口和地区生产总值等指标。

---

① 张志铭、王美舒：《中国语境下的营商环境评估》，《中国应用法学》2018 年第 5 期。
② 朱羿锟、高轩、陈胜蓝、费兰芳：《中国主要城市 2017—2018 年度营商环境报告——基于制度落实角度》，暨南大学出版社 2019 年版。
③ 李志军：《中国城市营商环境评价》，中国发展出版社 2019 年版。

第二节　主要国际化营商环境评价指标体系

一、主要国际化营商环境评价指标体系

营商环境评价指标体系中最知名的当属世界银行于 2001 年开始的开创性工作。世界银行通过收集各国涉及企业商事活动的法律，按照企业生命周期（从开办企业到办理破产）构建一套评估指标体系，结合第三方问卷调查获取的数据进行量化评估。世界银行以标准案例假设的方式来收集和分析综合的定量数据，从而比较不同经济体在一定时间内的营商环境，鼓励各经济体采取更为有效的监管机制。世界银行营商环境评估指标体系一直在改进和优化，2003 年首次发布的《营商环境报告》中，采用了 5 个指标，而在最新的 2020 年《营商环境报告》中则覆盖了 12 个指标，其中有 10 个指标被纳入营商环境便利度得分和营商环境便利度排名，分别是开办企业、办理建筑许可、获得电力、登记财产、获得信贷、保护中小投资者、纳税、跨境贸易、执行合同和办理破产。此外，世界银行还设置了雇佣员工和政府采购方面的监管情况，但这两项指标尚未被纳入营商环境报告之中。世界银行营商环境评价虽然也遭到这样或那样的批评，但其影响力却与日俱增。世界银行开展营商环境评价以来，各经济体政府采取广泛行动，不仅开展营商环境的对标改革，还组织开展本国或本地区的营商环境评价。根据世界银行统计，自 2003 年首份《营商环境报告》发布，到 2019 年 5 月 1 日，累计促进 190 个经济体实施了 3800 余项商业监管改革。中国、法国、俄罗斯、印度等国家陆续借鉴世界银行模式，开展营商环境评价。

世界银行《营商环境报告》的数据还被各类组织和学者广泛引用，如世界经济论坛《全球促进贸易报告》在获得贷款便利度、合同执行、财产保护等相关指标方面都是直接引用《营商环境报告》的数据。

经济学人智库（The Economist Intelligence Unit，EIU）是英国《经济学人》所属一家研究和咨询公司，每 5 年开展一次全球 82 个国家或地区的营商环境排名，评

价共包含十大标准。

世界经济论坛从 1979 年开始，每年对各主要经济体的经济增长与竞争力进行评价，发布《全球竞争力报告》。截至 2019 年，评价对象已覆盖全球 141 个经济体。在 2018 年《全球竞争力报告》中，世界经济论坛从基础环境、人力资本、市场、创新生态系统等四个维度构建了 12 个一级指标体系。

科尔尼营商环境评价指标体系围绕商业活力、创新潜力、居民幸福感、行政治理四个维度设置了 23 个指标（见表 3-1）。

俄罗斯《投资环境国家排名》采取的评价指标体系借鉴了国内外营商环境评价的实践，同时结合本国实际情况，重点关注管制环境、商事制度、基础设施与能源、中小企业支持力度四大领域。

印度《营商便利度排名》以及"营商环境改革行动计划"包含信息公开、一窗受理、不动产登记、土地分配、环境注册、办理建筑许可、劳动力市场监管、公用事业许可、纳税、监管、执行合同、特殊领域等 12 个领域。

表 3-1 部分国际代表性的营商环境评价指标体系

评价机构	主要评价指标
世界银行 （World Bank, 2020）	12 项：开办企业、办理建筑许可、获得电力、登记财产、获得信贷、保护中小投资者、纳税、跨境贸易、执行合同、办理破产、雇佣员工、政府采购
经济学人智库 （The Economist Intelligence Unit, 2014）	91 项：政治环境、宏观经济环境、市场机遇、自由市场及竞争政策、外资政策、外汇及汇率管制、税率、融资、劳动力市场、基础建设等
世界经济论坛 （World Economic Forum, 2018）	12 项：法律和行政架构、基础设施、宏观经济环境、健康和基础教育、高等教育和培训、商品市场效率、劳动力市场效率、金融市场发展、技术就绪程度、市场规模、商业成熟度、创新
科尔尼 （A.T.Kearney, 2019）	23 项：资金流量、市场活力、大型企业数量、人均 GDP、城市专利数量、知识产权保护、私人投资、孵化器数量、居民教育水平、城市大学得分、安全、健康、文化、平等、环保表现、基础设施、政府治理质量、信息流通度、经商便利度、透明度等

资料来源：相关研究机构报告的整理。

从国内来看，2018 年 3 月，国家发改委会同有关部门初步构建了基于中国国情和经济发展实际的营商环境评价指标体系，从衡量企业全生命周期、反映城市投资吸引力和体现城市高质量发展水平三个维度设置了 23 个一级指标。此后，国家发改委牵头在东、中、西部和东北地区的 22 个城市开展了两批次营商环境试评价。2019 年，国家发改委牵头组织直辖市、计划单列市、省会城市和部分地县级城市等 41 个城市开展了营商环境评价，并在东北地区 21 个城市开展了试评价。国家发改委从企业全生命周期链条视角和城市高质量发展视角，从衡量企业全生命周期、反映投资吸引力、体现监管与服务三个维度，构建包含 18 个一级指标和 87 个二级指标的营商环境评价指标体现，综合反映营商环境整体成效。

广东是国内最早开始对营商环境进行系统关注的省份，粤港澳大湾区研究院是本土较早开展城市层面营商环境评价的机构。2017 年，粤港澳大湾区研究院采用世界银行、联合国、国家统计局等国际组织和官方机构的数据对全球主要城市的营商环境进行了评价，旨在在全球范围考察中国城市营商环境状况，尤其是北京、上海、深圳、广州等城市与一流城市对标的优势和差距，寻求优化营商环境的路径。在《2020年中国 296 个城市营商环境报告》中，粤港澳大湾区研究院延续了以往六个评价维度，主要包括基础设施、生态环境，软环境、社会服务、商务成本、市场环境等（见表3-2），涉及企业全生命周期、投资吸引力和高质量发展等不同方面。但与 2016—2018年度营商环境报告相比，在三级指标方面增加了 30 多个，增加比例达到 60%。

表 3-2　粤港澳大湾区世界城市营商环境评估指标（2017）

基础设施指数	生态环境指数	软环境指数	社会服务指数	商务成本指数	市场环境指数
港口吞吐、航空吞吐、轨道交通	空气、水、绿地	开办企业、施工许可、财产登记、获得电力、获得信贷、保护少数投资者、纳税、跨境贸易、执行合同、破产	高等教育服务水平、国际专利申请水平、网络数据接入水平	土地、人力资本、资源成本	GDP 总量指数、人均GDP 指数、GDP 增速指数、人口指数

资料来源：粤港澳大湾区研究院：《2017 年世界城市营商环境评价报告》。

亚太创新经济研究院（广东）营商环境评价指标体系着眼于市场化、国际化和法制化三大核心要素，构建了覆盖 3 项一级指标、48 项二级指标的评价体系（见表3-3）。

表3-3　亚太创新经济研究院（广东）营商环境评估指标

国际化	市场化	法制化
贸易依存度、外资利用程度、引入外资项目数、对外投资开放度、民营经济走出去能力；通关便利度、投资备案便利度；金融服务国际化、国际旅游业发展、航运业国际化、教育国际化；城市综合吸引力、国际总部企业集聚度、国际友好城市数、各国领事馆数量、国际会议交流	政府在市场资源分配中的效率、减少政府对企业的干预、缩小政府规模、办理投资项目的便捷度；信用市场建设、信用满意度评价；民营经济发展程度、民营经济投资、民营经济就业人数；技术研发投入率、科技创新氛围、高新技术转化率、人才培养、人力资源流动、企业融资、土地资源供给效率	制度规范的完善、政府政策的连续性、行政复议效率、政务廉洁指数、政务透明度；商事合同纠纷的司法效率、司法的透明度；行政执法效率、法律专业市场发育程度、知识产权保护程度、政民沟通渠道的畅通度、社会监督行政渠道的畅通度、社会退出机制完善程度；民生保障支出改善、社会公平、治安环境

资料来源：亚太创新经济研究院：《广东营商环境指标体系研究》。

综合本土代表性营商环境评价指标体系可以发现，相比于国际评价机构更关注企业微观层面的管制和法律环境，本土的评价机构在关注微观层面营商环境的同时，也关注到了如市场环境、产业环境、生态环境、城市软环境等诸多关乎企业、人才发展等宏观营商环境因素（见表3-4）。

表3-4　本土代表性的营商环境评价指标体系

评价机构	主要评价指标
国家发改委	18项：开办企业，劳动力市场监管，办理建筑许可，政府采购，招标投标，获得电力，获得用水用气，登记财产，获得信贷，保护中小投资者，知识产权创造、保护和运用，跨境贸易，纳税，执行合同，办理破产，市场监管，政务服务，包容普惠创新
亚太创新经济研究院（广东）	3项：国际化、市场化、法治化
粤港澳大湾区研究院	6项：软环境、生态环境、基础设施、商务成本、社会服务、市场环境
上海发展战略研究所	7项：市场发展、产业配套、基础设施、政府服务、要素供给、宜居品质、法律保障

二、部分国际化营商环境评价指标体系的不足

各国政府、国际组织以及相关社会研究机构营商环境评价可谓百花齐放、百家争鸣，但其基础或最初的雏形都脱胎于世界银行营商环境评价的蓝本。但以世界银行为代表的营商环境评价模式在不同程度上也存在一些不足，值得广州在营商环境评价的理论和实践方面加以关注。

（一）评价尺度狭窄

世界诸多评价机构更侧重从微观层面，特别是从法律和制度层面考虑中小企业营商环境，并不能真正精准化、多维度、全方位地推动国际化大城市营商环境的提升和优化。如世界银行的评估指标未对各经济体的竞争力及其经济发展有影响的其他重要指标进行反映，例如宏观经济稳定性、市场规模、人力资源状况、金融体系、腐败情况、公平竞争的环境等。如新西兰连续多年位居世界银行营商环境评价首位，但新西兰显然并非全球多数企业首选的投资目的地。

（二）评价对象单一

主流的营商环境评价机构关注国内的企业，且主要关注中小企业，并不能准确地用于衡量大公司的投资环境。对于全球性城市营商环境中一些非常重要的因素，如高端生产性服务业支撑、高能级的城市服务功能等未能纳入评价指标体系，难以全面反映大型企业、跨国公司等企业总部和高能级功能性机构对营商环境高标准的诉求。如世界银行营商环境评估报告主要针对中小企业整个生命周期的政府监管制度进行考察，但城市层面的营商环境评价除了关注政府监管制度外，还应该对企业所关心的由市场发展、产业配套、基础设施、要素供给和宜居品质等所构成的综合环境进行考察。

（三）评价未能反映新经济的新要求

各个评价机构基本都是从传统层面考察企业生命周期以及宏观环境支撑，对于大数据、新经济时代下营商环境的新要求关注不够，如科技金融、创业支持、科技支持等。世界银行的评价体系逻辑上基于企业的生命周期进行考察，然而落到实处，各地城市化进程和产业结构不同，仅按照企业生命周期的环节进行评价并不足够，例如企业进入前的营商环境同样应该予以观察。在企业经营过程中遇到的硬环境因素，例如基础设施的建设水平、生态环境水平，以及软环境因素，例如教育、医疗资源配备、人才吸引开放政策等，都是广泛意义上营商环境的重要组成部分，也决定了一个城市对外的吸引力和对内的凝聚力。

（四）评价情境设定理想化

在世界银行评价指标体系中，为了确保各经济体之间数据的可比性，指标是按照标准化的案例情境并基于特定的假设条件来设定的，没有考虑各个国家的特殊情况。其次是假定企业家充分了解现有法规并遵守这些法规，但在实践中，企业家可能要花费大量时间和精力去查找相应的法规，或者即使努力去熟悉但仍不得其要领等情况。在主要的国际营商环境评估方法中，除世界银行发布的《营商环境报告》采用定量的评估方法，能够基于评估结果比较不同经济体营商环境并指导营商环境优化实践外，其余机构评估方法上的缺陷使得评估结果难以做比较，并运用于指导各经济体营商环境的优化方向。

三、国际化营商环境评价指标体系的优化方向

综合以上分析可以看出，既没有统一的营商环境标准，也没有绝对的营商环境评价指标体系。不同的评价机构从不同目的出发所构建的评价指标体系各有特点，但也存在不足。尤其是世界银行基于企业生命周期视角的营商环境评价开创了先河，并在世界范围内产生了广泛的影响力。基于企业生命周期的营商环境评价指标

体系虽然存在这样或那样的不足，但确实为指导各国优化营商环境提供了很好的指引和实践方向，具有重大的理论和实践意义。

对于中国这样一个大国经济的特点，以及广州这样城市层面上营商环境的优化，则需要在对接和借鉴世界银行评价指标体系的基础上，充分考虑大国经济和中国实际，使得指标体系既凸显国际化，又具有本土特点。

（一）以企业全生命周期为基础

营商环境的好坏，企业的感受最深，也最有发言权。完全脱离微观企业层面的营商环境评价虽然能在一定程度上反映地区营商环境建设的成果，但往往实践指导价值有限，对于改善企业实际经营环境感知效果大打折扣。因此，开展营商环境评价，基于企业全生命周期的调查和评价不可或缺，要体现出企业从开办到破产注销整个生命周期可能经历的各项服务优劣，这是营商环境的根本。

（二）以宏观发展环境为补充

基于企业生命周期的营商环境是根本，但也应该看到世界银行营商环境评价指标的狭窄和适用性的不足。尤其是对于中国这样的大国经济，还要体现出大国市场空间和投资吸引力，体现出城市高质量发展的环境因素对营商环境优化的重要性。因此，从优化营商环境评价指标体系的角度看，既要吸引世界银行基于企业生命周期评价的优点，又要在其方法的基础上加以改进，补充吸引投资、促进企业经营发展的宏观因素，如市场环境、社会环境、科技和金融条件等。

值得指出的是，国家发改委主导的营商环境评价已经体现出这种思路。国家发改委营商环境评价在借鉴世界银行的基础上，结合我国国情，从企业全生命周期、城市投资吸引力和城市高质量发展三个维度构架了城市营商环境评价的整体框架。例如城市投资吸引力维度具体包含了市场准入开放度、市场竞争力开放度等指标，城市高质量发展维度包括了环境指标、民生指标，均体现了对宏观营商环境重要性的关注。

第三节　国际化营商环境的基本标准

客观地说，营商环境并无统一的标准，更加没有通行的国际标准。无论是国际化营商环境评价还是本土化营商环境评价，都存在一定程度的"自说自话"的情况，并没有一套完美、适用于所有经济体的营商环境评价标准。也正因如此，本书也不再另起炉灶，构建新的营商环境评价标准，转而关注国际化营商环境的"硬标准"中有哪些共性指标和关键核心指标，这比提出一套新的评价标准对于广州打造国际化营商环境更有实践价值。

一、国际化营商环境标准的认识

营商环境标准是开展营商环境评价的前提，虽然所有机构和学者开展评价时都提出了自己的指标体系，但却找不到完全相同的标准。也就是说，虽然开展营商环境评价看似有标准，但实际上并无标准。虽然如此，仍然可以在不同营商环境评价中寻找蛛丝马迹，发现营商环境的一些共性标准。

（一）营商环境标准：客观外衣下的主观评价

无论是国际上还是国内都有不少知名机构开展基于国家、省份乃至城市层面上的营商环境评价，这些评价机构都建立了一整套逻辑自洽的评估方法和指标体系，提出了营商环境的维度和内在构成，形成了不同体系的营商环境评价指标体系。与此同时，由于各个机构所提出的评价工具都是基于特定目的和需要而提出的，在营商环境的维度、指标构成和权重等方面差异巨大。也就是说，营商环境并无客观标准，所有的营商环境客观评价本质上都是主观评价标准。在这种情况下，无论是本书还是广州市官方再另外提出一套营商环境评价标准实际都可能充满争议，也仅是额外增加了一个参考而已。与其这样，不如参考现行的各类评价指标体系，对标营商环境评价的共性"金标准"考察广州营商环境的实际状况，反而更有实践价值。

（二）国际化营商环境标准的再认识

1. 全球性城市的特征与营商环境诉求

全球性城市是全球城市系统的组织节点，也是世界经济尤其是国际贸易投资的引擎。对于占据全球城市体系核心位置和关键节点的全球性城市而言，其核心特征主要体现在[①]：

（1）国际贸易和投资的枢纽。全球性城市作为高能级资源高效汇聚的流通中枢和战略高地，能够有效促进产品贸易和资本自由流动和高效增值，在全球生产要素定价权、技术标准权、市场主导权、信息发布权、规则制定权等方面具有核心影响地位。

（2）全球配置高端资源要素。全球性城市为全球高端要素集聚、组织集聚、人才集聚、产品交易活动集聚区域，在全球经济体系中居于主导地位，发挥资源要素全球集聚、整合、辐射、引领的功能。

（3）国际科技创新策源地。全球性城市主要在全球高端创新资源的跨界流动、聚合、交汇中发挥中枢节点功能，成为国际上的重大科学发现、原创技术和高新科技产业的创新策源地和创新扩散地。

（4）引领国际文化融合。为国内外各种形式的文化资源和产品提供充分展示、融合、创新和交易的平台，成为世界多元文化汇集交流的重要区域。

（5）汇聚全球人才。全球性城市能够在全球范围内集聚和配置各个行业引领潮流、掌握资源、具有影响力的人才，成为全球创新人才的孵化器、加速器和中转站，并推动全球创新人才与资本、技术、信息等要素在全球范围内进行有效融合和高效配置。

（6）全球信息网络中枢。全球性城市往往是全球信息网络枢纽，不但具有强大的信息生产、利用和信息辐射能力，而且具有整合与配置全球信息资源要素的强大优势，能够实现信息资源在安全可信基础上进行快速流动和无障碍交换。

---

① 上海发展战略研究所：《全球城市营商环境指数报告》，2020 年。

全球性城市的这些特征，必然对国际化营商环境提出更高端、更严格、更具个性化的诉求。这些基本要求主要包括：高效便捷、具有全球连通性的基础设施环境；高端化、充裕性的要素供给环境；更具成长性、开放化、独立性的市场发展环境；高端化、门类齐全的产业配套环境；健全完备的法治保障环境；高效、透明的政务环境；高度舒适性、优质性的宜居环境。

在国内外机构开展的营商环境评价中，既有从经济体、地区层面的综合评价，也有从竞争力、创新力等视角的专项评价，还有聚焦营商环境具体某一领域，如国际化营商环境评价、法治化营商环境评价等。不同评价机构的目的和侧重点各有不同，对营商环境的界定和理解也并不一致，单纯采取某一套营商环境评价标准来反映广州的营商环境都会存在不同程度的片面性。也正是基于此，本书不再另起炉灶，提出新的国际化营商环境评价标准和指标体系，避免自说自话，而是总结梳理已有的各类评价标准的共性和共识，关注国际化营商环境的核心和关键指标，对标先进，从而在实践层面上为广州提升和优化营商环境提供参考。

2. 全球性城市国际化营商环境标准的基本内涵

（1）自由、开放与便捷是国际化营商环境的精髓。所谓自由，是指减少政府对市场和机制不必要的干预，让市场发挥资源配置的决定性作用，政府不干预企业的经营活动，让企业真正成为独立的市场主体。世界银行2019年《营商环境报告》披露，全球128个经济体实施一系列改革举措以减少政府对企业的干预，都在不同程度上使中小企业和创业者受益，不仅创造了工作岗位，而且刺激了私人投资的意愿。该报告把上海和北京作为中国的样本城市，并且赋予上海55%和北京45%的权重。世界银行这样设置的理由是因为上海从2018年开始，聚焦减时间、减环节、减费用，对标世界银行营商环境评价指标体系，推出了一系列的营商环境改革专项行动，大幅度提高了市场主体的营商便利度。所谓开放，就是要确保各类所有制企业享受同等待遇，确保不同性质企业在同一起跑线上竞争，包括自然资源、商事、税收、贷款、劳动用工等各个领域。公平的市场竞争环境是市场主体特别是民营企业、中小企业反映呼声最高的诉求之一。国际化营商环境标准下不应该存在妨碍统一市场与公平竞争的各种规定，不应该存在对不同所有制企业实行歧视性待遇的制度措施。所谓便捷，是指构建公平诚信的竞争环境、清晰简洁的交易程序、完备可靠的信用体系、低廉畅通的交通配套和高效便利的海关机制，为市场主体进行各种交易创造协调、透明和可预见的政策和法律环境。[①] 在各类营商环境评价指标体系中，营商便利性始终都是高频词，凸显了便利性在营商环境中的核心作用，包括世界银行、经济合作与发展组织、亚太经合组织等将交易便利性作为相关评价指标体系的一级指标。

（2）企业全生命周期的管制与服务环境是焦点。企业全生命周期营商环境是国内外营商环境评价的基础和核心内容，也是营商环境的微观领域，更是营商环境评价默认的题中应有之义。考察世界银行、世界经济论坛、国家发改委、广东、浙江等诸多机构和省市营商环境建设的重点内容都聚焦在提升企业"全生命周期"服务水平上，从开办企业、办理建筑许可、获得水电气、登记财产、纳税、办理破产等诸多方面提出相关工作举措，最大限度地为企业"全生命周期"提供便利服务，整体提升营商环境的满意度。从实践层面上看，无论是国际还是国内，基于企业全生命周期的管制与服务改革始终是营商环境聚焦的核心内容，更是各经济体营商环境建设最重要的对标领域。

（3）不断拓展营商环境评价维度。包括世界银行在内的主流营商环境评价标准更为关注微观层面上企业营商环境的相关指标，从宏观经济和财政等指标方面涉入有限。这种做法从实践层面上有极其重要的意义，但不可否认的是也存在一定的片面性。尤其是对于广州这样的全球性城市来说，营商环境评价的维度还需要更丰富、更全面。首先，对于全球性城市，要拓展营商环境评价的宏观维度，考虑产业支持、潜在商业机会、创新创业环境、公共服务可达性和便利性、新科技尤其是互联网的应用等。其次，需要彰显全球性城市的特点，考虑经济国际化程度、城市国

---

① 朱羿锟、高轩、陈胜蓝、费兰芳：《中国主要城市 2017—2018 年度营商环境报告——基于制度落实角度》，暨南大学出版社 2019 年版。

际影响力、城市吸引力等。最后，突出新经济背景下营商环境新要求，考虑智慧城市、科技金融、城市宜居宜业情况等。

二、国际化营商环境的基本标准

世界银行等机构营商环境评价对企业开办便利度进行评估，目的在于改善中小企业的营商环境，激发中小企业活力和发展动力。但是全球性城市营商环境评价严格意义上与企业营商环境评价并不完全相同，其目的在于改善符合全球性城市功能要求的营商环境，全面增强城市的核心竞争力，在关注企业微观经营环境的同时，也更加关注经济开放、市场透明、贸易投资便利化等制度体系与国际规则、标准接轨的程度。基于广州这样的全球性城市来说，营商环境的营造要服务于国际开放枢纽门户、高端产业引领、全球资源配置、科技创新策源等城市功能，不断增强全球性城市的吸引力和竞争力。

（一）具有开放稳定和竞争力强的市场发展环境

企业和功能性机构等全球性城市核心功能载体对全球范围内的资金、科技、人才、信息等资源的配置需要在高度开放稳定、市场信用良好且具有一定成长潜力的市场环境基础上开展。市场开放和国际参与是企业在各城市和地区开展投资布局的前提条件。高度市场化的准入前国民待遇和准入后国民待遇是全球性城市核心功能载体顺利开展业务的核心诉求和市场保障。市场环境是吸引和留住企业的关键所在，企业往往更希望在市场健全、潜力广阔的全球性城市开展商业活动以确保经营活动的可持续性。市场机制健全、潜力充分、发展环境稳定是企业开展经营活动的先决条件。一个城市在全球网络的层级越高，其经济规模、发展潜力往往也越大，也越容易成为企业投资的首要选择。

（二）具有链条完整和门类齐全的产业配套环境

高水平产业配套环境能够产生巨大的虹吸效应，强力吸引企业进入寻求最大利益。如果一个经济体缺少高端、完善的产业配套环境，其政府管理与服务等微观营商环境无论如何尽善尽美都难以吸引企业进驻。便利、优质的服务是吸引企业的前提，但企业真正能够落地发展，持续经营，更加依赖于城市是否能够提供完整的产业链和配套环境。全球性城市核心功能机构需要包括信贷、保险、投资、会计和法律等在内的专业化服务部门提供高端服务支撑。制造业规模和能级也往往是跨国公司投资布局考虑的关键内容。

（三）具有稳定高端和充分保障的要素供给环境

作为全球性城市，必须要有充足且高端的要素供给保障。无论是原料、设备、资金，还是人才、技术、信息，抑或中间投入品，这些都是企业运营的必备要素。资本融通是企业运营的核心要素。融资便捷性和货币兑换自由度影响跨国公司等高端功能性机构在全球范围进行资金调配。创新能力是企业运营的关键因素。城市的创新要素供给和创新氛围浓度是跨国公司研发总部或专利密集型跨国公司全球布局时考虑的关键因素。在所有的要素资源中，人才是第一资源。事实上，人才是创新创业的真正主体，是决定创新创业活动的关键因素。在企业经营所需的资本、技术、物力、人力等资源要素中，人才是作用最大、最有活力的要素。优化营商环境应该是一个集聚各类人才的长期性工程，需要把集聚人才作为优化营商环境的基本价值导向。

（四）具有快速便捷和运行良好的基础设施环境

营商环境包括硬环境和软环境。硬环境的核心就是基础设施环境。相比于软环境，基础设施是营商环境里看得见的部分，是城市竞争力、吸引力的直观指标。基础设施环境是影响乃至决定企业是否进驻以及留住企业的基本条件。对于全球性城市来说，良好的基础设施更是吸引跨国企业和高能级机构的基本前提。机场枢纽性是跨国机构参与全球经济的重要基础和保障。国际机场的枢纽性越强，跨国机构对全球人流、物流、信息流、资金流的配置能力就越强。水路运输是成本最低的运输方式，港口能力是跨国机构配置全球货物资源的重要前提。港口的吞吐能力和运转效率，航运服务的提供能力，特别是港口的全球连通性决定了跨国机构参与全球市场的深度与广度。市内交通便捷度是跨国机构提高工作效率的重要依托。快速便捷的市内交通设施有助于降低通勤成本，缩短通勤时间，提高工作和沟通业务的效率。信息基础设施是跨国机构增强数字经济话语权的重要载体。高效联通、具有全球通达性的信息基础设施能够促进信息、数据等要素在全球范围的便捷流动，从而有利于跨国机构在全球网络布局中加强与各分支机构的联系，提升在全球数字经济中的配置能力和话语权。

（五）具有健全完备和执行力强的法律保障环境

企业运行所处的法律保障环境的优劣直接影响到企业获取要素和配置资源的效率。知识产权保护是提升跨国公司创新能级的关键因素。门类齐全、符合国际通行规则的知识产权保护制度是吸引跨国公司进驻并鼓励其持续提供高端服务产品、持续提升创新能级的重要制度保障。合同执行是跨国公司降本增效的基本保障。合同纠纷的立案和审结时效、合同效力的维护、诚信交易的力度等关系到企业的制度性交易成本和办事效率。破产办理是保障跨国公司合法权利的重要内容。跨国公司等高端功能性机构通常希望能够保障债权人等利害关系人在破产程序中的合法权利。

（六）具有廉洁高效和简约透明的政府服务环境

高效透明的政府服务环境有利于切实降低高端性企业和功能性机构的制度性交易成本。跨国公司和功能性机构对政府服务效率有着更高诉求。简约高效的政府服务体系能够促使企业和机构运营降本增效。政府激励是吸引跨国公司和功能性机构入驻的关键因素。具有强吸引力的税收等优惠政策将大幅提升跨国公司和功能性机构的盈利能力，也是各个经济体、城市经济竞争的重要手段。

（七）具有舒适性强和优质卓越的宜居品质环境

企业活动的主体最终归结为人才，而人才在进行就业区位选择时更为看重的则是城市发展的宜居性、便利性和安全性。社会公共服务配套是汇聚高端人才的关键所在。高端优质的教育医疗服务和丰沛活跃的文化氛围对高端人才产生强劲吸引力。生态宜居环境是影响企业区位黏性的重要因素。生态质量优良、服务功能强大、生态特色鲜明的全球城市能够吸引更多优质企业入驻。城市安全是人才就业选择时考虑的基本要素。低犯罪率和低自然风险往往是人才选择工作场所时的重要考虑因素。

第四章
营商环境建设先进样本的经验与启示

在推进广州现代化国际化营商环境"出新出彩"和进入世界银行评价中国营商环境的"广州样本"中,需要借鉴营商环境建设的国内外先进经验。世界各个国家(地区)营商环境建设各有千秋,不少成功的做法与经验可以为广州营商环境建设提供重要参考。北京和上海已经是世界银行评估中国营商环境的"样本",在多个方面代表中国营商环境建设水平,许多先进指标及其改革措施和建设行动,值得广州营商环境建设借鉴。世界银行营商环境评估指数居于前列的新西兰、新加坡、中国香港、丹麦、韩国等国家和地区,这些经济体在营商环境建设方面的规则建设、法治化建设、现代化和国际化建设、贸易和投资便利化建设等各项指标值都比较靠前,值得深入研究和借鉴。

第一节 国内营商环境先进样本的基本做法

2020年8月,在《人民日报》社指导下,《环球时报》社发布了《2020年中国城市营商环境发展评估报告》,对全国135个城市(地区)进行营商环境评估,确定了20个标杆城市,上海、北京、广州、深圳、成都、苏州、重庆、天津、杭州、长沙排在前 10 位。各城市在政务服务、市场环境和商业可塑活力、城市产业发展实力、品牌影响力、社会普惠发展推动力等方面取得了显著成绩，值得广州借鉴和学习。

一、北京优化营商环境的做法

北京坚持以市场化、法治化、国际化为原则，对标国际前沿并立足北京实际，坚持问题导向，着力增强立法的操作性和针对性，为企业在京创新创业、发展壮大提供全方位制度保障。北京在营商环境法治化建设取得了显著成效，其经验值得其他地方学习和借鉴。

（一）北京法治化建设的先进做法

北京从 2018 年开始着力营商环境法治化建设，2019 年之后又根据国家关于"放管服"改革的要求，着重从营商环境便利化的角度立法，先后出台了《关于进一步推进企业注销便利化优化营商环境的意见》《关于深化营商环境改革推进全程网上办理提高企业开办效率的通知》《关于提高企业开办效率的通告》《关于进一步优化营商环境提升社会保险业务经办便利度有关事项的通知》等多部法规。2020 年 3 月北京市市场监督管理局等五部门印发了《北京市 2020 年清理妨碍统一市场和公平竞争政策措施工作方案》的通知，对北京市、区两级人民政府及其所属部门在 2019 年 12 月 31 日前制定的规章、文件和其他政策措施中妨碍统一市场和公平竞争的各种规定和做法进行清理，总共清理了 894 个市政府文件并宣布失效。

2020 年 4 月 28 日，《北京市优化营商环境条例》正式实施，把法治化建设推到新的高度，对市场环境、政务服务、监管执法、法治保障四个方面高标准严要求，突出制度创新，规范政府行为，为持续推进营商环境改革奠定了坚实基础，在法治化方面重点实行三大制度创新。

1. 以告知承诺为基础的审批制度

针对行政审批手续多、时间长等问题，北京对行政管理方式进行创新，全面推行政务服务告知承诺制。在除直接涉及国家安全、公共安全和人民群众生命健康等以外的行业、领域，推行政务服务事项办理告知承诺制。

2. 以信用为基础的监管制度

针对执法检查频次高、执法标准不统一、信用修复机制不健全等问题，北京创新监管执法方式，最大限度地减少对企业正常经营的干扰。

（1）推行信用分级分类监管制度。一是以信用信息评价结果为依据，按照一定信用分级标准，对市场主体进行分类，并采取差异化的监管措施。二是完善信用修复制度，允许市场主体在一定时间内，通过信用承诺、信用整改、接受专题培训、参加公益慈善活动等方式修复信用，提交信用报告，通过信用核查，可以恢复信用。三是明确行政处罚公示期。

（2）实行公平公正和包容审慎监管。一是对除直接涉及国家安全、公共安全和人民群众生命健康等以外的行业和领域，实行"双随机、一公开"监管机制，健全随机抽查系统，确保公平公正监管。二是对新技术、新产业、新业态、新模式实施包容审慎监管，通过临时性、过渡性监管规则和措施，引导其健康规范发展。

（3）规范执法行为和自由裁量权。一是推行行政检查单制度，明确检查内容、检查方式和检查标准等。二是推行联合检查，在特定区域或者时段，由牵头部门组织、多部门参加，对监管对象多项监管内容实施一次检查，完成所有检查内容。三是完善行政处罚裁量基准制度，不得擅自突破裁量基准实施行政处罚。

3. 以法治为基础的政策保障制度

针对政策制定企业参与不足、政策实施缺少缓冲期、政策异议渠道不明确等问题，北京进一步完善政策制定、实施和异议解决机制，为市场主体营造稳定可预期的政策环境和法制环境。同时，强化市场公平竞争的制度建设，完善政策制定和实施程序，建立政策异议申诉渠道。推动行政措施、政策文件等政策性治理向法治方向转变。

（二）北京营商环境便利化的做法

北京从 2018 年开始，分别推出 1.0 版、2.0 版和 3.0 版营商环境改革方案。其中，1.0 版主要聚焦"减环节、减时间、减成本，增加透明度"推出 35 项改革；2.0 版扩展到"减流程，优服务，降成本、强监管"4 个方面，推出 156 项改革；3.0 版围绕商事制度改革、知识产权保护、司法保障等 12 个方面，推出 204 项改革任务。2021 年 2 月推出 4.0 版改革方案，即《北京市进一步优化营商环境更好服务市场主体实施方案》，推出 277 项任务，以坚决清除隐性壁垒、优化再造审批流程、加强事中事后监管和加快数字政府建设为重点，有效推进重点领域、关键环节和突出问题改革。北京正在构建全市统一的数字服务、数字监管和数字营商平台，实现 100% 政务服务事项"全程网办、全域通办"，高频事项跨省通办，实现 95% 事项移动办理。基于世界银行营商环境便利度指标和企业生命周期视角，从开办企业、办理建筑许可、获得电力、登记财产、获得信贷、知识产权保护、跨境贸易、纳税、执行合同和办理破产 9 个方面对北京营商环境便利化建设的经验做法归纳如下。

1. 开办企业的便利化

北京通过采取现代科技手段，进一步精简企业开办环节。一是推进市场主体开办"一网办"。建立和完善"e 窗通"平台和线下综合窗口服务功能，逐步把企业开办、变更和注销纳入"e 窗通"办理。企业在开办环节可通过"e 窗通"服务平台企业开办专区"一网通办"，可选择邮寄营业执照、公章和发票，实现足不出户完成开办事宜。二是推进"京八件"套餐服务。电子税务局推出了网上办税方式，连接纳税人常办、难办的八件事，以套餐形式打包 30 余个事项。其中，"新办纳税人套餐"将发票申请、财务会计制度备案等 8 项关联业务集成为一张表，纳税人一次性即可办结全部关联业务。

2. 办理建筑许可的便利化

北京构建了"多规合一"协同平台，统筹 14 个审批部门和各类规划，为企业提供"全程线上、一站式、集成式"预沟通、预协调服务。一是实行"多图联审""多测合一""多验合一"高效审批模式，将审批服务事项由 223 项精简到 107 项，将一般社会投资项目办理环节由 23 个减至 18 个，办理时限由 208 天压缩至 93 天。二是实行项目分类管理，对项目实行差异化监督管理。对低风险项目简化审批流程，建立审批、监管、验收和登记全封闭、一站式网上办理系统，办理环节减少至 5 个，办理时限压缩至 20 天。

3. 获得电力的便利化

北京在全国率先推出低压电力接入"零上门、零审批、零投资"的"三零"服务，开发掌上电力 APP 实现线上申请报装，由电力公司办理市政审批手续并承担设备设施投资。实现客户在用电申请的同时在线签订供电合同，取消内部工程图纸审核及中间检查。

4. 登记财产的便利化

北京通过"一网通办"建立"北京市不动产登记领域网上服务平台"，"一张表格，一次申请"完成网签、缴税和登记申请，把不动产登记办理环节由 4 个精简为 1 个、办理时间由 9 天减至 1 天，企业间不动产登记最快 45 分钟办完。另外，委托不动产登记机构代征不动产交易相关税种，登记人员统一代征相关税费，通过"一窗通办"，登记申请人到综合窗口一次完成登记、缴税、领证等事项。

5. 获得信贷的便利化

北京将市场监管部门负责的生产设备、原材料、产品抵押登记职能委托人民银行征信中心履行，实现企业抵押在一个系统登记、一个框架监管，提供基于互联网的"7×24"小时不间断服务，提高流动资产担保登记效率。

6. 知识产权保护便利化

北京建立了知识产权快速协同保护机制。设立知识产权保护中心和知识产权快速维权中心，开展专利快速预审、维权和保护协作。引导企业优化专利申请结构，支持企业海外专利布局，为企业提供专利信息分析、预警和法律服务。开展专利权质押融资保险工作。

7. 跨境贸易的便利化

北京在对外贸易方面采取了一系列便利化措施，一是压缩通关时间，建立进口"提前申报""先放行后改单""先放行后缴税""先验放后检测""岸边直提"等模式。二是将出口退税申报、企业注册备案等6类业务整合到国际贸易"单一窗口"。截至2019年年底，累计退税92.8亿元。三是推出"一站式阳光价格"清单，压缩外贸通关成本，每年为企业节省3.7亿元。

8. 纳税的便利化

北京建立了财税辅助申报系统，进一步完善财务报表与税务申报表数据自动转换服务，实现纳税人申报和缴税的便利化。一是推行纳税电子化、智能化服务。推出"京税通"税企沟通平台，精准推送服务提醒。积极拓展网上办税功能，做到"应上尽上"。微信小程序上线"京小妮"智能咨询功能，利用人工智能提升咨询回复响应效率。二是推行使用增值税电子发票公共服务平台（优化版），为纳税人提供免费的电子发票版式文件生成、储存及电子签章等服务。重点在餐饮业、娱乐业、公用事业、服务业、交通运输业及建筑装饰业等行业加大了电子发票推行力度。推出发票业务网上办结、网上申领，邮寄代开发票套餐服务。2020年，北京市税务局自主研发全国首个发票智能审批系统，利用自动化办公和网络技术，对企业的行业信息、主营业务以及纳税人类型进行大数据分析和审批。

9. 执行合同和办理破产的便利化

北京在合同执行和破产办理方面实现了便利化服务。专门成立破产法庭，集中优势资源实行专业化审判，提高办理破产重整效率，平均审理天数由620天压缩为300天。设立北京互联网法院，集中管辖11类涉及互联网案件，为当事人提供一站式服务，实现互联网案件立案、审判、执行全流程在线办理。2019年在线申请立案率100%。提高电子化办案能力，实行5类商事纠纷网上办案、智能繁简分流、在线调解纠纷、在线委托鉴定、诉讼文书电子送达、处置财产网上拍卖，实现执行合同评价时间由510天压缩为240天。

二、上海优化营商环境的做法

上海是较早开展营商环境建设的城市，2013 年发布的《中国（上海）自由贸易试验区总体方案》率先打造"符合国际化和法治化要求的跨境投资和贸易规则体系"。党的十八届三中全会以来，上海营商环境全面建设持续提速，取得了较大成效，被世界银行选为评价中国营商环境的"样本"，值得广州营商环境建设学习借鉴。

（一）优化营商环境法治化的做法

2018 年，上海推出《上海市着力优化营商环境加快构建开放型经济新体制行动方案》，提出到 2020 年营商环境便利度进入国际先进行列。2020 年提出《上海市全面深化国际一流营商环境建设实施方案》，目标是建设更具国际竞争力的营商环境，把上海打造成为贸易投资最便利、行政效率最高、政府服务最规范、法治体系最完善的开放型经济中心城市之一。2021 年又提出《上海市加强改革系统集成持续深化国际一流营商环境建设行动方案》，目的是全面提升上海的国际商业竞争力。

在颁布和实施各项新法规的过程中，上海清理了大批不符合新规和 WTO 规则的法规文件，2013 年上海自由贸易试验区开始运行就暂停实施外资企业法、中外合资经营企业法、中外合作经营企业法等 3 部法律的有关规定，暂停实施文物保护法的有关规定，减少外资企业设立的审批程序。2018 年上海市政府根据《关于取消和调整一批行政审批等事项的决定》，取消和调整一批行政审批等事项，共计 87 项，其中，取消 55 项，调整 32 项。

世界银行发布的《营商环境报告》将上海作为评价中国营商环境的样本之一，是因为上海法治化建设走在前列。在立法方面，加强法制的研发、起草、修订和完善。在司法方面，实行了法庭数字化、法院智慧化建设，减少和消除人为干扰，贯彻了法制建设的公平公正原则。在守法方面，大力宣传法制建设，不断减少行政干预，取消和废止不符合法规的政策性文件。具体做法有以下几点。[①]

1. 规范民商事案件审理期限

为维护诉讼当事人合法权益，上海高等人民法院按照最高人民法院《关于严格规范民商事案件延长审限和延期开庭问题的规定》的要求，进一步强化了对延期开庭的审判管理，严格约束庭审无法正常进行的法定情形。

2. 网上"无纸化"立案

自 2017 年起，上海市高等人民法院提前谋划，开始研发运用电子卷宗随案同步生成系统，以确保当事人在网上立案及其他诉讼平台提交的电子文书、证据材料等可以同步生成电子卷宗，有效解决电子诉状、证据材料等无法归档的问题。

上海市高等人民法院于 2019 年 2 月发布《关于网上立案、电子送达、电子归档的若干规定》，于 2020 年 1 月出台《关于全面落实网上立案诉状材料无纸化操作的通知》，对通过网上立案平台提交电子诉状材料并通过立案审查受理的当事人不再要求提交上述诉状材料的纸质版本，在全市实行"无纸化立案"。

3. 司法数字化和智慧化

上海司法部门积极推进"阳光司法，透明法院"建设，上海市高级人民法院对标世行评价标准，研究出台相关规定，在网站建设了专门的司法数据公开平台，向社会公众定期发布上海各法院商事、金融案件结案率、平均审理执行时间等司法数据，并通过专门平台向当事人及其委托代理人公开相关个案的审判流程信息。

在推进"智慧法院"建设中，上海开发运用法官办案智能辅助系统，在浦东新区法院运用"数字法庭"系统，实现案件立案、审理、归档全流程网上办理，降低当事人诉讼成本，提高办案效率。

4. 要求企业如实登记注册地址

上海市高等人民法院通过调研发现部分当事人注册登记的企业地址并非其真实地址，导致案件审理存在"人难找，财产难查"问题，不仅增大了对方当事人的诉

---

① 严剑漪：《上海：打好"组合拳"合力推进法治化营商环境建设》，《人民法院报》2020 年 3 月 2 日 07 版。

讼成本，也影响了司法效率。

2020 年 2 月，上海高院和上海市市场监督管理局联合印发了《关于企业确认诉讼文书送达地址并承诺相应责任的实施意见（试行）》，在企业登记阶段实行诉讼文书送达地址告知承诺制，此举在全国尚属首创。此规定，要求企业在上海办理设立、变更、备案等登记注册业务或申报年报时，有责任真实准确填报诉讼文书送达地址，企业可通过国家企业信用信息公示系统，在线填报并及时更新企业诉讼文书送达地址，并承诺对填报内容真实性负责。

5. 破产案件集约化办理

2019 年上海成立破产法庭，集中管辖全市辖区的破产强制清算等案件（上海金融法院、上海铁路运输法院管辖的除外）。运行一年来，办理各类破产案件 395 件，强制清算案件 112 件，破产衍生诉讼及其他案件 59 件。

上海破产法庭构建了网络债权人会议机制，并于 2019 年 10 月 28 日正式启用网络债权人会议系统。2020 年新冠肺炎疫情防控期间，上海破产法庭全部采用网络方式，既减少了人员流动和汇聚，也有效地推进了破产审理程序及保障债权人的权利行使。

（二）优化营商环境法便利化的做法

基于世界银行营商环境便利度指标和企业生命周期视角，从开办企业、办理建筑许可和施工许可、获得电力、登记财产、跨境贸易、执行合同 6 个方面对上海营商环境便利化建设的经验做法归纳如下。

1. 开办企业的便利化

上海开办企业"一窗通"是一个全市统一的集数据同步申报、业务协同办理、结果即时反馈功能于一体的线上服务平台，它将工商、公安、税务部门所需的信息整合统一申报，企业可享受到"一窗式"的办事服务。后续平台功能将有更大拓展，办理执照实现"无纸化"，进一步提高办理工商营业执照的效率，使开办企业的便利程度再上一个台阶。通过流程再造，开办企业必需环节由过去的 7 个减少到

5 个；办事耗时 6 天之内。

2. 办理建筑许可和施工许可的便利化

上海构建和完善以工程建设项目联审平台为核心的一体化办事系统，围绕减环节、减时间、减费用和提升质量控制指数进行系统改革，建立基于不同风险的差别化工程质量监管检查体系，减免项目申报所需各类涉企行政费用，提升办理建筑许可便利化水平。与 2017 年相比，环节由 23 个减少为 18 个。办理时间由 279 天减少为 125.5 天。办理费用由近 20 万元降至 7.3 万元。

3. 获得电力的便利化

上海在"一网通办"的总门户开设电力服务专窗，建立电网公司一站式服务，一口受理用户申请，为用户全程办理各项手续并施工。电力用户可以在线提交申请，办电资料在线传播，服务质量在线评价，实现全业务的线上办理，全天候的一站式服务，进度查询全透明。将建立终端供电惩罚和优质供电服务的监督机制。出台供电可靠性的管制措施，对于电力公司供电可靠性和供电服务质量加强监督，形成闭环优化，保障电力营商环境得到持续提升。政府部门采用告知承诺、并联办理、限时办结等举措，压缩办理时间。与 2017 年相比，办理环节从 5 个减少为 2 个，时间由 145 天减少为 32 天。低压用户接电成本由 19.2 万元降低为 0 元，供电可靠性指数由 6 分增加到 7 分。

4. 登记财产的便利化

针对不动产登记烦琐程序，上海将交易、税务、登记 3 个部门受理大厅办理不动产登记流程合并调整为"一口受理、内部流转、并联审批"，融入政务服务平台受理窗口统一收件，房屋状况查询、税收征管和不动产登记内部流转办理，EMS 快递送达。对工厂、仓库类房屋转移登记实现"专窗"当场办结（不超过 0.5 个工作日）。

另外，提供不动产登记资料自助查询服务，在各区登记受理大厅安放自助查询设备，权利人可以查询自己名下的所有不动产登记资料，其他人可以查阅该项不动产基本信息。提供登记资料网上查询服务，可以通过市政府"一网通办"政务服务平台查询用途、面积、抵押、限制和地籍图等信息。

5. 跨境贸易的便利化

针对跨境贸易的申报服务，上海统一使用标准版的网页界面和数据导入接口组件，统一用户认证。完成"单一窗口"关检融合一次申报功能改造，推动全口岸平稳切换。将企业资质、许可等业务通过标准版与国家部委之间进行"总对总"办理；推进与国家标准版实时共享申报数据、办理数据、税单信息等"三落地"。

6. 执行合同的程序和公正性

上海市高级人民法院、发展改革、公安、税务、市场监管、房管等 46 个部门，集中签署执行联动合作协议。各部门对被执行人财产实行网络联动查控，覆盖房产、存款、车辆、证券、工商登记等 9 大类财产。对失信被执行人联动采取 11 类 43 项信用监督惩戒措施，比如，在本市购买不动产、投资、招投标、土地招拍挂、矿产资源开发、担任公职及公司高管，以及飞机和火车高级别席位出行等实行自动拦截限制。

三、中国香港优化营商环境的做法

中国香港是世界知名的国际金融和航运中心，2020 年弗雷泽研究所（Fraser Institue）发布的《2020 年度世界经济自由报告》（*Economic Freedom of the World 2020 Annual Report*），衡量各国 / 地区的经济自由度，即个人做出经济决策的能力，中国香港在全球经济自由度方面排名第一。国际反贪污组织"透明国际"公布 2020 年廉洁排行榜，中国香港在 162 个国家和地区中排名第 16。在世界银行发布的《营商环境报告》中香港综合得分排名第 4，营商环境便利度排名第 3。

（一）香港营商环境国际化的成绩

香港的营商环境国际化在以下几个方面取得了优异的成绩。

1. 获得信贷方面

作为著名的国际金融中心，香港有多样化的金融服务机构，有成熟的货币市场和证券交易所，有市场化运作的信用服务体系和征信体系，也有完善的金融法律制度，方便企业获得直接和间接融资。在世界银行《2020年营商环境报告》里，在获得信贷方面的四个指标中，代表记录纳入私营信贷局系统的人数及其近五年来的借款历史信息指标的信用局覆盖率达到100%，衡量担保和破产法保护借款人和贷款人并因此而促进贷款程度的合法权利力度指数(0—12)达到8。

2. 保护少数投资人方面

在世界银行《2020年营商环境报告》里，保护少数投资人排名中，香港排名第7，得分84.0分。

表4-1 衡量保护少数投资人的六个指标

指标	中国香港特别行政区	东亚及太平洋地区	经合组织高收入经济体	总体表现最佳者
披露指数(0—10)	10	5.9	6.5	10(13经济体)
董事责任指数(0—10)	8	5.2	5.3	10(3经济体)
股东诉讼便利度指数(0—10)	9	6.7	7.3	10(吉布提)
股东权利指数(0—6)	5	2	4.7	6(19经济体)
所有权和管理控制指数(0—7)	5	2.4	4.5	7(9经济体)
公司透明度指数(0—7)	5	2.6	5.7	7(13经济体)

资料来源：世界银行：《2020年营商环境报告》。

从上述六个指标可以看出，香港在披露指数上最高，说明其信息透明度较好，其他几项得分也很高，说明香港能非常好地保护公司股东，吸引世界投资的进入（见表4-1）。

3. 跨境贸易方面

香港作为自由贸易港，在跨境方面也表现优异。跨境贸易的进出口耗时和所耗费用八个指标也排名靠前（见表4-2），说明香港在国际贸易方面的成本较低。

表 4-2　衡量跨境贸易的指标

指标	中国香港特别行政区	东亚及太平洋地区	经合组织高收入经济体	总体表现最佳者
出口耗时：边界合规（小时计）	1	57.5	12.7	1(19 经济体)
出口所耗费用：边界合规（美元计）	0	381.1	136.8	0(19 经济体)
出口耗时：单证合规（小时计）	1	55.6	2.3	1(26 经济体)
出口所耗费用：单证合规（美元计）	12	109.4	33.4	0(20 经济体)
进口耗时：边界合规（小时计）	19	68.4	8.5	1(25 经济体)
进口所耗费用：边界合规（美元计）	266	422.8	98.1	0(28 经济体)
进口耗时：单证合规（小时计）	1	53.7	3.4	1(30 经济体)
进口所耗费用：单证合规（美元计）	57	108.4	23.5	0(30 经济体)

资料来源：世界银行：《2020 年营商环境报告》。

（二）香港营商环境便利化的做法

为了持续改善香港的营商环境，特区政府于 2007 年推行"精明规管"计划，目的是通过对合规管理的检讨以及提高香港商业牌照服务的效率和透明度，以降低业界的合规成本并优化发牌程序，从而提升香港的长期竞争力。该计划目前涵盖 400 多个商业牌照，涉及 29 个决策部门。主要的做法有以下几个。

1. 一站式牌照服务

香港公司注册处与证券及期货事务监察委员会及税务局联合推出"一站式"的程序，以便利企业申请注册及登记成立开放式基金型公司。推出一站式电子公司注册及商业登记服务，使成立公司所需的时间大幅缩短至 1 小时以内。针对饭店、戏院或剧院、酒店、宾馆等企业，推出一站式服务，申请人不用走访多个部门，只需向发牌部门提交申请即可办理。

2. 简化牌照申请流程

香港对公司申请牌照的程序进行简化，具体的措施有：简化处理饮食业提出安装新水表申请的程序，处理供水申请的时间由超过 100 天缩减至 30 天，方便商户早日开业。加快初步审批非本地课程注册新申请的程序。在《非本地高等及专业教育（规管）条例》新安排下，处理课程注册的时间缩短了约 15 个工作日。推出便利酒店或宾馆牌照申请的措施，包括简化一般发牌规定及完工报告的证明文件、精简牌照申请和处理工作流程，并推出了处理酒牌电脑系统，以方便经营者申请新的酒牌、续领牌照、转让牌照及网上追踪申请进度。

3. 利用互联网技术提高效率

公司可在网上提交各项表格及相关文件以履行申报责任，不但缩短提交文件的时间，降低遵从法规的成本，也能提高公司登记册更新的效率。开发建设的"药物的进出口证申请及流向监察系统"推行签发进出口证有关的业务流程自动化，审批未经注册药剂制品进出口证所需的时间亦缩短至一天。推行电子印花征费系统，方便旅行代理商在网上缴付所需印花征费，以及向顾客发出印花收据。引入电子付款系统，以提升付款效率。引入危险品车辆检查的网上预约系统，方便申请人随时网上预约，为顾客提供更友善的环境。

（三）香港营商环境国际化的做法

1. 尊重市场的需求

香港特区政府 2006 年专门建立方便营商环境咨询委员会——正式讨论的平台，以加强与业界的沟通。其主要职责是制订和推行便利商界规制的计划和措施，并向财政司提供方案，目的是确保香港在营商环境规管方面更具竞争力；检讨影响商界的规例及相关程序，务求革除烦琐的规则；取缔过时、不必要或累赘繁复的规管；提高规管的效率、透明度及营商便利程度；减少规管对商界的影响，并降低商界的遵规成本等。

2. 注重对营商环境的评估

香港特区政府建立了一个营商环境影响评估架构，提供营商环评的一般指引，以便决策部门系统地评估新政策的影响。评估分为四个阶段：第一阶段是检讨政府介入的基本理由和识别可行的方案；第二阶段是分析营商环境；第三阶段是评估政策对营商环境的影响；第四阶段是总结评估结果及提出修改建议。

第二节　国外营商环境先进样本的基本做法

世界银行发布的《2020年营商环境报告》中，营商环境排名前十位的国家和地区是：新西兰、新加坡、中国香港、丹麦、韩国、美国、格鲁吉亚、英国、挪威和瑞典。世界银行从开办企业、办理施工许可证等十个维度衡量各个经济体的营商环境。前四名的综合得分分别为：86.8、86.2、85.3、85.3。其中，新西兰的优势在开办企业和获得信贷两个方面，开办企业只需要一道手续，耗时0.5天；借贷便利，相关法律健全。新加坡的优势在执行合同方面，合同执行的时间只有164天，远低于经合组织高收入经济体的589.6天；司法程序质量指数①是15.5，也高于经合组织高收入经济体的11.7。中国香港的优势在办理施工许可证，只需要8个程序，平均耗时69天，建筑质量控制指数②为15.0，这些都好于经合组织高收入经济体的12.7个程序、152.3天和11.6。丹麦的优势在跨境贸易方面，其中进出口的边界合规耗时为0小时，所耗费用为0美元，进出口的单证合规耗时1小时，所耗费用为0美元，都远低于经合组织高收入经济体的指标。

世界上这些样本城市或国家（地区）对营商环境的建设都非常重视，营商环境的法治化、现代化和国际化水平不断提升，其经验可以为广州优化营商环境提供启示和借鉴。

---

① 司法程序质量指数衡量的是每个经济体是否在其司法体系的四个领域中采取了一系列的良好实践：法院结构和诉讼程序、案件管理、法院自动化和替代性纠纷解决。

② 建筑质量控制指数基于建筑法规质量、施工前质量控制、施工中质量控制、施工后质量控制、责任和保险制度以及专业认证等指数。

一、美国优化营商环境的做法

从营商环境现实状况看，美国孕育了许多世界著名大公司，其营商环境建设有很多值得借鉴的经验。从本质上来讲改善营商环境就是提高效率，美国通过政府监管及各类商事办理手续的标准化、便捷化、透明化来提高其效率。美国营商环境建设的重点是法律法规体系建设，对保护市场主体权益的法律意识非常强，对保障个体权益和激励民众创新发挥了重要作用。

（一）美国优化营商环境便利化的做法

在世界银行的《2020 年营商环境报告》中，美国的营商环境排名第六位。美国营商环境便利化的做法主要有：

1. 建立系统科学且针对性强的税收政策

美国各州为鼓励企业拓展或迁移到该地区，提供了各种税收优惠措施：一是针对有资质的新兴技术企业投资者实施新兴技术税收激励措施；二是出台投资税收减免政策，针对企业创造就业机会和对生产工艺及设备进行新投资的项目税收减免高达 10%。

2. 建立全面且针对性强的激励机制

各州为企业提供多项资金激励项目：一是州小企业信贷计划基金，通过立法以支持州层面的小企业信贷项。二是创新基金，创造就业机会，促进整个州经济高速增长。三是资金获取项目，为金融机构损失储备贷款提供配给资金。

3. 便利化措施营造创业氛围

各州为了支持中小企业创业运营，推出多项针对性强的创新举措：一是"业务解决方案"，为中小企业发展所处阶段提供免费的咨询服务；二是"城市商业快递"，企业代表可以快捷、轻松地填报经商执照、许可证等所要求的资料，节约中小企业开办申报时间。

4. 创业援助中心

创业援助中心（Entrepreneurship Assistance Centers，EAC）为纽约州各地社区中有抱负的新企业家提供指导、培训、技术援助和支持服务。EAC 提供包括以下咨询和帮助的深度服务：开办企业的可行性、完善业务概念和业务计划、完成认证申请、纽约商业导师服务（一个基于网络的志愿者指导平台）、建立管理原则和实践、产品开发与营销、出口合同采购和许可、识别和获取资本与信贷、访问业务支持网络。

（二）美国优化营商环境国际化的做法

在促进营商环境国际化方面，美国主要采取了以下措施：

1. 劳工保护

美国《公平劳动标准法》规定联邦最低工资为每小时 7.25 美元；规定未满 20 周岁的工人在受雇的首个连续 90 日阶段的联邦最低工资为每小时 4.25 美元；规定向每周工作超过 40 小时的雇员支付其平时工资 1.5 倍的加班费；禁用童工；禁止雇主以性别为由对雇员进行工资歧视；为哺乳期妈妈制定休息时间要求；要求雇主对雇员工作小时数进行登记并保留记录及报告。

2. 鼓励移民

国务院和国土安全部负责监督美国的移民事务。企图雇用外籍工人的雇主应当了解工人可以获得的各种类型的签证。创业企业和其他企业的两种常见签证类型是：非移民签证和职业移民签证。非移民签证针对在美国境外拥有永久居留权但希望临时到美国工作、学习、经营或因其他原因来到美国的工人。职业移民签证则面向寻求在美国永久居留的一定数量合格申请人。

非移民签证种类主要有：B-1 访客签证、L-1 公司内部调职者签证、H-1B 专业人士签证。职业移民签证主要有：职业第一类优先（EB-1）优先工人，职业第二类优先（EB-2）优先持有高等教育学历的专业人员及特殊人才，职业第三类优先（EB-3）优先熟练工、专业人员及非熟练工。

3. 保护知识产权

美国对著作权、专利、商标和商业秘密都有较强的法律保护。

（1）著作权。著作权保护原创作品（例如文本、照片、音频、视频、图表、源代码及目标代码形式的计算机编程）免遭未经授权被复制等。个人创作的新作品的著作权保护期限为作者有生之年加70年；对于雇佣作品，期限为从首次发布起95年，或从创作起120年，以两者中时间较短者为准。对旧作品的保护期限长短不一。

（2）专利。专利法对新颖、有用和非显而易见的外观设计、流程、程序或业务方法进行专利保护。美国专利商标局（USPTO）颁发"实用新型"专利（有用的流程、机器、制造或物质构成），"外观设计"专利（功能性物品的装饰性设计）及"植物"专利（某些类型的无性繁殖植物品种）。

实用新型专利和植物专利给予20年独占权（从申请之日起计），防止他人在美国境内制作、使用、许诺销售、销售或进口发明。外观设计专利给予15年独占权（从授予之日起计），在2015年5月13日前申请的外观设计专利给予14年独占权。

（3）商标。商标和服务标识（商标）是在商品或服务与其来源之间产生联系的文字、标志、声音、气味及其他原产地标识。不同于其他司法管辖区，美国商标权是在特定商标下出售商品或服务有关的商业性使用商标而产生的，不是通过注册产生的。商标可在USPTO或美国各州注册，但联邦注册可扩大商标所有人权利的地域。

（4）商业秘密。商业秘密是任何给公司带来竞争优势，他人所未知的，公司采取了合理措施予以保密的信息。不像专利和著作权受到联邦法律保护，商业秘密受到州法律保护，因此受保护程度可能在各州不一。且如果他人独立开发或逆向推出同一商业秘密，则并不一定给予排他性独占权。

二、新加坡优化营商环境的做法

新加坡位于亚洲心脏地带，地处太平洋与印度洋航运要道马六甲海峡的出入口，地理位置得天独厚，具有与世界各地互联互通的优势。经过多年规划和建设，新加坡已经成为亚太地区重要的国际航运枢纽、金融中心和外汇交易中心，不仅在国际金融、贸易融资、海事金融、保险、财务运作方面拥有领先地位，在资产及财富管理方面也具有一定优势。

（一）优化营商环境法治化的做法

加强营商环境法治化建设是新加坡近年来的工作重点。新加坡拥有完善的营商环境法治体系，已经形成一个高度法治化的国家，形成了细致完善的商业法规体系、司法审判体系和法律仲裁体系（见表4-3）。新加坡的知识产权保护制度更是全球领先。其法治化建设经验值得借鉴和学习。

表4-3　新加坡法治化体系

商业法规体系	商品贸易法规体系	《竞争法》《商务争端法》《商品交易法》等
	投资准入法规体系	《公司法》《银行法》《金融公司法》等
	税收法规体系	《商品和服务税法》《工资税法》《所得税法》《财产税法》等
	人才引入法规体系	《移民法案》《雇佣法案》《外国人力雇佣法案》等
	自由贸易区法规体系	《自由贸易区法》《自由贸易区条例》《自由贸易区（制造）法规》等
	优惠政策框架	《公司所得税法案》《经济扩展法案》等
	营造商业环境法规体系	《防止贪污法令》《竞争（上诉）条例》等
司法审判体系	最高法院	上诉庭、高等法庭、国际商业法庭
	初级法院	地方法庭、推事厅、青少年法庭、家庭法庭和消费人士裁判局、小额索偿法庭
法律仲裁体系	主要法律	国内仲裁：第10号法案《仲裁法》 国际仲裁：第143A号法案《国际仲裁法》
	仲裁机构	新加坡国际仲裁中心、麦克斯韦多元纠纷解决中心、国际商会供给仲裁院、国际争议解决中心、新加坡海事仲裁院
知识产权保护制度	主要法律	《专利法》《商标法》《注册外观设计法》《版权法》《地理标志法》《集成电路布图设计法》《植物品种保护法》
	缔结国际条约	《保护工业产权巴黎公约》《马德里条约》《布达佩斯条约》《专利合作条约》《与贸易有关的知识产权协议》《建立世界知识产权组织公约》

资料来源：根据毕马威（中国）公司《新加坡案例与启示》整理，https://www.sohu.com/a/398404429_120070887。

（二）优化营商环境法便利化的做法

新加坡在营商环境建设方面的做法主要有以下几点值得借鉴。

1. 精简管理体制

新加坡政府管理部门主要由两部分组成：政府部门和法定机构。公共管理或公共服务职能主要由法定机构完成，法定机构是政府为履行专项公共管理或公共服务职能而设立的非部门性、半独立性公共组织。新加坡政府16个部委已下辖65个法定机构。其中，经济领域部门主要包括财政部、律政部、贸易与工业部、国家发展部、总理公署办公室、人力部等。

法定机构可以通过法律被赋予多项权力，更方便以企业视角推进审批事项的集成化办理。在创业启动阶段，创业企业只需要与较少的部门或第三方服务机构进行互动便可以完成审批相关手续。在日常运营过程中，企业亦可以通过经济发展局、企业发展局、企业通网站等"一站式服务"渠道获取或申请相关政策。

各法定机构会根据经济发展、便利企业等需要进行重组、合并，以达到简化体制的目的。以企业发展局的组建为例，国家生产力局、标准和工业研究所、贸易发展局等通过一系列重组逐步发展为能够提供转型升级、标准和质量提升、海外布局的"一站式"服务机构。

2. 普及电子政务

新加坡自20世纪80年代起便开始发展电子政务，现在已成为世界上电子政务最发达的国家之一。新加坡仍在持续推进数字政府转型，现正处于"智慧国家2025"计划实施的关键时期，致力于为公民、企业、政府等多方创造价值。[1]

新加坡电子政务强调政府整体的理念，公民可以通过口令、域名、邮箱等登录政府网站，并通达上千个在线服务功能。相继推出了"统一邮箱""统一服务""统一信息"等，让民众可以通过一个邮箱收到所有政府部门发送的信件，通过一个手

---

[1]　马亮：《新加坡推进"互联网＋政务服务"的经验与启示》，《电子政务》2017年第11期。

机应用程序得知各类社区事务，可以保存自己的个人、家庭、雇佣等方面的信息和证明材料，在申请各类在线服务时方便调用。

新加坡注重隐私保护和信息安全。政府使用的 Sing Pass 双重认证系统——用户口令和手机生成的密码或密码生成器生成的密码，有效保障了民众的数字安全。新加坡 2013 年起实施的《个人资料保护法令》，使民众的个人隐私得到了法律确认和保护。

新加坡注重数字政府服务均等化建设。新加坡是世界上互联网和移动终端普及率最高的国家之一，但仍有高龄人士和低收入群体不能获得网上便捷的服务。2005年，新加坡政府在各个民众联络所和民众俱乐部设立几十个"公民联络中心"，提供免费的上网工具并配备工作人员，为老年人、残障人士和低收入群体等无法上网的民众提供帮助和指引，2016 年该机构累计帮助了 12 万人次。2017 年，政府对公民联络中心进行了改善，更新上网设备并改善上网界面，以使弱势群体能够通过政府网站获取服务。

3. 积极发展金融科技

金融科技是新加坡重点扶持对象，2015 年开始获得了更加有力的支持。新加坡金融监管局在限定的业务范围内，简化金融科技市场准入标准与门槛，在确保投资者权益的前提下，允许机构开展各种金融科技创新业务，并根据这些业务运营情况进行适当推广，有助于金融科技企业在相对宽松的环境进行业务创新。

（三）新加坡优化营商环境国际化的做法

新加坡是世界上最为开放的经济体之一，与 36 个贸易伙伴签署了 24 个多双边自贸协定。世界经济论坛《全球竞争力报告（2019）》显示新加坡营商环境指数名列第一。在世界银行编制的《2020 年营商环境报告》中，新加坡营商环境评估指数位居第二，有许多做法和经验值得借鉴。

1. 劳工保护

新加坡第 136 号法案《劳动关系法》、第 333 号法案《工会法》和第 331 号法案《贸易争端法》提供了工会代表其成员进行劳资谈判的法律框架。《劳动关系法》规定了工会就劳资协议进行谈判的具体程序、因劳资谈判引发的劳资争议的调解和仲裁。

对于劳动纠纷，由于用人单位与签订合同的劳动者之间的服务合同条款或劳动合同的任何规定而产生的任何争议，可在规定期限内移交劳动委员会处理，当事方如对委员会的处理决定或指令不服，可向高等法院提起上诉。

新加坡于 2017 年 4 月成立新的劳动索偿法庭（Employment Claims Tribunal，ECT），为解决劳动纠纷提供了一个新途径。该法庭有权管辖用人单位和劳动者（包括每月收入 4500 新元及以上的经理和高管）之间的薪资争议案件。除了上述途径，用人单位和劳动者也可以向民事法院提起劳动赔偿诉讼。

2. 知识产权保护

新加坡政府十分重视对知识产权的保护，致力于把新加坡建成重要的区域知识产权中枢。新加坡是众多知识产权相关公约的成员，包括《巴黎公约》《伯尔尼公约》《马德里协议》《专利合作条约》《布达佩斯条约》《与贸易有关的知识产权协议》，同时是世界知识产权组织的成员。

新加坡知识产权办公室（IPOS）是该国法律部的法定委员会，根据其第 140 号法案《知识产权办公室法》成立，旨在管理新加坡的知识产权保护系统；强化公众的知识产权意识和有效利用知识产权意识；就知识产权有关事项，向政府提出意见并作出建议；促成或协助知识产权代理和知识产权顾问的专业发展。

2019 年，新加坡律政部推出新法案改进知识产权纠纷解决机制。新法案对知识产权纠纷解决机制做出三项改进：一是将多数知识产权民事诉讼集中于高庭。这类纠纷按照知识产权的性质或估价，以及诉讼的类型，可交由高庭、国家法院或知识产权局审理。二是新法案将正式确立第三方意见机制。从专利申请发布直至审查报告出炉以前，任何人可针对该发明是否应获得专利，向主簿官提出书面意见并说明理由，而主簿官也须将意见纳入考量范围。三是新法案将开辟复审程序。即使在专利批准后，任何人都可向主簿官申请重新审查专利，并附上理由和支持文件。

3. 税收优惠，无外汇管制

新加坡公司税税率单一，公司所得税率（Income Tax）仅为17%。根据世界银行数据显示，新加坡税负排名世界第七，属全球最低税率的国家之一。而且，新加坡实行的是内外资企业相同的公司税制度。

新加坡一直被公认为全球最自由的经济体，拥有完善的基础设施和金融体系，拥有500多家本地和外国金融机构，全世界主要的银行和金融机构都在新加坡有设立分支机构，提供着各式各样的金融产品和服务，例如银行开户和其他银行服务，转账汇款、信用证等开展便利，为企业融资带来便利。政治稳定，商业政策开放，高技能的人才储备充足。

4. 多元化金融服务

新加坡是亚洲主要的金融中心，能提供遍及亚太乃至全球的金融服务。新加坡不仅在国际金融、贸易融资、海事金融、保险和财务运作方面拥有领先地位，在资产及财富管理方面也是居于领先地位的佼佼者，是排名前列的全球外汇中心、资产管理枢纽和人民币离岸结算中心。

第三节　营商环境建设先进样本的经验与启示

一、营商环境法治化建设的经验

从世界银行营商环境评估排在前列的样本所采取的做法来看，在法治化、便利化和国际化方面作出了值得学习和借鉴经验。首先，营商环境优越样本都非常注重法制建设，形成了健全法制和良好法治秩序的社会氛围；其次，重视营商环境便利化建设，便利化指标占据重要位置；再次，边境开放度比较高，以世界贸易组织

（WTO）、区域自由贸易协议（FTA）的规则要求，改革国内营商体制机制，不断扩大开放领域，比如，准入前国民待遇和负面清单管理、知识产权保护、生态环境保护、劳动者权利和保障等方面的推进和完善。

通过对国内外营商环境建设的先进城市经验的梳理和对比发现，主要的经验有以下几点。

（一）加强立法顶层设计和重点领域协调机制建设

良好的营商环境是一个规则系统，这些规则由不同公共行政部门掌握。这些规则也需要法制来协调和保障，充分发挥行政立法的作用非常重要。从长远看，需要统筹谋划和顶层设计，并不断修改和完善相关法律、法规和规章；从短期看，必须回应现实的热点、难点问题，对重点领域建立和完善协调机制。

北京在法制建设方面的经验值得重视。一是北京市有关行政部门先后向中央层面提出修法建议 78 条，推动制定《北京市促进科技成果转化条例》《北京市优化营商环境条例》等地方性法规。二是北京市司法局会同北京市商务局等有关部门颁布《关于支持北京律师为重大涉外经贸活动提供法律服务的实施意见》文件，向市政府报送了《关于推进我市律师行业税收征管方式和纳税相关工作的报告》，以此完善律师专业水平评价办法、评价体系和配套措施，评选专家评选机制和动态管理机制，促进法律服务协调机制的完善。

（二）建立健全商业法规体系

市场运行机制是不同利益主体公平交易的保障，涉及复杂的、细致的法制体系和法治系统。一个运行良好的法治系统离不开市场主体和个人的参与。面对复杂多变的市场运行问题，除了协调的法治系统作出应对，还必须构建完善的法规体系。其重点围绕健全和公正的司法审判系统，帮助企业解决纠纷等方面加强商业法规体系建设，并严格执法。

新加坡的《竞争法案》通过禁止某些约束市场竞争的商业行为来促进健康的市

场竞争行为，明确规定企业不得从事价格操纵、串通投标、掠夺性定价等行为，限制或扭曲竞争。

（三）搭建协同高效共治体制

市场机制是由经济组织交易构成，并按照一定规则运行，政府职能是保护市场规则并为市场主体需求提供服务。行政主体有关市场运行的部门必须协调各自职能，共同治理市场机制，才能更好地服务市场。这就需要不断探索优化营商环境的共同治理体系，以营造更好的法治环境。

北京在这方面作出了示范。中共北京市委全面依法治市委员会发起研究制定《关于建立北京市优化营商环境法治保障联席会议制度的意见》，并组织市人大机关、政协机关、相关政府部门、司法机关，相关法学院校、研究机构、学会协会、仲裁机构、律师事务所以及相关企业的代表参与，建立了优化营商环境法治保障联席会议制度。初步形成了部门协同、市区联动、市场支撑、专门机构配合、社会组织广泛参与的优化营商环境法治保障体系。

（四）开展保护民营企业发展专项督察

通过法治化的治理，对市场中的弱势主体进行专项保护，降低市场主体运营的门槛和成本，减少企业经验过程中的不确定性。

北京设立全面依法治市委员会，集中开展营造法治化营商环境、保护民营企业发展专项督察。组成以市推进依法行政工作领导小组立法、执法、司法、守法普法 4 个协调小组的相关局级领导为组长，市高院、市检察院、市公安局等 10 个部门干部为组员的督查小组，分别到 5 个重点区开展督察。

（五）提供强有力的知识产权保护

对于知识密集型产业而言，产权保护可以激励企业不断创新，可以吸引大量高科技企业的入驻，提高地方集聚要素和持续发展经济的能力。

新加坡严格实施《专利法案》《商标法案》《注册商标设计法》和《版权法》等法律，为企业提供强有力的知识产权保护。新加坡是《保护工业产权巴黎公约》和《与贸易有关的知识产权协定》签署国，已经成为企业知识产权资产管理的一站式中心，从知识产权的创造，到知识产权保护和利用的各个环节上都可为企业增值。

二、营商环境便利化建设的经验

中国地方政府通过"放管服"改革和创新，主要是简政放权、减税降费以及优化办事流程，大幅度提高了便利化水平。北京从 2018 年开始，每年推出一个北京营商环境改革方案。上海是世界银行营商环境报告的样本城市，从 2017 年开始，就对标世界银行营商环境指标，特别是开办企业、办理施工许可、获得电力、跨境贸易等评价营商便利度的关键指标，推出了一系列营商环境改革专项行动，减时间、减环节、减费用，大幅提高了市场主体的营商便利度。

整理国内外监管便利化经验，主要有以下几点。

（一）构建以标准化为基础的政务服务制度

主要针对企业民众办事不便、跑动次数多、申报材料多等问题，强调创新政务服务方式，提高政务服务质量。一是编制并公布统一的政务服务标准和服务事项办事指南，明确办理条件、所需材料、办理流程、容缺受理、办理时限、收费标准、联系方式、投诉渠道等内容，不得对市场主体提出办事指南规定以外的要求。二是规范政务服务行为，要求政府部门工作人员不得与市场主体有任何影响依法履职的人交往。三是提升政务服务水平，建立市、区、街道（乡镇）政务服务体系；实现在综合窗口统一受理事项、统一反馈结果；实行服务大厅或者政务服务站点周末服务、错时服务。四是完善咨询维权服务机制，建立常态化的政企沟通机制，听取市场主体意见，为市场主体提供政策信息，协调解决市场主体的困难和问题。五是强化事中事后监管，着重建立以诚信体系建设为基础的事中事后监管模式。

（二）构建以新一代信息技术为基础的数据共享和业务协同制度

主要针对网上办事数据共享不充分、不及时等问题，强调推动新一代信息技术在政务领域的应用，为市场主体提供规范、便利、高效的政务服务。完善在线政务服务平台、建立统一的大数据管理平台和信息共享机制。推广应用电子材料，明确电子签名、电子印章、电子证照与纸质材料具有同等法律效力，区块链技术应用中产生的电子数据可以作为办理政务服务事项的依据和归档材料。推动税费缴纳、信贷办理更加便利。建立健全公共资源交易平台体系，通过"一表申请、一证通用、一网通办"，实行公共资源交易全流程电子化。

（三）依托建设国际一流口岸提高通关效率

在营商环境改革中，通关便利性是重要指标之一。需要提高通关信息化水平，拓展国际贸易服务功能和应用领域，推进业务办理全程信息化、货物管理电子化、通关申报物质化、物流状态可视化。

进一步优化通关流程，对鲜活易腐商品实施预约通关、快速验放，扩大认证企业免担保试点范围，简化文物艺术品进口付汇和进出境手续，对软件和互联网服务贸易进行高效、便利的数字进出口检验。在跨境贸易领域，进一步压缩进出口贸易整体通关时间。降低集装箱跨境贸易合规成本，简化单证办理流程，切实提高通关效率，进一步完善跨境贸易通关服务机制。

三、营商环境国际化建设的经验

通过营商环境的国际化可以倒逼体制开放，促进知识产权保护和人才环境的交流，更好地推动创新驱动发展。营商环境国际化会带动产业结构调整完善，促进产业链布局更加合理、效率更高。营商环境国际化是建设一切营商环境软硬件的最高标准，也是当下中国营商环境建设最迫切的建设任务，同时也是中国进一步改革开放的方向。具体的经验主要有以下几点。

（一）保障各种产权组织平等受到法律保护

高水平国际化经济体能够保障各类市场主体依法平等使用资金、技术、人力资源、土地等各类生产要素和公共服务资源；政府及其部门应当平等对待各类市场主体，不得制定和实施歧视性政策。依法公正实施国家和地方政府各类政策；招标投标和政府采购应当公开透明、公平公正，不得设定不合理条件，或者以其他任何形式排斥、限制潜在投标人或者供应商，保障各类市场主体依法平等参与。

任何单位和个人不得干预市场主体依法自主决策的定价、内部治理、经营模式等事项，不得对市场主体实施任何形式的摊派，不得非法实施行政强制或者侵犯市场主体及其经营者合法权益的其他行为。除法律、法规另有规定外，市场主体有权自主决定加入或者退出行业协会、商会等社会组织。

（二）依法制定产业禁止限制目录

产业开放实行全国统一的负面清单制度，各地方人民政府不得制定新增产业禁止限制目录。新增产业禁止限制目录和国家市场准入负面清单以外的领域，各类市场主体均可以依法平等进入。国家外商投资准入负面清单以外的领域，按照内外资一致的原则实施管理。对于符合城市功能定位、有规划支撑的产业发展政策和新增产业禁止限制目录，需要经过法定程序获准，才能授权有关部门拟定新增产业禁止限制目录，并获得权威部门审批通过才能颁发执行。

（三）营造公平竞争的市场环境

公平竞争是市场经济的基本原则，是市场机制高效运行的重要基础。优化营商环境强调坚持市场化原则，意味着公平竞争是优化营商环境的必然要求。建立和健全公平竞争审查制度，加大执法力度，预防和制止市场垄断和滥用行政权力排除、限制竞争的行为以及不正当竞争行为，营造公平竞争的市场环境。

（四）完善知识产权保护体系

先进经济体都有健全的知识产权保护的投诉、维权、援助平台以及有关案件行政处理的快速通道，完善的行政机关之间、行政机关与司法机关之间的信息通报和案件移送机制。要求完善知识产权纠纷多元解决机制，充分发挥行业协会和调解、仲裁、知识产权服务等机构在解决知识产权纠纷中的积极作用。鼓励和引导企业建立专利预警制度，支持协会、知识产权中介机构为企业提供目标市场的知识产权预警和战略分析服务。建立企业专利海外应急援助机制，指导企业及其行业协会制定国外重大突发知识产权案件应对预案，支持行业协会、知识产权中介机构和法律咨询机构为企业提供海外知识产权纠纷、争端和突发事件的应急援助。

四、营商环境建设先进经验对广州的启示

就以上先进样本在营商环境法治化、便利化和国际化方面的做法和举措，可以总结出以下几个对广州营商环境建设的启示。

（一）打造公平透明的市场环境，让市场主体有足够安全感

营商环境实质上是法治环境，加强法治化建设具有重要意义。需要从法治化的视角，营造出透明公平和可以预期的营商环境。要增强法治观念和思维，牢固树立行政主体的法治思维，给企业营造一个公平公正、公开透明的法治环境。同时，加强法规实施过程中的监督，在企业生命周期全过程，通过法律法规、制度规则来保证政府和企业的关系健康发展。政府需要实施行政审批改革、行政流程再造、清除不合理的操作规则等具体措施，倡导审验后置、服务前移，把该放的权力下放到基层，该管的事项通过规范化方式管好，把更多精力放到服务企业和群众上来。

（二）减少审批流程，推进更加便利化监管体制机制建设

流程再造是以办事全流程便利化为目标对原有以部门为基础的审批流程系统性重构。对于企业开办、投资项目审批、工程建设项目审批、获得电力等涉及营商环境改善的事项，要重点推进审批进流程再造。还要建立健全行政审批规范化、标准化制度机制，逐步做到一张清单告知、一张表单申报、一个标准受理、一个平台流转。

（三）利用互联网科技，提高政务效率，减少企业办事时间和成本

推行互联网"一网通办"关键在于整合各类政务服务平台。加快构建以国家政务服务平台为枢纽、以各地区各部门网上政务服务平台为基础的全流程一体化在线服务平台，建设全覆盖、全口径、全方位的政务"一网通办"总门户。加快推进线上线下深度融合，政务服务整体联动、全过程在线留痕，做到线上线下一套服务标准、一个办理平台，真正实现群众和企业办事线上"一次登录、全网通办"，线下"只进一扇门、最多跑一次"。

（四）逐步实现数据有效归集和贯通

数据整合共享是推行互联网"一网通办"的前提和基础，必须加快政务信息资源跨层级、跨地域、跨系统、跨部门、跨业务互联互通。充分运用互联网、大数据、区块链等技术手段，通过技术创新和流程再造，逐步完善政务数据资源体系，与各级政务服务平台实现对接。抓紧推动现有法规、规章和规范性文件立改废释工作，加快电子证照应用推广和跨部门、跨区域互认共享，为数据有效归集和贯通提供规范标准。

（五）不断优化政府服务意识

进一步树立"服务即生产力"理念，不断强化服务意识，通过用心倾听、换位思考的方式感受需求，推动政务服务从"以部门为中心"向"以客户为中心"转变。最为关键的是以企业和民众需求为导向，依托数字化技术进一步转变政府职

能，强化服务意识，将企业感受、民众评价作为根本标准，以第三方评估作为检验工作成效的标尺，让企业和民众有实实在在的获得感。

（六）加强国际化建设，推动规则与国际接轨

新兴国际经贸规则在服务贸易、投资、关税、电子商务、知识产权、劳工、环境保护、中小企业发展、争端解决机制等多个领域的自由化水平上都有显著的提升，可以为中国提供一个可供参考的制度框架，加大制度创新力度，进一步推动生产资料、资本、人力资源、金融资源、高端服务等生产要素的高水平结合，增强企业的国际竞争力。

第五章
广州营商环境优化的基本思路与方向

广州营商环境建设已经取得良好的成效，进一步的提升和优化，需要以营商环境建设实践和各项措施的效果为基础，以世界营商环境建设先进指标为标准，确定合理的改革方向和建设目标。深入领会世界银行营商环境各个评估指标要求及其先进标准，确定广州营商环境建设和优化的思路，明确建设高效率并具有竞争力的营商环境改革方向。挖掘广州"千年商都"的历史文化底蕴，推动营商环境建设在新时代背景下"出新出彩"。坚持以企业为中心，对标国际先进标准，瞄准营商环境短板弱项精准施策，取长补短，深化广州体制机制改革，加快推动广州从政策性改革向制度型改革转变，向现代化、国际化高标准营商环境迈进，争创中国营商环境评估的"广州样本"。

第一节　优化广州营商环境的基本思路

广州营商环境建设和在新时代背景下"出新出彩"离不开广州传统商贸文化的影响。广州"千年商都"传统文化基因是营商环境的基础，其核心是为了生存的"务实"文化和为了发展的"创新"精神。商贸组织"务实""创新"是粤商"千年不衰"的法则，深刻影响广州新时代的体制改革和机制创新。广州商贸发展的持续时间长、影响范围广、开放历史久、国际化程度高，这些特征既是广州实施营商环境优化"走在前列"的底气，也是其打造制度型开放、现代化和国际化营商环境的有利条件。实现营商环境建设出新出彩，是新时代赋予广州的光荣使命。结合当下"前有标兵，后有追兵"的背景，未来广州应继往开来，争创中国营商环境的"广州样本"。

一、优化营商环境的指导思想及基本思路

广州营商环境建设要立足于"千年商都"务实、创新的传统文化，在新时代营商环境建设的高标准要求和激励下，实现广州老城市新活力，推动营商环境建设出新出彩。

在指导思想方面，以党中央赋予广东（广州）改革开放"先行地""四个走在前列"和支撑"全国构建开放型经济新体制"的使命担当、习近平总书记关于实现老城市新活力、营商环境建设"出新出彩"的指示精神为指导思想。牢固树立"人人都是营商环境，处处优化营商环境"理念，对照世界银行全球营商环境评估、国家和省营商环境评价体系，建设国家营商环境创新试点城市。打造营商环境"广州样本"，成为世界银行评估中国营商环境的代表。展望2025年，营商环境达到全球先进城市水平，实现现代化国际化营商环境出新出彩。

在基本思路方面，坚持营商环境建设无止境、不断追求"更好"的原则；以中小企业"获得感"诉求为基准，对标世界高标准规则体系，加强"放管服"改革，不断改善优化政商关系；以不断改善的规制为准绳，构建政府、非政府组织协同参与的多元治理机制，推进营商环境法治化建设上新台阶；以自由贸易试验区改革创新为依托，积极探索规则创新和制度型开放，加强体制机制创新先进经验的复制和推广，推动广州开放型经济体制的完善；持续推进广州现代化、国际化营商环境出新出彩，将营商环境"广州样本"打造成为世界银行评估中国营商环境的代表。

二、广州"千年商都"文化基因解码及其与时俱进

广州是全球城市发展史中的一个奇迹：在全世界所有城市中，只有广州是保持千年不衰的商业型城市。相似的情况，历史悠久的威尼斯由盛转衰，后起的如纽约、首尔、东京等世界名城，都是过去五百年间才开始崛起，上海开埠时间不到180年，香港也是从20世纪50年代才逐渐繁荣。

以港口为核心的商业和贸易是广州历史上最主要的城市经济活动，也是城市不断向前发展的核心驱动力。商贸优势和市场的基因深深根植于城市两千多年的历史进程之中，构成广州城市文化的本质和基底。近现代以来，尽管全球化和现代化不断冲击和改变城市传统的生活方式，但广州历经千年的商贸文化传统和精神内核仍然延续。广州蕴含着的宽容、平和的城市气质以及明显的商业意识、规则意识、契约精神和服务意识等，折射出广州商贸文化传统的潜在力量。这种商贸文化传统也深刻影响着广州的社会和政治生态。广州廉洁高效的政府服务、规范有序的市场环境等都融合了一定的历史惯性和受到商业文化精神的影响。

（一）持续时间长：务实求利的商贸传承

广州是一座因港而兴、因商而立的城市，作为运输枢纽，她的历史可以追溯到两千多年前。早在秦汉时期，广州（古称番禺）就位居全国九大经贸都会之一，以"珠玑、犀、玳瑁、果、布之凑"而闻名。"三国"以后，南海新航路的开辟使广州名副其实成为海上丝绸之路的主港。隋唐时期广州是全国第一大贸易港，具有"雄蕃商之宝货，冠吴越之繁华"的经济实力。宋元时期广州保持兴盛，"蕃舶凑集之所，宝货丛聚"，朝廷在广州设置"市舶司"管理港口贸易，海外贸易更加频繁。明清时期，大部分港口都被关闭或禁止对外贸易，唯有广州长期保持"一口通商"的垄断地位，商贸与城市繁荣达到顶峰。清朝"十三行"名扬海外，让当时的广州

成为世界财富中心，1850 年广州名列世界城市经济十强中第四位[①]。近现代以来，广州成功实现了商贸文化的转型。2011 年至今广州多次蝉联福布斯最佳商业城市，就是最好的证明。凭借古代海上丝路贸易主港的优势，广州历史上商贸文化的传承几乎从未间断。两千多年城市商贸活动的延续，持久而稳定地保持繁荣，这是世界城市发展史上少有的案例，也是支撑广州不断推动改革与优化营商环境的底气。

（二）开放历史久：敢于创新的历史积淀

广州在历史上几乎一直保持着对外开放和与世界的交流互动，因其商贸文化得以与时代接轨并拓展创新。不同于古代中国大部分地区经济的自给自足，广州虽偏处生产力水平较为低下的岭南地区，但背山带海、三江交汇的地理优势赋予广州内通外达、面向更广阔世界的发展机遇。广州是古代海上丝绸之路的重要发祥地，最早将中国文明和世界文明连接起来。近代，广州是中国"睁眼看世界"的窗口；当代，广州是中国改革开放的先行者和试验区。每一次历史变迁和社会转型，广州都因为开放和勇于创新，走在时代的潮流前端。从两千多年的城市发展史来看，正是与外界的交流与互动，推动了广州的城市发展和进步，也造就了广州商贸文化的特殊属性：它不仅是一种世俗文化、市井文化，还是一种开放、求变和创新的文化。因此，广州两千多年来所保持的开放与创新精神，是广州以制度型开放助推营商环境优化的优势条件。

（三）影响范围广：多元包容的文化特征

作为古代海上丝绸之路的主港，广州也是早期全球经济文化大流动的枢纽节点。从广州出发的印度洋航线可通达亚、非、欧三大洲，19 世纪后的太平洋航线直抵美洲。来自世界各地的进口商品和来自全国各地的出口商品都在广州集散，广州参与的是世界市场网络中的商业流通和贸易循环。隋唐时期的广州是阿拉伯人眼中

---

① 李燕：《追溯商都文化基因 优化广州营商环境》，《广州日报》2020 年 8 月 25 日。

最大的商业中心，号称"雄蕃商之宝货，冠吴越之繁华"；宋元时期的东亚人、罗马人和波斯人游记中，广州是世界大城市之一，城市优美，为世界各大城所不及。明清以来，广州对外贸易对象转为欧美国家。作为西方人想象中最古老的东方贸易口岸，明清时期广州的英译名"Canton"，至今仍然在英语国家中具有很高的认知度。历史上的广州，曾经是世界性的贸易大城市，具有世界级的知名度和影响力，与东南亚、南亚、东非、欧洲、美洲等许多海洋国家都有深厚的历史渊源和联系。多元文化的碰撞与融合为广州提供了诸多学习先进、取长补短的机会，而较高的全球知名度是广州不断扩大海外市场与加快建设国际化营商环境的优势资源。

（四）国际化程度高：积极接轨的规则意识

广州历史上是高度国际化的城市。早在唐代，广州就建立了历史上第一个规模巨大的外国人居留地"蕃坊"；宋元以来还增加了为外国居留者专门设立的法规、制度以及蕃市、蕃学等附属设施。古诗中"外国衣装盛，中原气象非"的描述，充分体现了广州历史城市景观中的国际化现象。广州历史上高度的国际化，还充分体现在蕃汉杂居的城市人口分布和空间利用方面。明清以来尽管政策趋于保守，奉行"化外人，法不当城居"的规定，但广州"一口通商"的特殊性质仍然带动了城墙之外、以"十三行"和各国夷馆为核心的整个西关地区的崛起，并在清末民初发展成为广州的人口、经济和文化重心。可见，历史上的广州是高度国际化的城市，在每段历史时期能因时因地制宜，建立适用于外国居留者的制度安排，展现出较强的与国际接轨的规则意识。新时代的广州要对标国际先进标准打造示范样本，可从历史根源中寻找思路和突破。

总的来说，广州历经两千多年的城市建构所形成的千年商都文化，是广州现代化发展的"软实力"，尽管在传统与现代之间发生了变化，但其内涵和意义仍然保持了历久不衰的连续性、稳定性和传承性。对这座千年商都发展特征的总结，能够为广州营商环境的建设提供历史经验与优化思路。

三、营商环境"广州样本"创新与对标

所谓"广州样本"，一是在微观层面深度对标世行评价指标，依托广州强大的现代化政府治理能力，精简审批事项，再造审批流程，大幅度减少政府对资源的直接配置和对微观经济活动的直接干预，从而便捷监管、节约时间、节省制度性成本，力争成为全国行政审批事项最少、审批程序最规范、审批时限最短的城市，进而被纳入世界银行中国营商环境评价样本城市；二是在宏观层面，抓住国家营商环境创新试点城市建设的重大机遇，通过改革创新与示范效应，力争为全国营商环境优化贡献广州经验。

（一）深度对标评价指标，争取纳入样本城市

对标世界银行营商环境评价指标体系进而纳入样本城市，是全国各座城市争创一流营商环境的基本思路，广州也不例外。回顾 2018 年以来开启的广州营商环境改革之路：营商环境改革 1.0 版强调"简政放权"，2.0 版聚焦"指标突破"，3.0 版实施"流程再造"，4.0 版重在以"绣花功夫"推动各项政策举措落实落地，其中重点之一便包括了"指标攻坚"。从过去的"指标突破"到如今的"指标攻坚"，充分体现广州深化对标改革的决心。

2021 年 5 月，广州市人民政府出台了《广州市用绣花功夫建设更具国际竞争力营商环境若干措施》（穗府〔2021〕6 号），围绕开办企业、办理建筑许可、获得用电用水用气、获得信贷、不动产登记、纳税、跨境贸易、政府采购和招标投标、执行合同、办理破产、保护中小投资者、劳动力市场监管等企业生命全周期的每一环节都提出了具体攻坚目标。

1. 开办企业

全面推行"照、章、税、保、金、银"（申请营业执照、刻制印章、申领发票和税务 UKey〔税控设备〕、就业和参保登记、住房公积金缴存登记、预约银行开户）全流程 0.5 天办结。依托"开办企业一网通平台"，实现无介质一网联发电子营业

执照、电子印章、电子发票。深化"证照分离"改革，进一步简化涉企生产经营和审批条件，聚焦市场准入多头审批、市场主体关注度高的行业，研究实施"一业一证"改革，实现准入、准营同步提速。

2. 办理建筑许可

将社会投资简易低风险工程建设项目政策适用范围扩大至建筑面积 10000 平方米，全面推行一站式网上办理，从取得用地到不动产登记全流程 6 个环节，行政审批 11 个工作日内办结。全面推行联合测绘、联合审图，提升审批效率、服务质量。融合工程建设质量安全风险等级和施工单位管理水平两个维度，率先构建"双风险矩阵"，差异化、精准化实施工程质量安全分级监管，提升监管效能。

3. 获得用电用水用气

继续做好低压用户"四零"（零上门、零审批、零投资、零申请）和高压用户"三省"（省力、省时、省钱）服务。居民用户、低压非居民用户从报装申请到装表接电全过程 2 个环节，无外线工程 3 天通电、有外线工程 7 天通电；高压用户 3 个环节，供电企业办电报装业务 12 个工作日内办结。打造"停电可转供、故障可自愈"的坚强电网，2021 年年底前配网可转供电率达到 99%。复制推广用电改革经验，提升用水用气办事便利度和群众满意度。

4. 获得信贷

针对普惠金融服务机构实施差异化激励。运用普惠贷款风险补偿、应急转贷、贷款保证保险等政策工具，加大对中小企业融资支持力度。创新信贷产品和服务，拓展中小企业贷款抵质押物范围。不断扩大"银税互动""信易贷"规模，推动"贷款＋投资""贷款＋认股权"等投贷联动服务新模式发展，拓宽中小企业融资渠道。

5. 不动产登记

推广应用电子签章、电子证照，实现企业间存量非住宅转移登记证照在线签发、纸质证书免费邮寄，个人不动产登记业务全程网办。拓展不动产登记"全城通办"业务范围。深化不动产登记与银行等金融机构的协同服务。实现不动产登记与电水气过户线上、线下"一窗受理、并联办理"。

6. 纳税

推广应用 165 项高频办税事项"一次不用跑"和 244 项涉税（费）业务"全程网上办"事项清单。优化企业所得税、城镇土地使用税、房产税、土地增值税、印花税"五税合一"办税服务，加快推进财产行为税一体化纳税申报，简并纳税次数。推广"财税衔接""智能导办"，压减纳税时间。推进发票电子化改革，免费提供增值税电子专票开具服务。推进境外人士"无差别便利办税（费）"服务和"港澳企业及居民税费境外线上办理"服务。

7. 跨境贸易

进一步拓展广州国际贸易"单一窗口"功能，深入实施单证无纸化提交和电子化流转，为企业提供全程可跟踪物流信息服务，以及电子支付、外汇结算、信用保险等金融集成服务。深化"两步申报""两段准入"改革，压减货物滞港时间和物流成本。创新海关监管方式，在确保数据安全的前提下，积极探索推进"远程监管模式""智慧审证""智能审图"。规范公示口岸收费清单，对进出南沙港区国际和国内集装箱班轮引航费按规定标准上限降低 15% 征收。

8. 政府采购和招标投标

优化公共资源"一网通办"平台，完善在线招投标、采购评审、合同签订、工程验收功能，实现普通公路养护工程招投标全程在线办理。深化远程异地评标应用，实现异地抽取、在线打分、网上签名、生成报告。推行信用管理，通过扩大信用承诺制应用范围，鼓励招标人逐步减免取消投标保证金、履约保证金等各类工程担保。将改革范围拓展至普通公路新改建、房屋建筑等建设项目。

9. 执行合同

完善随机自动分案系统，形成"智能识别为主、人工分流为辅"的繁简分流模式，扩大小额诉讼程序适用范围。完善独任制适用激励机制，制定适用独任制的案件标准，对基层法院民商事案件确立以独任制的适用为主、以合议制的适用为辅的审判组织原则。推进审判执行业务全流程网上办理，创新从立案到归档无纸化"一站式方案"。

10. 办理破产

完善预重整规则及配套制度，实现庭外重组与庭内重整有效对接。建立重整投资平台，引入金融机构为有重整价值的企业继续经营提供流动性支持。完善市场主体退出机制，推进个人债务集中清理，建立财产登记、社会保障、征信记录等方面的协调机制。升级智慧破产审判系统，建设破产资产网络信息交互平台，对接破产企业需求与市场要素供给，实现资产快速变现和价值最大化。

11. 保护中小投资者

完善在线纠纷多元化解平台，提供分流推送案件、调解、申请司法确认、电子送达等在线服务。建立诉前调解机制，标的额 1000 万元以下案件均可适用。完善律师调查令、书证提出令等制度，建立网上申请律师调查令平台，提升中小投资者获取证据便利度。完善中小投资者诉讼绿色通道，组建专业化团队，集中高效审理中小投资者案件。

12. 劳动力市场监管

逐步建立和完善企业工资监控管理系统，对用人单位动态监管和风险监测预警。实现劳动人事争议调解仲裁全程"网上办"。设立"粤港澳大湾区劳动争议联合调解中心广州琶洲速调快裁服务站"和"粤港澳大湾区劳动争议（广州）创新研究院"，打造与国际接轨的劳动争议速调快裁服务模式。发布就业创业景气指数，搭建灵活用工、共享用工信息平台，开展劳动保障守法诚信评价。

（二）全面推进创新试点，积极贡献广州经验

2020 年 11 月，国务院办公厅印发《全国深化"放管服"改革优化营商环境电视电话会议重点任务分工方案》（国办发〔2020〕43 号），支持地方探索创新，首批被确定为国家"放管服"改革营商环境创新试点的城市，为北京、上海、广州、深圳、重庆、杭州六个城市。作为"试验田"的广州，一方面需要通过全面推进改革创新试点形成示范效应，另一方面要借助粤港澳大湾区建设的历史机遇，构建高标

准市场体系，力争为全国营商环境优化贡献广州经验。

1. 全面推进改革创新试点

广州在营商环境综合改革和各个部门创新方面取得了显著的成绩，广州营商环境建设在一些评估机构的评价排名中位居前列。未来争创世界银行评估中国营商环境的"广州样本"。

（1）建设国家营商环境创新试点城市。围绕行政审批制度、商事登记制度、事中事后监管机制、政务服务效能等重点领域先行先试，争取一批含金量大、企业和群众呼声高、示范带动效应强的综合授权改革在广州落地，打造全国营商环境改革的重要"策源地"和"试验田"。

（2）争创要素市场化配置改革试点示范。推进省要素市场化配置改革试点。建立完善要素市场，创新要素供给方式，建设要素交易平台，推动要素价格市场决定、流动自主有序、配置高效公平，打造全国乃至全球资源要素配置中心。

（3）构建中新广州知识城开放合作示范区。对标国际先进水平，推动知识城在公共管理、人才服务、金融创新、知识产权保护和运用等方面，形成更多创造型引领型改革成果，构建知识创造新高地、国际人才自由港、湾区创新策源地、开放合作示范区，打造成具有全球影响力的国家知识中心。

（4）建设南沙粤港澳全面合作示范区。推动粤港澳制度规则常态化对接，持续深化"湾区通"工程，打造内地与港澳规则相互衔接示范基地。推动营商环境国际交流促进中心落户南沙，对港澳跨境服务贸易实施更加开放措施，吸引集聚更多港澳专业服务机构，提升服务贸易自由化水平。

（5）打造社会信用体系建设全国标杆城市。推进广州越秀区、广州高新区（黄埔区）开展省信用建设服务实体经济发展试点，探索形成适应高质量发展要求的社会信用体系。拓展"信易+"惠企便民应用场景，支持南沙区创建信用治理创新先行区。

2. 率先构建粤港澳大湾区高标准市场体系

国家正在实施《粤港澳大湾区发展规划纲要》，广州处于大湾区核心关键区域，担负粤港澳体制机制改革和区域开放与合作的重任。其中营商环境建设是体制改革的主要内容，应当在构建粤港澳大湾区高标准市场体系方面率先行动。

（1）促进资源要素跨境流动高效便捷。争取放宽赴港澳签注管理，试行往返港澳便利政策。推进大湾区职称评价和职业资格认可，支持符合条件的港澳专业人才申报职称评审、参加职业资格考试。深化粤港"跨境一锁"应用，扩大"一锁到底、全程监管"模式应用，服务范围由货运转关扩展至粤港澳三地进出境邮件转关运输。探索推进大湾区内地海关与港澳相关机构检验检测结果互认，减少重复检验检测。简化优化跨境科研资金管理。

（2）提升投资贸易便利化水平。争取放宽港澳企业商事登记投资者主体资格证明文件要求限制，开展穗港澳投资跨境商事登记全程电子化，探索开展公证文书信息共享。探索简化涉港澳公证文书，压减注册登记证明文件，推进电子签名互认证书应用。建立完善"湾区制造""湾区服务"评价认证体系。

（3）构建多元化争端解决机制。健全商事合同纠纷非诉解决、速调速判机制，探索国际商事网上调解方式，引导商事主体选择网络仲裁。推进南沙国际仲裁中心、广州国际商贸商事调解中心建设，持续推进粤港澳大湾区仲裁联盟建设，逐步实现仲裁员名册互认、仲裁规则共享。

（4）强化知识产权保护运用。开展大湾区知识产权互认试点。建设中国（广州）知识产权保护中心，携手港澳开展知识产权快速协同保护工作。加快出台知识产权保护与促进条例，完善知识产权纠纷司法鉴定和技术调查服务制度。推动知识产权跨境转让交易便利化，争取在广州开发区等特定区域开展知识产权临时仲裁。

（5）推进金融市场互联互通。推动扩大港澳居民代理见证开立个人银行结算账户业务试点银行机构范围，探索跨境人民币业务创新试点，推动建立跨境理财通机制。探索广东自贸区南沙新区片区FT账户（自由贸易账户）业务创新，推进贸易融资资产跨境转让业务试点，推动资本项目改革、金融市场开放和本外币合一银行账户体系探索。

第二节　营商环境建设出新出彩：高标准规则建设"广州样本"

过去四十多年，各级政府往往通过发布政策性文件来逐步推动改革开放，这一做法在过去帮助中国取得了巨大成就。然而，临时、多变的政策性文件无法为企业经营者提供稳定、公平、透明、可预期的环境，通过短期政策吸引企业的传统模式在当今激烈的全球城市竞争中已难以为继。站在当前对外开放的新起点上看，"法治是最好的营商环境"。① 因此，广州应坚持以企业为中心，对标国际先进标准，瞄准营商环境短板弱项精准施策，将行之有效的做法上升为制度规范，深化体制机制改革，加快推动广州从政策型开放向制度型开放转变。这是广州推动更高水平对外开放、实现经济高质量发展的内在要求，也是积极应对全球城市竞争、营商环境建设出新出彩的关键所在。

一、放宽市场准入限制：营造更开放市场环境

面对日益激烈的国际竞争，进一步降低市场准入门槛、破除制约市场活力的体制机制弊端，是广州优化营商环境的必然选择。

（一）进一步放开民营企业市场准入

广州需深化"放管服"改革，进一步精简市场准入行政审批事项，取消所有针对民营企业设置的额外准入条件。全面落实放宽民营企业市场准入的政策措施，持续跟踪、定期评估市场准入有关政策落实情况，全面排查、系统清理各类显性和隐性壁垒。在电力、电信、铁路、石油、天然气等垄断性行业和领域，放开竞争性业务，引入市场竞争机制。支持民营企业以参股形式开展基础电信运营业务，以控股

---

① 《全国人民代表大会常务委员会工作报告（摘要）》，2019 年 3 月 9 日，见 http://www.gov.cn/xinwen/2020-05/26/content_5514923.htm。

或参股形式开展发电、配电、售电业务。支持民营企业进入油气勘探开发、炼化和销售领域，承建原油、天然气、成品油储运和管道输送等基础设施。支持符合条件的企业参与原油进口、成品油出口。在基础设施、社会事业、金融服务业等领域大幅放宽市场准入。[①] 实行权力清单、责任清单、负面清单制度，确保各类市场主体在使用要素、享受支持政策、参与招标投标和政府采购等方面获得平等待遇。

（二）进一步放松外商投资准入限制

深入推进"证照分离""照后减证""一业一证"改革全覆盖，全面落实证明事项告知承诺制，实现"准入即准营"。具体而言，一是缩减外资准入负面清单。以外商投资法为基础，对外商投资实施准入前国民待遇加负面清单管理制度，废除影响内外资企业公平竞争的各种规定和做法。推进实施准入负面清单管理模式，不涉及准入特别管理措施的外商投资企业，可直接到工商部门办理登记注册，实现工商、商务等部门信息共享、数据互通、结果互认。二是优化外商投资管理规制。优化和简化外商投资企业、外资企业和外资项目的设立、变更、注销等流程，对不涉及国家规定实施准入特别管理的，逐步将相关业务处理流程委托到广州南沙、增城经济技术开发区审批和管理。三是减少对外商投资准入限制。继续拓宽民间资本投资领域，规范社会资本准入规则，落实银行业、证券业、保险业、铁路旅客运输、船舶设计等领域对外开放举措，并对重点外商投资企业和重大项目进行跟踪服务。

二、深化行政制度改革：提供更高效政务服务

政务服务质量是城市竞争力的重要指标，对优化营商环境的支撑作用越来越强。加强"放管服"改革，营造更加高效、透明的政务环境，不仅有助于优化改善

---

① 《中共中央　国务院关于营造更好发展环境支持民营企业改革发展的意见》，2019 年 12 月 22 日，见 http://www.gov.cn/zhengce/2019-12/22/content_5463137.htm。

政商关系，还有利于增强企业和群众的获得感和满意度，打造营商环境的"广州样本"。因此，广州应着力做好以下几方面的工作。

（一）继续落实已有制度的推进工作

近年来，广州陆续出台了"一件事一次办""一网通办、一窗通取"等优化营商环境的举措，成为广州改革新名片。但是，对照国际先进经验和做法还有差距。一方面，需进一步提升业务审批效能，争取实现政务服务100%全程网办、惠企政策兑现"免申即享"；另一方面，需要深入实施"一件事一次办"改革，围绕企业从进入到退出全周期，新增准入设立、项目落地、创新创业等企业"一件事"主题服务。各事项由首办环节责任单位总牵头，制定协同审批工作方案，重新编制办事指南。公布"一件事一次办"改革事项清单、办事流程、审核标准，为市场主体提供精准导航导办服务。

（二）强化知识产权保护和行政执法机制作用

结合广州实际，进一步完善知识产权保护以及侵权惩罚性赔偿制度，提高知识产权审查、确权和维权服务效率。完善广州重点优势产业的知识产权保护和行政执法机制，推进知识产权保护与重大创新载体建设的融合。加强网络查控和处理，提升审判执行的质量和效率。加快发展高端法律服务业，建设一批高水平涉外法律服务机构。培育世界知名仲裁机构，建设广州国际商贸商事调解中心，提高国际民商事法律及争议解决的服务水平。

（三）推进政务服务事项跨域通办

除法律法规规定必须到现场办理的事项外，其余事项全面纳入"跨域通办"事项清单，分批次对外公布。与深圳共建政务服务"广深通办"机制，统一业务标准和办理流程，率先实现两地跨城通办。与省内其他城市共建政务服务"省内通办"机制，实现多地联办。围绕粤港澳大湾区"9+2"城市群企业和群众异地办事需求，建立"湾区通办"机制，涉港澳服务事项在"穗好办"APP、"广东政务服务网"平台同步预约和跨境办理。

三、加强体制机制创新：依托自由贸易试验区改革

广州南沙自由贸易试验区（片区）是广州经济社会的重要组成部分，更是体制机制创新的集中试验基地和平台，是营商环境改革的制度创新策源地，广州必须充分利用南沙自由贸易试验区制度型开放的时代特征，推动整个广州体制机制创新。具体而言，广州自由贸易试验区应重点围绕更高水平开放体制和规则，推动贸易投资自由化、便利化制度创新，在对外开放压力测试、国际经贸新规则、风险防控等方面先行先试，为全国建设更高水平开放型经济新体制提供可复制推广的经验，同时为中国参与FTA双边多边谈判和WTO改革提出"中国方案"。以应对"三零"(零关税、零壁垒、零补贴)高标准经贸规则挑战为重点，深化体制机制创新。加快对接高标准经贸规则，形成与之相衔接的高标准市场经济体系。大幅消除关税壁垒、减少各种非关税壁垒，改革与国际规则不相适应的补贴方式。推动货物、服务、资本、人员、信息、数据等要素跨境自由流动，加快市场准入、知识产权保护、环境保护、竞争中性、监管一致性、争端解决机制等方面的改革。[①]

广州要以南沙自由贸易试验区改革创新为依托，积极探索规则创新和制度型开放，加强体制机制创新先进经验的复制和推广。一方面，聚焦投资管理、贸易监管、金融开放创新、事中事后监管等重点领域，加快推进制度型开放。另一方面，根据各个服务业特点，设计不同的规则体系，尤其是对教育、文化、旅游、金融等一些重点行业的管理规定、条例法规等进行系统梳理，适时创新行业管理制度，促进各行业营商环境优化。此外，需要注意到相比于政策型开放，制度型开放具有见

---

① 王晓红：《加快推进自由贸易试验区建设》，2020年6月5日，见http://news.hexun.com/2020-06-05/201498453.html。

效慢、初期企业获得感不强等特点。[①]与过去简单直接的税收、土地等优惠政策不同，企业对制度创新的获得感并不直接。例如，简政放权后，基层部门因人员、业务熟练程度等并不能马上顺利承接，可能给企业带来更不便利的印象，反而会削弱企业获得感。因此，各部门需要耐心和定力坚持营商环境改革，做好更细致的辅导服务。

四、完善开放政策和制度：形成高标准经贸规则

广州国际化营商环境建设要求坚持实施更大范围、更宽领域、更深层次对外开放，提升投资贸易自由化便利化水平，深化商品和要素流动型开放，加快推动规则、规制、管理、标准等制度型开放，深化国际合作，实现互利共赢，率先推动全方位高水平开放。具体而言，一是积极对标国际经贸新规则。在知识产权、电子商务、政府采购、国有企业、竞争政策等新规则新议题方面，按照国际通行做法或把握国际先进规则动向，进一步强化制度型开放力度，为广州参与甚至引领国际经贸新规则打好基础。二是参与制定和引领国际经贸新规则。一方面积极对标国际经贸新规则，另一方面注重制定、甚至引领国际经贸合作新规则，特别是在跨境电商、电子商务、共享经济、移动支付等有大量实践基础、有先行优势的领域，更加主动地参与全球经贸规则制定和全球治理体系建设。三是把握国际前沿开放政策和制度。当前，全球开放政策和制度呈现出一种主体性政策趋势。[②]例如，欧盟一般不设定特定区域或特定行业的特殊政策，而对特定资质企业主体给予保税、延迟付税等优惠制度和政策，当企业达到了相应资质，就可以申请开展相关业务的资质。因此，广州可以考虑将针对特定区域、特定产业的政策和制度逐步向主体性政策和制度转变。

[①] 崔卫杰：《自贸试验区开辟制度型开放新路》，《经济参考报》2019 年 9 月 18 日。

[②] 崔卫杰：《制度型开放的特点及推进策略》，《开放导报》2020 年第 2 期。

第三节　营商环境建设出新出彩：现代化营商环境"广州样本"

现代化营商环境的构建是大量运用互联网、物联网、云计算、大数据、人工智能等现代化技术，提升政府行政效率，为公众提供更智能、更便利、更高效的服务。简而言之，广州以科技赋能与数字赋能为核心，持续推进现代化营商环境建设。

一、建设高标准数字政府：提供便利化政务服务

自 2019 年起，广州提出以"数字政府"改革建设为抓手，高起点推进营商环境的优化。2020 年广州市委、市政府对各市直部门的信息技术中心进行撤并与整合，成立了广州市"数字政府运营中心"，通过全力打造"穗"系列政务品牌，助力公共服务标准化、规范化和便利化。在此基础上，2021 年进一步强调"上云、用数、赋智"，以技术升级、场景驱动、生态创新催生营商环境改革新动能。

（一）"穗好办"：构建"一网通办"公共支撑

为汇聚政务服务、公共服务和便民服务资源，广州市政府通过掌上政府、指尖服务、刷脸办事，打造了"一网通办、全市通办"的政务服务新模式，持续建设广州市移动政务总门户——"穗好办"APP，着力建设"一网通办"公共支撑平台，推进网通、云通、数据通，助力审批提速增效、服务简易便捷，可以提供以下服务功能。

1. 集预约、网申、受理、审批等环节于一体的统一行政审批公共服务

"穗好办"平台能够促进跨部门、跨层级协同服务，能够支撑 38 个部门共 1199 个事项的网上申请，36 个部门共 829 个事项的受理，40 个部门共 796 个事项的审批。[①] 已全流程实现一站式全网办，将开办企业全流程需分别到多个部门填报 22 张

---

① 广州市政务服务数据管理局工作报告。

申请表 469 项信息，全面整合为登录一个平台，一次认证，一表填报，即可一步办结申请营业执照、刻制印章、申领发票和税务 Ukey、就业和参保登记、住房公积金缴存登记、预约银行开户等事项，全流程只需一次互动。[①]

2. 借鉴大型网购平台经验，为市场主体提供"网购式"开办企业服务

依托"穗好办"运用 5G 技术、大数据等新科技手段，首个提供开办企业"5G智慧导办"方式的服务，改变过去主要通过窗口、电话和 QQ 回复等传统咨询模式，将"一网通"平台办事指引数字化、影像化，方便申请人获取智慧导办指引，并构建集群实时应答、后台导办人员及时跟进、技术人员和各区业务人员补位反馈的立体导办机制，全面提升导办精准度和时效性。

3. 建成政务大数据核心枢纽

广州市政务信息共享平台是全市统一的政务信息共享交换枢纽，开展政府共享信息资源管理，向全市各级政府部门和政府专项应用提供数据共享交换技术支持。已横向联通市级部门，纵向联通省政务数据服务管理局和 11 个区，满足省、市、区三级各部门的信息共享交换需求。搭建政务服务信息系统互联互通平台，支撑 72家单位共涉及 620 个系统接口服务，为 207 个系统或终端应用提供办理、查询、核验等互联互通服务，政务服务信息交换量累计达 5.45 亿条。[②] 此外，广州依托广东省统一建设的政务服务事项管理系统、统一身份认证系统，实现各级各部门事项管理协同联动，群众和企业身份认证简化。对企业服务的网上办事系统全部接入省统一身份认证平台，简化了企业网上身份认证。

（二）"穗智管"：建设城市运行管理中枢

为解决城市管理中的堵点、痛点、盲点、槽点，广州市打造了"一网统管、全城统管"的"穗智管"城市运行管理中枢，对接 30 多个部门的近 100 个业务系统，

---

① 广州市荔湾区市场监督管理局工作报告。
② 广州市政务服务数据管理局工作报告。

设置智慧党建、政务服务等 20 个主题，接入超 19 万路视频信号、逾 8 亿条数据，初步建成城市运行综合体征和关键运行体征指标图景[①]。

"穗智管"是广州城市运行管理的核心中枢，通过运用大数据、云计算、区块链、人工智能、物联网等新一代信息技术，以基础数据、应急管理、社会舆情、经济运行、公共安全、医疗卫生、规划建设、城市管理、交通运行、营商环境、生态环境、民生服务等领域城市运行管理要素为重点，建设"感知智能""认知智能""决策智能"的城市发展新内核，打造数据全域融合、时空多维呈现、要素智能配置的城市治理新范式。

（三）"穗康"：打造城市生活平台

面对 2020 年年初的突发新冠肺炎疫情，广州市高效开发上线"穗康"小程序。"穗康"通过实时收集和分发填报人健康自查数据，从市、区、街（镇）到村（社区）四级，筑起一道闭环防控隐形网；通过大力推行"穗康码"作为人员通行健康凭证，很好支撑了复工复产。截至 2021 年 1 月底，"穗康"总访问量超 13.5 亿人次，从疫情防控应急平台向集应急防控、社会治理、生活服务于一体的全业务链条的城市生活平台转变，被人民日报评为"十大社会经济类数字化转型成功案例"。

"穗康"微信小程序不断推出新的版本，新增多项便民政务服务事项，涉及社保、医保、人才与就业、交通出行、不动产 5 大类目，进一步丰富办事渠道，让市民办事、生活更便利。此外，为方便在穗市民接种新冠疫苗，"穗康"小程序还上线了"新冠疫苗接种"服务。

尽管"穗"系列政务品牌的打造与数字政府的建设极大提高了广州居民与企业的满意度与获得感，但仍存在一些需要优化和改进的地方。为解决条块分割和功能重复的问题，实现跨层级、跨地域、跨系统、跨部门、跨业务的协同治理，广东将

---

① 黄庆：《广州"十三五"回顾：深化"放管服"，数字政府建设成效显著》，《广州日报》2021 年 2 月 9 日。

于 2021 年初步建成省级基础平台"粤治慧"，并在部分地市、县（市、区）开展试点。到 2023 年，基本构建全省纵横联动、五级协同的"一网统管"工作体系，实现省域治理"可感、可视、可控、可治"，努力打造全国数字化治理示范省。对于广州而言，应抓住机遇融入全省数字政府服务形态的建设，打造全省乃至全国最高标准的数字化治理示范城市。

二、应用最前沿科学技术：建设新时代营商环境

优质营商环境建设既要强调法治化、国际化、便利化，还应该加快培育市场需求，不仅让市场主体近悦远来，来了还能发展壮大。5G 作为新型基础设施，其自身是一项产业，更将支撑其他产业联动发展，赋能在线新经济。5G 跑道更宽更畅快，将释放巨大新能量、催生新动能，支撑更多新兴产业，也给营商环境赋予了新内涵。

中国电信广州分公司为广州市越秀区打造的全市首个 5G 营商环境创新平台落户该区政务服务中心。该平台旨在加速 5G 网络建设，打造具有文创特色的 5G 应用场景，落地 5G 应用标杆示范项目，助力越秀区打造 5G 示范城区。区政务服务中心四层楼所有区域已实现了 5G 信号室内全覆盖，通过 5GCPE 路由器将 5G 信号转换成 Wi-Fi 信号，办事群众使用现有移动设备，就能体验 5G 上传、下载速度，实时速率保持在 500Mbps 左右。来到越秀区政务服务中心办理业务的群众与企业代表，不仅可以体验高速、稳定的上传下载网络服务，还能通过 VR 头盔体验黄花岗创意科技产业园"伸手可触"的环境氛围。利用 5G 和 VR 技术，共同建设一个线上线下相结合、虚拟与现实相结合的超级链接产业园区体验平台，既加快了为群众和企业办事服务效率，又进一步增强企业对地区营商环境的了解和信心，助力招商引资。

除了 5G 技术外，区块链、人工智能、大数据等技术都有助于政府打造现代化营商环境。以人工智能为例，部分地区引入集人脸识别和智能交互系统等多种"黑科技"于一身的智能机器人，不仅能够提供常用经营范围和名称字段供申请人选

用，还可以通过感应二代身份证生成申请信息，可轻松实现业务咨询及登记注册办理，为"免预约""零见面""全天候""无纸化"办理营业执照拓展了新渠道，是"最多跑一次"和"人工智能＋商事登记"改革最前沿的举措。

与传统网上申报方式相比，智能登记注册机器人具有四大优势：一张"证件"刷脸申报，可实现通知校验、预警提示、在线比对、即时申报；两大"步骤"简化合一，可将企业登记与名称自主申报两个步骤合二为一，系统后台即时生成《企业名称预先核准通知书》；三条"事项"智能引导，可将经营范围、住所和申请文书智能化，让原先全程电子化登记"填空题"升级为"选择题"模式，为申请人提供通俗易懂的注册登记指引；选择申办的主体类型，人像采集和身份证匹配，选择经营范围、住所、字号等申报信息，扫描支付宝二维码上传住所使用证明四个环节轻松搞定。

总之，广州不仅要对标世界银行营商环境评价体系，着手政务服务内容和流程的革命性再造，还需要积极应用5G、人工智能、可穿戴设备、车联网、物联网等前沿技术，推动"互联网＋政务服务"向"5G＋智慧政务""区块链＋数字政务"深度延伸，力争在新一轮4.0版本政务改革中取得新的突破、树立新的标杆、积累新的经验，加快建设一流的现代化营商环境。

三、上线金融创新服务超市：提供科技金融服务

金融创新服务要围绕着数据这一关键的生态要素，以科技为核心生产工具，以平台为主要的生产方式，赋能智慧政府转型。2019年7月，黄埔区、广州开发区建成"民营科技型中小企业金融创新服务超市"（简称"金融超市"）。该平台通过连接供需两端、自动筛选、自动匹配、自由接洽的方式，对企业融资需求与金融机构产品进行高效撮合，为双方搭建了一个集金融产品、中介服务、政策咨询、信息共享等综合性金融服务于一体的对接平台。金融超市已经整合了该区内银行、证券、股权投资、融资担保、小额贷款、融资租赁在内的多层次、高品质金融服务链条，

为民营及中小企业开展一站式综合金融服务打下了良好基础。

此外，为了更高效地支持创新企业的发展，解决企业融资难问题，金融服务超市围绕企业不同发展阶段的特点和需求，为企业提供全方位综合金融服务。金融服务超市联合投资、银行、保险等金融机构，为企业提供金融服务；联合财税法务、管理培训、市场推广等服务机构，为园内企业提供增值服务；联合政府各部门，为企业提供政策咨询等各类服务。"金融服务超市"是政府为持续优化营商环境，创新金融服务模式，整合金融行业特色产品，为企业及市民提供多元化一站式金融服务平台。

鉴于广州经济增长在稳定恢复，更需要加大对小微企业、个体工商户的普惠金融支持。要进一步增强服务意识，加大政策宣传力度，优化政策落地机制，用好现代信息技术，推动惠企政策应享尽享。特别是，全市应借鉴广州开发区"一门受理、限时办理""智慧兑现、免申即享"的改革经验，变"人找政策"为"政策找人"，让企业足不出户、一键领取政策兑现资金。这项改革举措是"数字赋能营商环境"的集中体现，是打通惠企利民政策落地"最后一米"、提升市场主体获得感的关键一招，有助于广州进一步擦亮在全国具有影响力的涉企服务金字招牌。

四、科技创新赋能市场监管：打造智慧化监管系统

各地营商环境改革都十分强调为市场主体松绑减负，破除政策壁垒，营造公平准入的市场环境。但公平准入和公正监管，是鸟之两翼，不可偏废。监管的缺位、越位、失位都将影响公平竞争市场秩序的建立，损害市场主体合法权益。市场监管工作十分重要，可监管部门往往人少、事多、任务重，如果任何一个地方、任何一个环节都靠人盯人并不现实。所以，广州要善于运用先进技术，不仅要在营商环境改革上让企业少跑腿、让信息多走路，还要促进自身监管的规范化、精准化、协同化。

事实上，国务院于 2017 年就明确将智慧监管作为加强和改善市场监管的一项重要原则，指出要适应新一轮科技革命和产业变革趋势，适应市场主体活跃发展的

客观要求，充分发挥新科技在市场监管中的作用。运用大数据等推动监管创新，依托互联网、大数据技术，打造市场监管大数据平台，推动"互联网＋监管"的智慧监管模式，提高市场监管智能化水平。

因此，广州市在坚持"放出活力、服出便利"的同时，应当以技术创新和制度创新双轮驱动，进一步打造"主动发现、智能预警、自动派单、管理闭环"的智慧化监管系统。确保监管"无处不在"，降低企业合规成本，提高违规成本，切实维护市场秩序，减少市场摩擦；实现监管"无事不扰"，降低监管对企业造成的负担。针对食品药品、税务、城市管理等重点监管领域，借鉴与推广各地成熟的智慧监管举措，结合自身情况，积极探索行之有效的智慧监管创新举措。借助科技创新降低监管成本、提高监管效率，推动营商环境建设出新出彩。

（一）建设市场监管风险洞察平台，精准引导监管方向

风险洞察平台由企业全景、行业群体监测、重点行为监测等模块组成，通过采集、整合互联网、地理信息等数据和企业经营活动轨迹数据，对企业"是谁、在哪、在干什么"进行实时监测，同时解决在海量数据中"先监管谁、重点监管谁"的问题，构建能够提前感知潜在风险并有效引导监管方向的指标体系，为实施精准化、差异化监管提供有力支撑。

（二）构建广告智慧监管平台，破解广告监管难题

从宏观视角架构"广告智慧监管平台"，并以之为总揽，整合各子系统功能，归集全链条数据，一号登录，直达基层一线。"三位一体"广告监测系统和网络存证等子系统，运用系统映射、音视频识别、区域（块）链等最新技术，实现对短视频、直播和精准投放等新业态广告的实时监测和证据的可追溯，使得出具的报告有司法效力，同时有力提升线索发现能力和监管精准度。"机器换人"，让"人少事多"等一系列难题得到有效破解。

（三）协同建设大数据监管平台，加强事中事后监管

市场监管、税务、人社、公安等多部门共建大数据协同监管平台，并运用区块链技术，集成、存储平台上所有企业信息（包括经营状况、用工情况等）及交易信息（包括合同流、资金流、发票流），确保数据真实、有效且不可篡改，使各部门能实时掌握市场主体的缴税、社保等情况，形成多部门协同监管的局面，实现对虚开发票等各种风险的有效管控。

（四）构建特种设备监管平台，实现风险管控

借助大数据、物联网等技术，构建特种设备智慧监管平台，开发面向监管部门、行业主管部门、检验机构、生产单位以及使用单位的多个应用子系统，实现对特种设备制造、安装、使用、检验检测、维护保养、应急处置等所有环节的信息采集、分析和运用，同时通过建立风险评价分析模型，实现对特种设备的风险评价、预警提醒，建立了以多元共治为特征、以分级分类风险管控为主线的安全监管新模式。

（五）开发食品药品安全信息系统，确保来源可溯、去向可追

建成跨部门、跨环节的食品药品安全信息平台，通过完整采集原辅料购进、库存管理、产品检验、销售流向等数据信息，形成全程追溯数据链条。借助追溯系统，执法部门可快速开展网上巡查，实时监控辖区的食品药品进、销、存情况，准确掌握每批次的来源、流向及数量，并对问题食品药品的处理情况进行有效跟踪，实现从食品药品准入、销售到退市的全程网络化监管。

（六）互联互通，实现互联网执法"云上稽查"

进一步推广"云上稽查"互联网高效综合执法平台，实现"电子数据固化见证""全网特定数据搜集""云端数据证据在线提取"三个核心功能，打造全国首个实现行政执法、取证全流程证据固化见证的云执法证据记录平台，解决"互联网"

时代行政执法工作电子证据固证难、违法线索发现难、云端证据提取难三大难题，提高数据证据的效力与质量，降低行政成本。

第四节　营商环境建设出新出彩：国际化营商环境"广州样本"

2018 年中央经济工作会议提出全方位对外开放，要适应新形势、把握新特点，推动由商品和要素流动型开放向规则等制度型开放转变。"商品和要素流动型开放"实际上属于政策型开放，以政策文件为开放方式，时效性有限，缺乏稳定性预期。在对外开放中必须通过稳定的规则和制度，给企业营造一个稳定营商环境和稳定预期，以便进行长远的规划和决策。"制度型开放"聚焦规则与制度层面的改变，通过主动对标和对接国际先进的市场规则，在清理国内不合理、不相容的法律法规基础上，进一步形成与国际通行规则相衔接的、规范透明的基本制度体系和监管模式。

2019 年 10 月，自国务院颁布《优化营商环境条例》以来，中国各地方纷纷推出有地方特色的营商环境优化条例。这些制度性法规，多以国际化和法治化为建设原则，而"制度型开放"的重要内涵之一便是在学习国际规则和参与国际规则制定的过程中，更多采用法治化手段推进开放。为实现广州市营商环境出新出彩，首先应当形成与国际规则相衔接的基本制度框架和行政管理体系，然后通过健全法律法规为营商环境建设提供法治保障，最终促使市场在资源配置中的决定性作用得以充分发挥。总之，政府应当优化制度供给安排，实施规则的帕累托改进，在融入国际规则的同时推动制度升级与创新。

一、对照国际最高标准：废止不相符的规范性文件

在世界银行公布的《2020 年营商环境报告》中，中国总体排名跃居全球第 31

位，比上一年提升 15 位。北京和上海作为两个样本城市，推行的若干优化营商环境法治保障措施发挥了重要作用。2019 年 11 月，世界银行常务副行长杨少林在第二届优化营商环境高级别国际研讨会上表示未来将会在《营商环境报告》中新增两个样本城市来评估中国的营商环境，这对广州来说无疑是一个机会。2020 年年初，广州实施《广州市对标国际先进水平全面优化营商环境的若干措施》，启动营商环境改革 3.0 版，对标世界银行评估标准，全面推进广州营商环境的改革和优化工作。

世界银行的营商环境评价指标体系多采用量化指标，尤其关注企业办事的时间成本或者说政府的办事效率。比如在企业开办、施工许可、电网接入、产权登记、公司纳税、跨境贸易以及商业纠纷解决等诸多环节都将时间长短纳入考核范围。然而，繁冗过时的法规、规章和规范性文件极易造成信息壁垒，导致企业在办理业务时往往需要多次排队、多次往返，在增加企业办事成本的同时也会削弱企业的获得感和满意度。

为解决这一问题，广州市政府各部门删繁就简，对相关法规、规章、规范性文件开展多次清理工作。从 2017 年至 2020 年，广州每年都会对现行的 1500 余件文件进行清理，累计修改或废止的法规、规章、规范性文件近千件，涵盖机构改革、证明事项清理、工程建设项目审批制度改革和生态环境保护等多个主题。具体而言，2017 年广州市法制办牵头启动组织了相关部门对规章制度性文件进行清理，全市 1582 件文件（地方性法规 91 件，政府规章 140 件，各级规范性文件 1351 件）需要重新确认，建议市人大常委会修改或者废止地方性法规 21 件，拟修改或者废止政府规章 75 件，拟修改或者废止各级规范性文件 452 件，修改废止率约占 35%。2018 年 8 月，市司法局牵头广州市证明事项清理和再确认，至次年 2 月市政府公布取消 351 项证明事项，取消数量占全省的 32%。2019 年，广州市集中清理了 79 件地方性法规、115 件市政府规章、149 件市政府规范性文件、646 件市部门规范性文件、516 件区级规范性文件。2020 年，市司法局继续推进清理工作，重点为涉及民法典的地方性法规政府规章规范性文件，提出修改或者废止地方性法规 17 件、政府规章 24 件、各级规范性文件 28 件的清理意见。[1]

广州通过开展文件清理工作，有效改善了营商环境。下一步应聚焦企业全生命周期，通过合并、重组等方式进行业务流程再造，围绕开办（注销）企业、办理建筑许可、获得用电用水用气、不动产登记、招标投标等领域持续攻坚，将供电、供水、燃气、排水、通信等服务进驻政府服务大厅市政公用服务窗口，着力减流程、减成本、减材料、减时间、优服务，力争实现流程最少、成本最低、办事最便捷、服务最优质。

二、借鉴国际先进规则：建立规制相衔接的改革机制

广州体制改革机制创新通常借鉴港澳地区的先进营商规则，在体制机制和规则方面与港澳实行"软联通"。近几年，在商事制度、要素流动与行业监管方面，加快与先进经贸规则相适应的制度建设，推进实施"湾区通"工程，研究制定两批与港澳规则衔接的事项清单共 72 项，推动注册建筑师等 6 个建筑领域职业资格实现互认，扩大合伙联营律师事务所执业范围。[2] 完成科技计划项目办法修订，为推动资源开放共享，广州市财政每年投入 6000 万元支持穗港澳联合开展基础和应用基础研究。率先就商事登记确认制、落地商事登记"跨境通"进行试点，成功办理全国首例不动产跨境抵押登记，实现港澳机构在内地独立办展等。2019 年 8 月，面向港澳地区开放重大科技设施和基金申报，实现首笔 3800 万元财政资金跨境拨付。[3]

保护中小投资者权益也是接轨国际商事制度的重要举措，其中严格"董高监"责任以及提升中小股东诉讼便利度是该指标的两个重要衡量因素。广州市司法局联

---

[1] 广东省人民政府法制办公室：《广州市全面清理法规规章规范性文件》，2018 年 2 月 5 日，见 http://sft.gd.gov.cn/sfw/news/workSt/content/post_1137154.html。

[2] 2020 年 6 月广州市发展和改革委员会在广州市第十五届人民代表大会第五次会议上发布的《关于广州市2019 年国民经济和社会发展计划执行情况与 2020 年国民经济和社会发展计划草案的报告》。

[3] 黄宝仪：《广州科研资金成功跨境拨付 香港科大饮"头啖汤"》，《大公报》2019 年 8 月 9 日。

合广东证监局、市人大常委会法工委、市法院、市地方金融监管局等专业部门，对世界银行的营商环境评价指标开展分类研究，特别是失分问题和领域。通过对"保护中小投资者"指标评估规则涉及的46个问题开展分类研究，全面梳理10个失分问题相关的法律法规和规范性文件、具体条款、典型案例和实践做法，提出了16条改革措施和建议。例如，与市法院共同研究完善庭前证据交换规则，完善在民商事诉讼中的律师调查令制度，完善群体性证券纠纷处理机制，开设中小投资者纠纷案件审批绿色通道，建立商事调解中心，注重对中小股东的支持诉讼等。

为了与新规则相衔接，广州市政府还对一批法规、规章、规范性文件展开修改行动，着力建立相衔接的改革机制。[①] 第一，与行政审批制度改革相衔接。以广东省人民政府《关于将一批省级行政职权事项调整由广州、深圳市实施的决定》为重点，对涉及行政审批制度改革的18份规范性文件进行修改。第二，与商事制度改革相衔接。对《广州市商事主体申请和年度报告文书规范（试行）》等9份涉及商事制度改革的规范性文件进行修改。第三，与职业资格改革相衔接。修改《关于广州市机动车驾驶员培训管理办法的通知》《关于加强全市法律援助律师执业管理的通知》等涉及职业资格改革的规章文件。第四，与投资体制改革相衔接。进一步优化投资环境，对广州市人民政府《关于印发加快发展总部经济实施意见及配套文件的通知》等16份涉及投资体制改革的规范性文件进行修改。第五，清理规范行政审批中介服务事项相衔接。相应修改《广州市职业卫生监督管理规定》。第六，与清理规范涉及企业收费事项相衔接。例如，针对车辆年票通行费已停止收取的情况，废止《广州市城市路桥隧道车辆通行费年票制办法》等，并对有关法律适用问题进行了明确。

为打造国际营商规则衔接高地，下一步优先考虑以服务业为突破口，先行先试扩大开放举措，创新外资项目落地机制，争取全面推行商事主体登记确认制。实行

---

① 广东省人民政府法制办公室：《广州市全面清理法规规章规范性文件》，2018年2月5日，见 http://sft. gd.gov.cn/sfw/news/workSt/content/post_1137154.html。

"包容期"管理，建立和完善容错机制，构建适应"新技术、新产业、新业态、新模式"经济发展的包容审慎监管模式。建设粤港澳规则相互衔接示范基地，推动生产要素流动和人员往来便利化。通过高水平营商环境改革创新实验区的建设，加大对外开放力度。

三、开展先行先试立法：深度对接国际营商规则

围绕对接国际营商规则，广州市政府"破旧立新"，废止和修改一批规章制度和法律，并出台了有关改革创新、先行先试的新法规规章和规范性文件，推动广州营商环境优化建设。

在"放管服"改革方面，不断简政放权，将市级行政职权事项下放或者委托由区实施；深化商事登记制度改革，出台了"关于优化市场准入环境""进一步放宽商事主体"等法规意见。在企业服务方面，出台《广州市降低实体经济企业成本实施方案》，深化落实降低制度性交易成本、实施普遍性降费和加快企业资金周转等一揽子政策措施，切实减轻企业负担。

在规则规制建设方面，多维度推进开放型经济新体制建设。实施商事主体"容缺登记"等制度措施，推动大众创业、万众创新，激发市场活力。出台了《广州市重点产业知识产权运营基金管理办法》，提升产业知识产权运营水平。制定了有关《鼓励海外人才来穗创业"红棉计划"的意见》等一系列吸引人才、鼓励自主创新、完善创新环境、落实创新政策、保护创新成果的制度。加强生态文明建设的制度建设，先后制定了有关河流保护、生态公益林、湿地保护、垃圾分类管理等一系列新法规。在此基础上，广州支持各区推进政务服务标准化规范化，因地制宜出台优化营商环境系列政策举措。越秀区构建全方位多层次信用修复机制；海珠区推出政务服务可信链；广州高新区（黄埔区）推进全省首个营商环境改革创新试验区建设；南沙区系统研究和对接国际高标准投资贸易规则，在国际谈判规则、知识产权保护、电子商务规则和环境保护方面深度对接国际营商规则，形成涵盖投资便利化、

贸易便利化以及粤港澳深化合作在内的多项改革创新成果。

未来广州营商环境优化的重要途径仍然是沿着对接国际营商规则之路，除了积极执行《广州市优化营商环境条例》，还要全面清理违反公平、开放、透明市场规则的政策文件，开展先行先试地方立法，支持南沙自由贸易试验区、广州经济技术开发区、中新广州知识城等功能区发挥示范引领作用，实现与国际营商规则的深度对接，健全具有国际竞争力的营商环境制度体系。建立和完善数据要素市场体系，优化数据资源交易机制和定价机制，保护数据产品产权，所有权人和使用人依法获得数据产品的合法权益。

持续巩固和改善已经建立的良好政商关系，缩小政府权力"笼子"，扩大市场主体和个人的自由选择。围绕经营中遇到的痛点、难点问题为营商环境立法，进一步降低市场准入的制度性成本。

加强对中小企业融资的扶持力度，引导担保资金提高对中小企业信贷投放。完善中小企业融资数据库，归集企业税务、欠薪、海关、执法等情况，完善企业信用制度建设。推动政府各个部门一起行动，配套调整有关民生事项的规制，提高社会制度的运行效率。

加强市场主体自主经营权、财产权和其他合法权益的保护，加强企业经营者人身和财产安全保护。搭建市场主体维权服务平台，为市场主体提供高效、便捷的维权服务。加强各类市场主体依法平等使用各类生产要素、享受支持政策的法律保障，推进反不正当竞争、反垄断执法。

四、重视舆论宣传工作：积极营造法治化营商环境

法规制度的生命力在于执行，其基础在于加强对政府工作人员、民众尤其是企业的舆论宣传工作。只有加深各方对制度变革的了解，才能确保各项法规制度落地生根。各级政府与有关部门可以采取现场与网络线上宣讲、咨询方式，通过对话、招商、表彰、服务、成果展示等活动，宣传并营造良好的营商环境。

贯彻落实"谁执法谁普法"的普法责任制,引导市场主体合法经营、依法维护自身合法权益,为营造法治化营商环境提供基础性支撑。结合《广州市优化营商环境条例》的宣讲,加强优化营商环境的法律、法规、规章和政策措施宣传,完善法治宣传教育考核体系。将普法宣传融入法治服务和执法全过程,梳理汇总项目投资、节能监察等业务领域学法清单。广州市司法局积极开展法律问答普法宣传,按照世界银行全球营商环境评估规则,围绕纠纷调解、公司治理等问题,深入企业广泛推介宣传政策法规、改革举措,为企业投资兴业提供法治化营商环境。紧跟立法新情况加强普法教育,通过问答形式开展《民法典》宣传,通过门户网站加大《政府投资条例》《优化营商环境条例》等法律法规和涉企政策宣传解读力度。在新冠肺炎疫情防控期间,广州市发展改革委组建经济运行应急保障政策服务组跟踪政策解读,组织汇编涉企政策服务指南,通过全市"政策通"平台向社会发布。

除宣传之外,广州市还应完善舆情收集和回应机制,促进营商环境的动态优化。一方面支持新闻媒体客观、公正地对营商环境进行舆论监督,另一方面健全政企互动沟通机制,建立企业建议、咨询、投诉平台。在全市政务服务大厅(站点)100%建立政务服务"好差评"机制,积极营造法治化营商环境。

第六章
营商环境"广州样本"的建设路径

2018年以来，广州推进营商环境改革1.0版迭代至3.0版，取得了巨大成就，2020年获评全国营商环境标杆城市。2021年5月，广州启动了营商环境4.0版的改革，争取进入世界银行《营商环境报告》中国营商环境建设的"样本"。牢固树立"人人都是营商环境，处处优化营商环境"理念，全面构建中国营商环境"广州样本"是广州营商环境建设的方向和目标。充分利用国家营商环境创新试点城市的机遇，寻求更加有效的实现路径，优化政务环境、产业支撑环境、科技发展环境、生产生活环境、人才环境和保障支撑环境等，推动广州营商环境建设出新出彩。

第一节　优化政务环境：提升公共服务水平

构建高效便捷的政务环境和提升公共服务水平是营商环境建设的重要支柱，其目标是满足市场主体和个人满意度。重点是着力破解数据共享不充分、部门协同不到位、"对标"改革不彻底等共性问题，促使改革前后衔接，纵深推进，精准施策。围绕行政审批制度、商事登记制度、事中事后监管机制、政务服务效能等重点领域，开展先行先试，打造全国营商环境改革的重要"策源地"和"试验田"，争取在广州落地一批含金量大、企业和群众呼声高、示范带动效应强的综合授权改革，展现出广州为全国营商环境建设作出"广州样本"示范的决心与信心。

一、优化政务政策环境　提升政务服务质量

政府政务环境是由一系列政策和规章决定的，关键在于政策制定的科学性和政策执行的透明度。良好的政务环境要求政府各部门进行市场运行问题的调查研究和科学论证，提高政策质量和稳定性。营造公开、公正、高效、便捷的政务环境尤其重要。建立政务公开机制、打造透明政府是构建广州样本国际化营商环境建设的内在要求。把政策制定和执行的事项和程序向社会公开，让有关企业和社会各界了解政务信息，有助于企业参与政府决策制定和执行，同时，有助于营造公开透明、公正廉洁的政务环境，保障市场竞争秩序的规范和稳定。

（一）建立健全科学决策机制

政府需要树立科学严谨决策的理念，充分预判政策效果，准确决定政策出台时机和力度，防止相关政策效应的相互叠加或抵消，避免给市场造成大的波动。对企业高度关注的限制性措施调整设置合理过渡期，防止脱离实际、层层加码。

（二）建立健全专家、企业和社会组织共同参与政策制定的机制

扩大涉及市场主体法规政策制定的公众参与度，充分征集采纳市场主体、行业协会、商会以及政协委员、人民团体、社会组织的意见和建议等。重大经济决策必须进行充分调研，让专家参与调研，或者让第三方机构独立调研和提出政策依据。主动向企业、行业协会商会和专家问计求策，完善与企业的常态化联系机制。

（三）建立健全政策执行公开机制，保障公正执行每一项政策

在政策执行过程中，推进同一事项实行无差别受理、同标准办理。同时，防止

"一刀切"式执法和规范自由裁量权。注意分类实施，推广市场轻微违法经营行为免处罚免强制清单，对不同区域和行业实行差别化待遇，对重点区域、重点行业、民众投诉反映强烈的企业加大考察监测频次，对法规意识强、守法记录良好的企业降低监管频次，减少对合法合规企业正常生产经营活动的干扰，尤其避免停工、停业、停产等简单粗暴行为。健全行政处罚自由裁量权标准，规范裁量范围和幅度，防止执法随意、同案不同罚等现象发生。

（四）推进政务服务标准化和完善政务服务事项清单

为了落实在线政务服务平台全国一体化标准规范要求，进一步优化政务服务事项目录清单，编制并向社会公开政务服务事项标准化、工作流程及其指南，细化量化政务服务标准。大力推进跨地区、跨层级、跨部门互联互通和信息共享机制建设，进一步整合移动终端政务服务应用，建立健全政务服务质量监测和满意度调查机制。

（五）依法促进各类生产要素自由流动，保障各类市场主体公平参与市场竞争

基于全国统一的市场准入负面清单制度，落实各类市场主体依法有权平等进入相关领域，提升各类市场主体参与市场活动的积极性。要求政府创新要素供给方式，完善要素交易平台，深化要素改革，在土地供应、扶持资金、税收优惠、资质许可等方面提供公平待遇，保障各类所有制主体依法取得生产要素及优惠待遇、公平参与市场竞争的权利。

（六）提升和培养行政人员服务意识

公平公正执行政策和规定是营商环境的重要组成部分，培养行政人员至关重要。加强选拔与培训行政人员，提高政府办事效率和服务水平，对公务人员的贪污腐败行为加强执法和严惩，让广州各政府部门成为一个充满活力与竞争力的服务型政府，必将是提升广州公共服务水平和优化营商环境的最优路径。

二、全面深化"放管服"改革 规范事中事后监管服务

自从党的十八大要求深化行政审批制度改革以来，特别是 2018 年在中央关于全面深化"放管服"改革的要求下，广州在"放管服"改革方面，锐意进取，取得了优异成绩。"广州样本"对营商环境建设作出了更高要求，重点在行政审批"放权"后的监管，广州正努力探索形成政府监管、行业自治、企业自律、社会监督"四位一体"监管体系，为经济运行的安全和秩序提供保障。

（一）进一步明确监管体系各主体职责和规范

企业经营行为的事中事后监管服务涉及到政府各级监管主体。从部门分工和协调、职责、队伍建设、制度建设等方面，明确行政监管主体各级部门事中事后监管的具体职责，以及监管程序、方式和手段，将"先照后证"改革后的事中事后监管责任压实，防止监管缺位，进一步完善上下协调、部门联动机制。

（二）健全监管规则和标准

依据各领域国家标准和行业标准，明确市场主体应当执行的管理、技术、安全和产品等方面标准，细化市场主体运行各环节监管的关键指标，严格依照标准开展监管，不断提高事中事后监管的针对性。

（三）创新市场监管方式，不断提高事中事后监管有效性

完善和推广"双随机、一公开"监管方式、"告知承诺＋事中事后监管"等。综合运用监察、审计、督查、行政复议等方式，加强对行政机关不作为、乱作为、以罚代管、失职渎职等违法违规行为的监督和处理。同时，依托先进技术手段，加强信息化创新监管手段的运用，实行"一站式"流程监管，从而提升监管效能。

（四）加快信用体系建设，规范企业及其各类市场主体行为

市场主体及其代表以趋利为目的和目标，比如会出现机会主义行为。规范企业及其各类市场主体行为，限制和消除机会主义行为的关键仍然是加强信用体系建设。一是明确市场和社会主体的相关权利、责任和行为规范；二是建立和完善企业自觉维护各项法律制度的诚信体系，推行信用分级分类监管，对失信主体在行业准入、项目审批等方面依法予以限制。

（五）建立和完善市场监管的公共治理机制

市场主体趋利性决定其对市场信誉的重视，可以利用市场信誉机制，形成市场各方主体相互配合、相互监管的公共治理机制。一是不断推动市场监管制度化、程序化和执法规范化，严格落实行政执法公示、执法全过程记录、重大执法审核制度。二是依法精简行政处罚事项，提升自由裁量权透明度，推广"容错"机制，对新兴产业实施包容审慎监管。三是创新社会组织协调共同治理模式，建立和完善公众监督机制，提高公众参与监管的积极性。采取购买服务、委托等方式，将监督过程的事务性、技术性项目，交给社会组织执行，同时畅通群众监督渠道，发挥社会监督作用。

（六）加强与粤港澳大湾区各区域的监管体制一体化

营商环境"广州样本"建设的重要路径是聚焦市场主体，规范事中事后监管服务。可以借助粤港澳大湾区融合发展的契机，同时运用先进技术手段，主动实现与湾区各个区域监管体制一体化建设，为本土企业构建产业链条和价值体系提供制度支撑和要素支持。以此为基础，推动电子化、高效化、透明化以及一站式流程管理，推进大湾区各区域投资审批制度、贸易通关流程和监管报备方式的调整优化，提升粤港澳大湾区贸易和投资的便利化程度。

三、聚焦市场主体关切　完善公共服务体系

广义上看，良好的营商环境不仅服务于企业主体，而且为企业人力资源要素的民众办事提供便捷的体验；不仅围绕企业生命周期，而且围绕个人生命周期，展开政务服务全覆盖。广州营商环境建设越来越细化，更加注重聚焦市场主体和民众关切，提升政务服务部门公共服务的效能。

（一）按照广州营商环境 4.0 版，落实主体责任，重新编制办事指南

一是公布"一件事一次办"改革事项清单、办事流程、审核标准，为市场主体提供精准导航导办服务。二是同步制定配套保障措施，从人力、财力方面加强对区和镇街保障，确保基层接得住、管得好，市、区两级服务质量同步提升，疏解企业和民众办事、创业"堵点""痛点"问题。

（二）全面实现政企沟通"零距离"

一是依托政务服务大厅、网站以及 12345 政府服务热线等渠道，为企业提供营商环境政策宣讲、政务服务咨询和诉求受理服务，广泛倾听来自企业的诉求与声音，建立"建议意见直通车"制度，对企业诉求"接诉即办"。二是全面优化涉企服务，充分发挥法治联合体和咨询委员会的作用，构建政府、企业和社会常态化研讨交流机制，发挥人大代表、政协委员、专家学者、市场人士、行业协会、中介机构等专业力量，为重大改革问题提供解决方案。三是围绕企业从进入到退出全周期，新增准入设立、项目落地、创新创业等 10 件企业"一件事"主题服务。

（三）深入实施"一件事一次办"改革

广州营商环境 4.0 版提出围绕个人全生命周期，新增出生、入学、就业、失业、退休等 10 件市民个人提供"一件事"专题服务；推出婚育、社保、养老等不少于300 项"省内通办"事项，让普通民众享受更多优质服务。

四、数据赋能营商环境改革　促进政务简约化和高效化

营商环境建设的关键问题是"放得开""管得住""服务跟得上"的协调，其中，政务信息和企业运作信息相互对称起着决定性作用。在传统的管理方式下，政府对企业运作情况及上报资料，需要考察、核对和证实，然后做出决策和执行，在执行过程中还需要检查、监测和评估；同时企业对政府的规定和政策也需要咨询，到各个部门了解和沟通。这种"面对面"的上传下达的信息沟通方式，导致了政府监管和服务的烦琐程序和低效率。随着现代通信技术、信息技术和智能技术的应用，政府与企业信息传递更加便捷，相互透明度大幅度提高。特别是互联网、大数据和区块链技术在政府管理部门的广泛应用，促使监管程序再造，促使政务简约化和高效化。因此，借助大数据来优化营商环境，越来越受到社会各界特别是政务监管的高度重视。中国信息数据资源 80% 以上掌握在各级政府部门手里，[①] 必须充分利用这些数据资源，实现社会共享。2021 年 5 月广州市人民政府印发《广州市用绣花功夫建设更具国际竞争力营商环境若干措施》，强化数字赋能营商环境改革，要求提升"数字政府"效能，加速数字应用场景落地，建立公共数据开放利用管理机制等，以数字赋能推动监管服务水平迈上新台阶。

（一）尽快打造政务区块链基础平台，深化场景应用

加大对物联网、云计算、大数据、人工智能、区块链、5G 等重点领域的研发投入和应用，或者通过"政府采购""委托第三方服务"方式，建设"公共资源交易区块链平台"，加快推动 5G、AR+AI、大数据等先进数字技术应用场景落地，引导市场主体参与政务及公共服务领域数字化转型场景运营。

---

① 《李克强在全国深化简政放权放管结合优化服务改革电视电话会议上的讲话》，2017 年 6 月 29 日，见 http://www.gov.cn/guowuyuan/2017-06-29/content_5206812.htm。

（二）广泛应用大数据技术优化政务服务

建立和完善"数据＋政务服务"模式，推动"数字化营商环境"建设，一是整合政务流程，把多部门行政审批"串联"调整为"并联"，促进行政审批程序和业务办理流程的简化，最大限度地提高行政审批效率，全力实现"政务服务100%全程网办，惠民政策兑现免申即享"。二是整合信息资源，建立和完善互联互通的信息共享平台，打破部门业务办理中的"信息孤岛"问题，实现企业"一次提供、多部门共享"信息共享机制，提高企业办事效率。三是规范政务权责，公布政务责任主体、服务内容、流程、时间、范围等清单，及时公布详细的法律法规、办事指引、资料表格、负责人及部门、受理情况、办理结果等信息，推动政务服务制度化和法治化建设。

（三）构建市场大数据，深化市场监管改革

建立和完善"数据＋监管"模式，规范竞争秩序。一是建立和健全政府主导、企业共同参与、社会监督的协同监管机制，推动行政监管模式改革。二是创新市场监管方式，有效调节商事及消费纠纷、合同侵权和知识产权保护等，维护市场竞争秩序。三是整合部门监管数据信息，建立和完善多元主体共同治理市场秩序的监管信息库。四是建立和完善征信系统，促使企业守信与合规经营。

（四）依托大数据平台，充分获取市场竞争信息，有效监管企业经营行为

建立和完善"数据＋企业行为"模式，以便政府部门及时调整对策。一是充分利用大数据抓取技术，汇聚社情民意、了解企业诉求，反映一定区域内营商环境的微观变化。二是通过企业视角，及时评估营商环境态势，"倒逼"政务部门改善监管方式，不断优化营商环境。

（五）构建和完善"掌上跨域通办"服务，减时间节成本

除法律法规规定必须到现场办理的事项外，其余事项可以通过互联网技术、移

动通信终端，推动政务服务事项从"可网办"到"全网办"转变，提升网办率。具体落实各类"通办APP"推广使用，实现"掌上办""随时办""跨城通办""跨域通办"的营商环境政务服务。可以围绕粤港澳大湾区城市群企业和群众异地办事需求，建立"湾区通办"机制，在"穗好办"APP、"广东政务服务网"等数字化网络平台同步预约、跨境办理涉港澳服务事项。以广深为试点，统一政务服务业务标准和办理流程，落实推进服务"广深通办"机制，率先实现两地跨城通办；与省内其他城市共建政务服务"跨域通办"机制，实现多地联办。

五、优化政务环境　提升政府管理水平

政府开展政务服务工作的重要前提是恪守法治理念。内外联动优化政务服务机制，营造良好的政务环境，政府需在法治政府的理念指引下，建立健全行政系统内部自我监督机制与外部政务评价机制，加强对优化政务工作的监管。

（一）恪守法治理念，提升内部监管

政府开展政务服务工作的重要前提是恪守法治理念。唯有树立有限政府与责任政府等法治理念，才能实现行政权力的不滥用、不缺位。有限政府的法治理念要求政府明晰政府与市场的合理边界，在肯定市场决定性作用的前提下，充分发挥政府的作用，国家干预仅局限于市场失灵范围内，国家干预的手段和方式不能超过必要的限度。"法无授权即禁止"是政府依法提供行政服务的准则遵循。"有权必有责，用权受监督"，责任政府理念与有限政府理念休戚相关，亦是法治政府理念的应有之义。落实政府责任，优化对政务服务工作的内部监督管理，需要依靠惩罚与奖励机制的双重激励作用。一方面，严格落实政府经济职能责任追究制度，充分发挥惩罚机制的警示作用，对于存有懒政、怠政问题的行政官员进行公示与教育。另一方面，利用奖励机制调动行政人员履职积极性。实行激励信息公开透明，使每个人都能平等获得赢得激励的机会；摒弃重结果轻程序的传统思维模式和做法，严格依照

程序进行考核评价及奖励。

（二）运用政务评价机制，强化外部监管

加强对政务工作的监管，一方面依赖行政系统的内部监督与管理，另一方面形成外部监督机制，尤其发挥社会监督作用。社会监督具有行政监督不可比拟的优势，监督成本低，意见更加真实、客观，尤其是政务服务对象的评价与建议更有针对性与参考价值，故应重点落实对政务工作的社会监督，依托政务工作评价机制来规范、监督政务工作。加强营商环境语境下的政务评价，一是将评价主体主要限定为企业，评价范围限定在与企业相关的服务环节和服务事项中；二是在评价指标方面，将企业的发展状况及满意度囊括进来，同时建立评价指标动态调整机制；三是注重经济效益原则，以企业的成本收益分析来衡量政务服务工作的优劣，在不降低服务质量的前提下若企业获得相同收益所支付的成本越少，则说明该地的政务服务工作水平越高；四是强调评估主体的中立性，除了政府的自我评价、企业的外部评价，还可引入独立第三方评估主体，尽可能提高评价的准确度与客观性。

（三）主动与企业对接，有效提升政务服务效能

企业是推动高质量发展的重要主体，其信心和预期来自优质营商环境和高效政务服务。从企业经营角度，增强政府部门服务意识，主动为企业服务，采取实实在在的举措，持续优化营商环境，为广州高质量发展增添新动力和新活力。主动了解企业的生产经营、研发创新、技术需求以及获取优惠政策等方面的情况，帮助企业解决实际困难。推行政务服务"一网、一门、一次"综合改革，实行企业设立经营联审联办，简化办事流程，压缩办理时限；推行工程建设项目审批制度改革"七个联合服务"，实现审批流程、信息数据平台、审批管理体系、监管方式"四统一"等。

（四）发挥法治的引领、规范和保障作用

法治是最好的营商环境。重点是发挥法治的引领、规范和保障作用，持续优化法治化营商环境，不断释放科技创新和创造活力。紧密结合其发展需要和实际，聚焦政务服务、产权保护、自然人破产法等领域立法先行，实现重大改革于法有据。深入了解科技创新实践的立法需求，突出地方特色和针对性、实效性，将行之有效的做法以立法形式固化下来，创造性做好立法工作。从法治角度，极力保障各类企业公平竞争和发展，着力建设广州国际商事商贸调解机制，保护企业在科技创新、模式创新、业态创新等方面的知识产权。

第二节　优化企业选择空间：助推产业转型升级

企业是市场竞争主体，以利益最大化、成本最小化为导向，在产品（产业）、消费市场、要素（资金、人力）组合、技术与工具、经营规模等方面有许多选择，同时受到政府监管的约束。行政政务及其公共服务的标准就是企业满意度，为企业营造宽阔的选择空间，为企业转型升级创造条件。广州营商环境4.0版可以借鉴北京、深圳等地关于产业政策精准扶持计划与惠企政策的营商环境建设策略。在"广州样本"建设过程中，可以通过优化企业选择空间，加快落实产业支持措施，切实提高企业获得感，帮助企业纾困解难，全面激发市场主体活力和社会创造力。

一、强化产业发展规划指导　增强广州产业链供应链地位

企业发展离不开上下游产业链、供应链环境的支撑。尽管产业链和供应链的形成由市场运行规律决定，但是，政府根据产业链和供应链发展趋势进行必要的引导，有助于产业链和供应链的顺利形成，有助于优化创新创业环境的优化，推动企业经营和发展。2018年6月，广州获批成为"流通领域现代供应链体系建设试点城

市",广州围绕产业链供应链建设采取了大量措施。因此,广州营商环境建设还需要为本土企业构建产业链供应链提供制度支撑和要素支持,提升粤港澳大湾区制造业的智能化程度和服务业的国际化水平。

(一)贯彻落实前期有关产业发展的规划,加快编制和实施供应链体系规划

"十四五"规划、《广州市优化营商环境条例》等文件从不同角度引导产业发展,而且广州市商务部门正在编制"十四五"供应链体系规划,有助于逐步形成支撑优势企业、特色产业发展的现代化供应链体系。政府有关部门可以通过组织和梳理使用财政资金支付的行政奖励、资助、补贴等优惠政策和产业促进政策,编制政策兑现事项清单和办事指南;并对政策兑现事项涉及的优惠政策和产业促进政策进行评估,及时更新政策兑现事项清单,对相关部门的政策兑现事项实施监督考核,以此来落实产业发展规划,从而形成现代供应链和粤港澳大湾区区域供应链体系的扎实基础和良好产业生态。

(二)打造产业种类齐全、产业链比较长的产业配套环境

打造供应链完整的产业链、完善的产业配套环境,是一个地区企业真正能够落地发展、持续经营的重要基础。一是可以围绕粤港澳大湾区建设,建立跨区域产业合作创新平台和产业技术联盟,建立以广州为核心圈辐射的大湾区投资促进组织和产业发展联盟,推动大湾区产业价值链和资源分配模式的优化提升,促进产业结构的协同发展和转型升级。二是完善产业协同创新,推动资本、人才和知识等生产要素集聚,形成门类完备的创新产业生态链和供应链,支持粤港澳企业、高校、科研院所共建产业技术创新平台。三是构建多层面、跨区域的产业合作协调机制,推动以广州为核心圈的粤港澳大湾区内部体制机制互通,共建粤港澳大湾区统一的全要素市场融通体系。四是在省级层面,提升粤港澳大湾区市场一体化水平,构建高度开放的产品市场、产权市场、金融市场以及人才市场,形成高效的要素流动和融通格局,促进产业互补与产业合理布局。

（三）发挥产业引导基金作用，引领高水平产业链供应链发展

高水平产业链供应链形成和发展更需要引导发展。广州市正在推进"穗芯"工程产业链建设，聚焦设计、制造、封装、测试等行业龙头企业的引进；实施"智造"工程，推进建设超高清视频和智能家电、智能网联新能源汽车、智能装备等世界级先进制造业集群；推进国家服务型制造示范城市建设，实施"全球定制之都"推广计划，不断开创产业集聚和企业发展的良性互动局面。除了这些举措外，比较有效的途径是发挥产业引导基金作用，加大对主导产业关键企业的支持力度，培育产业链供应链的发展机制。一是通过产业引导基金，整合社会资本，优化产业结构，在先进制造业、人工智能和数字经济等领域继续支持企业开展产品、技术、模式创新。二是通过创新驱动，培育产业发展新动能。有必要顺应新一轮科技革命和产业变革趋势，加大广州知识产权保护力度，鼓励企业增加科技研发投入，抓住机会做强做优做大产业规模。三是完善主导产业的产业链供应链。在逆全球化背景下，充分利用国家构建"双循环"新发展格局的机遇，加大主导产业培育力度，完善产业链供应链的布局。

二、创新产业生命周期政策体系 完善创新创业风险保障机制

企业在生产经营过程中，面对来自市场变化、环境风险、资金及财务、决策及管理不当等风险。政府可以在产业政策的设计上，帮助企业特别是初创企业避开风险，建立风险保障机制。广州市政府提出构建产业促进政策体系，从产业政策角度优化企业生命周期的营商环境。因此，落实产业政策体系是完善"广州样本"的重要方向，同时，重点为企业起步创造优惠环境，鼓励企业创新研发，支持企业国际化等，并为企业经营过程提供创新创业风险保障机制。

（一）落实广州市政府提出的产业促进政策体系

广州市政府在《关于构建促进产业发展政策体系的意见》（穗府办〔2018〕1

号）中提出了构建"1+1+N"重点产业促进政策体系，[①] 提出了建立产业促进政策体系的目标。在此政策指导下，天河区构建了"1+1+8"产业扶持和科技创新系列政策，包括《关于进一步优化产业发展环境促进经济发展的若干措施》《关于促进科技园区、孵化器、众创空间和天河中央商务区企业注册登记便利化的意见》，产业发展专项资金的管理办法、支持重点企业落户实施办法、支持高端服务业发展实施办法、支持招商机构引进投资实施办法、支持科技创新产业发展实施办法、支持科技创新产业发展实施办法、支持天河科技园和天河软件园发展实施办法、支持文化创意产业发展实施办法、支持高层次人才创新创业实施办法。天河区的产业促进政策具有示范意义，广州市其他各区也可以根据已有政策和产业发展实际情况，落实市政府产业促进政策体系，为企业生命周期营造良好的政策环境。

（二）基于企业生命周期扶持企业起步

在企业使命周期，初创和起步最为艰难，需要政府进行细致的培育。一是建立和完善招商引资体系和扶持企业政策体系。深入调研初创型高技术企业、小微企业的产业分布，制定和适度提高符合条件的企业贷款贴息扶持比例，加大中小企业的贴息扶持力度，进一步降低企业的融资成本；明确新增企业和重大工业项目支持、新型产业基地等奖励条款，引导优势传统产业迈向高端化和品牌化，鼓励和促进产业高端化和规模化发展。二是制定支持总部企业和高成长性企业发展的具体措施。对新引进的总部企业的落户奖励、对已落户的总部企业和高成长性企业在技术研发、品牌推广、市场拓展和人力资源开发等方面进行扶持，进一步提高落户奖励、经营奖励等标准。

---

① "1+1+N"重点产业促进政策体系：1个纲领性文件"穗府办〔2018〕1号"文件；一个资助纲领性文件《广州市产业发展资金管理办法》；N个具体产业政策，广州已经梳理形成1个产业发展总纲要、13个产业政策，其中新兴产业、现代物流、旅游业、商事登记、产业用地、城市更新、科技创新、商贸、知识产权等9个政策已实施。

（三）建立和完善创新创业风险保障机制

从政策环境上，必须建立健全广州地方特色的创新、创业风险防范机制，研究制定有利于风险防范的财税、金融扶持政策，对风险投资活动实行税收优惠政策。一是建立创新创业的政策保障机制，加大财政资金支持力度，统筹安排各类支持小微企业和创业创新资金，完善小微企业发展的普惠性税收措施。二是建立健全广州风险投资机制，发挥风险投资基金的作用，重点是培育的风险投资主体多元化，引导民间资金支持创新事业，通过风险投资基金运作的激励机制和约束机制，完善风险投资撤出机制。三是引导企业充分利用证券交易所的"高新技术企业"板块、科技中小企业上市交易、境外创业板发行证券和上市等，多途径融资和解决企业资金问题。四是完善促进中小企业发展的政策采购政策，从市场销路方面支持企业发展，增强政策对小微企业的支持效果。

（四）优化企业发展的商贸服务环境

企业产生及其创新需要大量的细致周到的服务，需要包括咨询、信贷、投资、保险、会计和法律等在内的专业化服务来支撑，这正是"广州样本"营商环境建设的主要方向，建立企业经营过程的社会化服务体系。重点是引进和培育专业型平台服务企业，要求广州各区可从商贸流通、电子商务、服务外包、金融、法律等多方向构建具体扶持措施，推动优质商贸服务企业落户广州发展，提升商贸环境。一是要制定具体举措，对商贸流通、品牌连锁企业进行扶持优化，使其更切合各区企业发展实际。二是新增法律服务机构扶持措施，提高法律行业机构在广州落户的吸引力，进一步满足群众日益增长的法律服务需求。三是尽快制定和完善专业型平台服务企业政策，吸引更多电商技术服务企业、外贸服务企业和行业智慧平台服务落户，帮助企业设计和管理电商平台，解决产品出口问题，打造智慧生产和经营模式，可着力推动营商环境国际交流促进中心落户南沙、开发区、科学城和中新知识城，实施对港澳跨境服务贸易更加开放措施，吸引集聚更多港澳专业服务机构，提升服务贸易自由化水平，为传统产业转型升级提供更高质量的服务。四是各区可对社区连锁门店、商业综合体等商业实体制定扶持措施，推动商业经济发展，提升生活配套服务水平。

（五）对企业研发和创新加强支持，增强产业竞争力

营造有利于激励创新的制度环境，推动包括研发及科技创新、产品创新、市场创新、业态创新、管理模式创新等在内的全面创新。一是完善和细化相关法律，全面落实支持民营企业、中小企业发展的政策措施。重点尊重和保护创新成果，严格执行产权保护的法律，降低维权成本，提高侵权成本。二是有效运用财税、金融、汇率等政策工具，多措并举切实降低实体经济的运营成本和创新成本，提高实体经济的竞争力。三是提升产业竞争力。这是企业研发及其创新活动的目标，可以通过开放体制和产业政策引导，提高引资引技引智水平，加快本地企业"走出去"步伐，倒逼国内企业进行"开放创新"，提升设计、制造、技术、质量、标准和运营服务水平，更好融入全球产业分工体系，增强企业核心竞争力。

三、优化产业发展融资环境　提高中小企业融资便利度

融资便利和融资综合服务扶持是产业转型升级的重要助力。在世界银行营商环境评估指标中，中小企业获得贷款的难度是非常重要的考核指标。营商环境"广州样本"建设的途径就是提高中小企业融资便利度。同时考虑对所有企业融资的公平待遇，必须从整个产业发展的融资环境着手，加大金融体制改革和融资环境建设，基本方向是消除企业融资待遇的所有制差别。

（一）构建高效开放的金融市场，营造企业便利化融资环境

构建高效开放的金融市场是良好融资环境的基础，金融监督管理部门重点是营造企业便利化融资环境。一是鼓励、引导金融机构开发、推广惠及中小微企业的金融产品。二是创新信贷产品和服务，拓展中小企业贷款抵质押物范围。不断扩

大"银税互动""信易贷"规模，推动"贷款＋投资""贷款＋认股权"等投贷联动服务新模式发展，拓宽中小企业融资渠道。三是开通中小微企业服务绿色通道，简化贷款手续，增加对中小微企业的信贷投放，并合理增加中长期贷款和信用贷款支持，降低中小微企业的融资成本，提高融资便利度。

（二）支持完善企业融资综合服务平台

鼓励金融机构支持和服务中小微企业，健全企业融资增资支持体系，构建和完善融资综合服务平台为中小微企业提供融资综合信用服务，其功能是向金融机构提供市场监管、海关、司法、税务、不动产登记、电水气、公积金、社保等涉企信用信息。

（三）建立政策性融资担保体系鼓励金融机构

一是发展政府性融资担保机构，建立应急转贷机制，支持符合产业政策、市场发展前景好的中小微企业和科技创新型企业发展。二是建立普惠型贷款风险补偿机制，对普惠金融服务机构实施差异化激励，运用普惠贷款风险补偿、贷款保证保险等政策工具，加大对中小企业融资支持力度。三是健全防范和化解拖欠中小企业账款的长效机制。

（四）建立产业发展专项资金管理体系

为促进科技创新和企业技术改造和转型升级，政府可以建立产业发展"专项资金"及其管理体系，营造良好的创新创业氛围。一是构建专项资金使用的评价机制，对立项主体进行考核和评价，公正评价每一个专项项目及其使用效率。二是加强资金使用监管、建立项目实施进度监测和信息反馈机制；对专项资金使用情况进行跟踪检查，委托第三方机构对项目资金使用情况进行绩效评估，以确保专款专用。三是创新科技项目管理办法，从立项到验收、监管的操作规范和审核标准，系统地构建科技项目全过程、专业化管理机制，解决科技项目在标准化管理方面的制度性不足。

可以把专项资金进行分类管理，比如可以分为产业引导类、事后奖补类、公益类等，分别采取不同资助方式。四是赋予科研机构和人员更大自主权，赋予项目实施技术路线、直接经费使用的自主调整权限。可学习深圳"鼓励创新、宽容失败"例外条款，激发企业和科研人员敢想敢干的创新创业热情。

四、优化企业转型升级环境　增强产业国际竞争力

一般而言，企业在整个生命周期都试图不断增强竞争力，实现可持续发展。广州是一个开放程度比较高的经济体系，企业都尽力提升产业国际竞争力，试图不断转型升级，这需要良好的营商环境。政府的职能在于引导和政策激励，推动企业与高校科研机构进行交流合作，以技术转移转化、人才培养为内容，为中小科技企业提供转型升级的契机。

（一）搭建校企合作桥梁，精准对接产学研

政府能够发挥搭建校企合作的桥梁作用，把产学研对接起来，把企业关注的难题与高校及研究机构的研究课题对接起来，推动先进科技成果的转化和企业生产方式转型升级。通过产学研合作，把科技成果和科技人才留在广州，推动广州科技进步和技术创新，促进广州产业结构优化和转型升级。

（二）营造科技交流机制，拓展企业合作渠道

广州拥有一系列高校和科研机构，有不少处于前沿水平的科研成果需要转化为生产。企业也在寻求科研成果，与生产实践结合起来，改进其技术。需要组织开展科技信息交流、科技成果发布会、对接会、成果竞拍及交易会，促进技术转让和交易。

（三）开展科技培训和科技服务

鼓励社会培训机构举办高新技术企业申报、知识产权保护法的辅导，就企业申

报高新技术企业、运用知识产权进行培训，提高企业对高新技术企业、知识产权的认识，了解高新技术企业与知识产权管理体系，提升企业技术管理水平。

（四）促进企业技术改造和升级

支持优化产品结构、促进绿色发展、促进安全生产等方面的技术改造项目，推动制造业高端化、信息化和服务化。支持中小微企业实施创新驱动发展，提升其技术创新能力，支持中小微企业做大做强。鼓励新技术、新产品、新业态和新模式"四新"企业发展，推动"四新"企业拓展新的发展空间，围绕产业链、供应链和价值链开展合作，实现企业转型升级。

（五）加强公共服务平台建设，推动园区转型升级

园区由产业构成，其转型升级有赖于产业发展，更依赖于产业发展平台建设。一是建设各类品牌公共服务平台，支持城市品牌塑造、区域品牌提升、行业品牌打造，推动企业品牌和产品品牌建设。二是支持新型载体建设，提升产业集聚园区服务水平。广州市正在推进"穗芯"工程产业链建设，集聚设计、制造、封装、测试等行业龙头企业；实施"智造"工程，推进建设超高清视频和智能家电、智能网联新能源汽车、智能装备等世界级先进制造业集群。三是推进国家服务型制造示范城市建设。加强产业园区建设管理和服务，支持生产性服务业功能区建设，支持具有行业先进性、有市场需求以及服务中小企业的平台型企业发展，推动广州实施"全球定制之都"推广计划，不断开创产业集聚和企业发展的良性互动局面。

五、扩大企业试错和选择机会　完善市场管理容错机制

营商环境建设涉及规则和制度建设，上升到法制层面包含立法、行政、执法等各个环节。利用规则和法制对市场行为进行监管是营商环境建设的关键。营商环境相关立法或实施必须准确把握政府行政与市场运行的关系，如何把握"执法平等"

与"灵活处置"关系、维护法律严肃性与政府审慎监管的问题值得重视。审慎监管有利于企业总结经验，进行"试错"和再次选择，寻求生存和发展更多机会。对政府而言，实行包容审慎监管有助于落实"谁执法谁普法"的普法责任制。通过"审慎监管""容错"，提醒和引导市场主体合法经营、依法维护自身合法权益，不断增强全社会的法治意识，为营造法治化营商环境提供基础性支撑。广州市委常委会在学习中央和国务院办公厅《建设高标准市场体系行动方案》文件精神时提出广州率先开展高标准市场体系示范建设的任务，促进市场监管现代化，完善包容审慎的监管环境，探索"触发式监管、沙盒监管"，推广市场轻微违法经营行为免处罚免强制清单。为此，广州营商环境建设可以转向以下几方面的探索。

（一）基于国家监管规则和标准体系，落实审慎监管制度

广州要对接国家在线监管系统，实施公平统一、公开透明的监管制度，构建规范化、标准化、智能化的监管体系。然后，落实市场主体"轻微违法经营行为"免处罚免强制清单。

（二）建立健全行政执法自由裁量基准制度

在执法权限范围内，分类量身定制事中事后监管规则和标准，统一行业执法标准和尺度。依法细化、量化裁量标准，并根据法律、法规、规章的变化情况和实际执法实践及时进行修订，合理确定裁量范围、种类和幅度。在具体设置上，以社会公众利益影响程度来设置不同程度的容错率。

（三）构建权责明确、公平公正、简约高效的包容审慎监管体系

审慎行使自由裁量权，将市场轻微违法经营行为免处罚、免强制清单范围扩展至各执法领域。实施对互联网医疗的监管，提高纠纷处置能力。

（四）实施包容审慎监管

按照鼓励创新原则，以容错纠错为导向，对新技术、新产业、新业态、新模式等实行包容审慎监管，除法律、法规、规章禁止的，或者对公共安全和人民群众生命健康有危害的市场主体行为外，有关部门应当按照有利于市场主体经营发展的原则给予一定时限的包容期，不得简单予以禁止或者不予监管。

（五）依法完善并落实市场管理执法"容错机制"

建立市场主体轻微违法违规经营行为免予行政处罚和行政强制清单。对违法行为轻微并及时纠正，没有造成危害后果的，不予行政处罚；对违法行为情节显著轻微或者没有明显社会危害的，可以不采取行政强制措施。[①] 特别是对于民营企业的不规范行为要尽可能地进行规则释明与指导，用发展的眼光对待并依法执法，避免"一放就乱"与"一管就死"的尴尬局面。

第三节　优化科技发展环境：重点支持创新实践

企业生存和发展的关键在于创新，主要由研发活动及其成果决定，这就需要良好的科技环境作支撑。在营商环境中，影响科学研究和技术进步的各类因素构成了科技发展环境，包括科技水平、科技力量、科技体制、科技政策和法制体系五方面。科技水平由科技领域的资源分布、研究成果先进程度及其应用推广决定。广州拥有丰富的科技资源，是优化科技环境的基础。科技体制由科技系统的主体结构、运行方式和管理制度构成，是优化科技环境的保障和主要内容。面对正在兴起的新一轮科技革命，广州只有对科技体制进行创新和深化改革，将服务于科技企业的成

---

① 《广州推出全国首个免强制清单》，2020 年 5 月 19 日，见 http://www.xinhuanet.com/legal/2020-05/19/c_1126002263.htm。

效纳入营商环境建设内容，才能把科技发展环境做得更好更优，促进企业开展科技创新活动。

一、优化科学研究的政策环境　加强规划指导和扩大研究投入

一般而言，科学研究多属于基础研究，具有一定公益性，需要政府公共财政支撑，其中研究领域的选择、高端人力资源开发和人才培养需要规划指导。同时营商环境"广州样本"建设需要优化项目申报和监管程序，利用"互联网＋政务服务"方式，优化科技扶持项目网上行政审批流程。在资助政策上，需要政府对科学研究进行规划和财政大量投入，不仅仅注重应用型研究，还要扩大基础研究的资助，重点资助研究过程，激励研究成果。一是通过规划引导科学研究资源投入前沿技术的基础研究，同时加大对基础研究和应用基础研究的项目资助。二是加强对科研攻关项目的支持力度，通过专项资金配套，构建涵盖基础研究项目、机构、成果、人才等多层次的创新扶持机制，资助搭建创新人才合作与交流平台。三是构建广州区域协同创新研究中心，实现成果的开放共享。通过政策引导和资助，引导各种科技力量在基础研究项目进行合作，创新基础研究合作模式。四是加强科研成果的奖励导向。这是科研活动取得成果的事后奖励，可以适当加大基础研究和应用基础研究成果的奖励，引导科研资源向基础研究的集聚，对在基础研究领域中做出突出贡献的个人和机构加大奖励力度。五是加大对科研拔尖人才的资助和奖励，促进科研人才成长。通过资助和奖励为基础研究的人才成长营造一个激励环境。进一步推进基础研究人才支持计划，对获得长江学者、珠江学者、"千百十"领军人才等人才支持计划的学者加大资助力度。提升科技创新人才基本薪资、住房补贴，同时还通过股权奖励、项目收益分红等方式，进一步完善企业科技研发人员激励机制。

二、营造重视社会科技力量的氛围　加大高新技术研发扶持力度

地方经济发展越来越依靠创新驱动，创新驱动发展离不开科技创新，因此需要为科技创新营造良好氛围。就广州营商环境建设而言，重视和动员广州社会各界科技资源参与科技创新活动，特别重视和扶持高新技术研发活动。一是优化创新环境，形成支撑产业发展的科技创新生态系统，充分动员和利用广州本地社会科技力量和创新资源、区位优势和产业优势，不断吸引和集聚外部创新资源，提高广州创新能力。二是依托科技创新走廊、科技合作示范区，构建技术研发公共服务平台。基于粤港澳大湾区的合作，广州已经形成了一系列创新平台，中新广州知识城新引进企业 50 多家，琶洲互联网创新集聚区 11 个项目开工建设，国际生物岛新引进项目 16 个。进一步发展可以建立健全中新广州知识城科技创新走廊、南沙粤港澳科技合作示范区。另外，支持符合条件的企业申报各类创新平台和国家高新技术企业，着力提高企业市场竞争力。三是加大广州市政府财政扶持力度，提高财政资金转化为研发经费投入的比率。逐年增加政府投入研发的经费，不断增加科技专项资金投入总量；调整财政资金支出结构，不断增加高新技术产业及企业研发经费投入；支持科研机构和高校参与企业研发合作的经费投入。四是加大对高新技术企业扶持力度，明确财政资金扶持标准，对标深圳、北京和杭州等城市，鼓励加强知识产权创造、研发机构配套、中小科技企业成果转化等方面的扶持，制定更加接地气、更加普惠的扶持政策，增强技术创新企业对扶持政策感受度的提升。五是加强科技创新、创业投融资体系建设，扩大社会资金对研发活动的支持。对企业科技金融、科技研发投入、风险投资基金等进行鼓励，实现研发资源的集聚，从而推动新技术、新产品的产生。

三、加强科技交流服务平台建设　促进科技成果转化和应用推广

科技发展的营商环境是"广州样本"建设重要内容之一。政府科学研究规划

及支持政策、高校及科研机构的成果与企业及市场需求存在信息不对称，政府相关部门畅通信息渠道非常必要。一是加大政府关于科学研究资助政策的宣传讲解。通过构建相应信息平台，多渠道输出科技扶持信息，使企业全面掌握政策，准确把握机遇。通过各类培训，帮助企业及时了解、掌握和享受相关科技创新政策，优化营商环境，有效提升企业科技创新能力。组织科技型企业代表，就国家高新技术企业申报、统计研发填报方法等进行培训。通过送出去培训等方式，加大对企业科技人才的培养力度。二是构建科技信息和创新资源的共享平台。构建政府主导、社会参与、市场化运营的科技信息和科技创新资源共享平台；积极谋划政策共通、市场共融、人才共用的科技创新资源平台建设，打造各类技术创新资源数据库。三是推动广州与粤港澳大湾区建设对接，共同打造科技创新资源共享平台，提高大湾区区域创新能力。构建大湾区科技交易市场，形成创新及创业资源要素主体、产业园区及高新技术企业孵化机构、科技金融机构等主体共同参与的机制。四是建立健全科技服务市场机制，加强成果转化。推进科技创新服务交易平台建设，加快推进科技成果综合转化利用和应用推广，实现从技术推动向应用推动转变，解决研发成果与应用推广割裂的问题，以创新驱动产业转型升级。五是构建支持创新实践的科技发展营商环境，积极培育科技型企业和创新平台。加快科技创新走廊建设，构建中新广州知识城开放合作示范区，建设南沙粤港澳全面合作示范区，提升企业自主创新能力。

四、创新科技研发的规制 推动开放创新与自主创新的融合

营商环境"广州样本"在支持企业研发创新方面的体制机制改革是世界银行营商环境建设的应有之义。围绕优化科技资源配置问题进行体制机制改革，推动创新要素的集聚，重点是把外部创新和自主创新结合起来，推动企业科技创新能力提升。一是通过规制创新，形成有利于区域创新要素流动的政策环境。对标其他先进省份、沿海开放城市和全国先进城市，通过高水平研发、高端产业集聚发展的支

持政策，把广州创新区位优势转变为科技创新优势，增强区域创新要素的集聚能力，吸引周边地区科技成果，在广州实现产业化转化，提高广州自主创新水平。二是加快对标国际科技研发先进城市，把广州建设成为具有全球影响力的国家知识中心，推动开放创新。在政府公共管理、人才服务、金融创新、知识产权保护和运用等方面营造良好科技环境，构建知识创造新高地、国际人才自由港、粤港澳大湾区创新策源地、广州高端人才要素开放合作示范区，提升科技企业的吸引力。三是构建粤港澳大湾区科技创新人才的联合培养、合理流动机制。以广州、深圳和香港的科技合作机制为支柱，建立科技资源共享机制，开展跨区域的战略研究。探索粤港澳大湾区科技人才的联合培养模式，增进高校合作、校企合作与企业合作，实现人才资源优势整合，形成优势互补和人才聚集高地。四是在体制机制上打通高校及科研院所与科技型企业合作的"最后一公里"，提升自主创新能力。通过体制机制创新，整合相关高校、科研院所和科技型企业，推动技术与资本结合，就共同面临的难点、热点问题以及共性的关键技术需求，开展"校企""研企"合作研究。发挥大学的基础科研引领能力，紧紧围绕广州市的主导产业发展需求，集中将信息、技术、人才等科技资源，为企业与高校建立更为密切的联系纽带，使高校科研对接社会前沿需求，能够为企业培养一批熟悉科技产业化、掌握市场需求趋势、善于科技管理的新型高科技人才，促进自主研发成果的转化。

第四节　优化人才发展环境：促进人力资本集聚

优化营商环境的目的是增强城市的要素集聚力，为企业生命周期各阶段对人才的需求提供充分的选择。在所有的要素资源中，人才是第一资源。事实上，人才是创新创业的真正主体，是决定创新创业活动的关键因素。在企业经营所需的资本、技术、物力、人力等资源要素中，人才是作用最大、最有活力的要素，是重要的人力资本。促进人力资本集聚是良好营商环境的重要功能。持续优化人才环境是营商环境建设的重要任务。因此，营商环境"广州样本"必须持续优化人才发展环境。

一、优化人才生活环境 提升人才的归属感

人才是企业经营最关键的资源，更是企业生命周期运行不可或缺的起决定作用的资本。人才作用的充分发挥必须依靠优良的生活环境，其中优良的居住环境是人才归属感和人才发展的基本条件。优化人才发展环境，首先为高层次人才提供生活服务、配套保障平台，从而提高优质人才在广州的工作满意度和生活满意度。一是为企业人才提供有良好的居住条件。制定可行有效的配套办法，切实解决年轻人才的住房难、骨干人才子女的入学难、高端引进人才的安置难等民生现实问题。健全住房市场体系和住房保障体系，提升物业管理水平，完善社区周边配套设施，改善居住条件。通过住房补贴、人才公寓等方式降低本市居住成本。二是创造条件解决高层次人才后顾之忧。有条件的企业可以建设职工住宅，用优惠政策吸引员工入住，建设人才住房、人才幼儿园和儿童成长中心、高端养老公寓，有效解决人才住房、子女教育、父母养老难题，为人才安心创业创造优良条件。三是推行高层次人才"万能捷通卡""人才绿卡"等，提供人才落户、医疗保障等便利化条件，同时为开展产品研发创造良好的科研条件，并提供实验设备和原材料的进出口清关便捷化服务。四是营造良好的基础教育环境，为高端人才的孩子教育创造优越条件。广州依托已有的经济实力和条件，可以争取成为实现从幼儿园到高中共15年义务教育的第一个城市。不仅降低了孩子的教育成本，减轻高端人才的经济压力，而且有利于留住人才、吸引更优秀人才安居乐业，实现引得来、留得住，进一步改善和提升民生环境。四是丰富生活环境的文化产品和服务，提高文化开放与包容度，营造鼓励创新创业的文化氛围，增强工作稳定性和从业归属感。

二、优化人文生态环境　疏通人才成长通道

人才成长需要一个良好的人文生态环境，中国历史上"孟母三迁"的故事说明了一个人才成长过程的环境重要性。构成这个人文环境的因素相互作用，形成一个关联的人文生态系统，包括价值理念、社会风气、行为方式、家庭情况、社区生活物质条件、学习氛围及工作环境等。良好的人文生态环境能够激励个人进步和约束不良行为，促进人才成长和发挥应有的作用。党的十八大报告要求营造尊重劳动、尊重知识、尊重人才、尊重创造的社会氛围。为此，广州必须加快打造高质量人文生态环境，营造浓厚的开放包容的广州文化，建设社会和谐包容、民众安居乐业、政商交往有道、企业繁荣发展的活力广州，才能促进人才顺利成长，同时稳住现有优秀人才，引进更优秀的人才，才能激发新时代政府、企业、人才同心同德，疏通人才成长通道和发挥用武之地的广阔空间。可以从以下几方面进行建设。

一是凸显广州特色的人文生态环境，给予人才成长的动力。广州是历史文化名城，处于中国开放前沿，来自全国各地乃是世界各地的、不同民族和不同语言文字的各类民众都可以在广州生存和发展。在人文生态环境建设方面，最大特色是开放包容。开放包容是各类劳动者和人才成长的基础条件。同时广州是商贸物流中心，伴随人力资源集散，具有非常强的创新活力。二是营造广州民众全民学习、终身学习的学习型社会氛围。"致天下之治者在人才，成天下之才者在教化"，教育与学习是人才成长的主要途径。倡导全民学习和终身学习，加强学习型社会建设，形成广州整个社会的学习进步、奋发向上的风尚。充分利用各种媒介和手段，大力宣传、表扬和奖励在各领域的先进个人和优秀人才，增强其荣誉感成就感。为此，构建技能人才"终身培训体系"，培育技艺精湛、门类齐全、结构合理、素质优良的"羊城工匠"；组织实施社会急需职业和工种的人才培养开发计划。三是营造和谐人际关系，让人文关怀成为一种自然的习惯。各领域的人才，如果遇到不公平的评价，会产生消极因素，消耗专业发展动力，产生职业倦怠。

必须构建公正、公平的评价机制，提倡有高尚的职业道德和爱岗敬业情操的评价标准。同时，在各个领域系统，采取了自我评价、同事（同行）互评、领导评价、社会评价等多种评价方式，建立自我评价与他人评价相结合、静态评价与动态评价相结合、过程评价与结果评价相结合的评价机制。

三、优化人力资源流动环境　保护劳动者权益

劳动力作为重要的生产要素，通过自由流动达到合理配置。在人力要素市场上，个人寻求与企业（资本）合作、发挥最大效用的机会，需要良好的人力资源流动环境，才能保障"劳资"有效合作和自由流动。随着劳动者岗位的变化和流动，其权益出现不稳定情形，尤其当劳动者合法权益受到侵害，劳动力流动遭遇阻碍。只有加强人力资源流动环境建设，保护劳动者权益，才能促进人才的合理交流，并与资本及其生产充分结合，有效发挥人才作用。

（一）完善广州人力资源信息交流与合作的平台，促使人才要素自由流动

通过政府监管和法制约束，促使人力资源信息交流与合作平台，及时公布人力资源供给与市场需求信息，引导求职者与用人单位自由交流和选择。加强网络的整合力度，利用相应的零散网络信息，与主流宣传形成相互促进的配套宣传措施，使广州人力资源信息得到充分展示，促使人力要素为广州企业所用。

（二）建立健全人才服务体制机制，提升人才精准配置

加强人才大数据建设，建立人才区块链支撑平台、人才大数据规范体系和安全管理平台，提升人才服务能力。创新人才信息传播方式，利用微信、抖音等平台的政府公众号，通过更加接地气的网络直播、小视频等方式，进一步促进各类高层次人才对广州人才信息及人才政策的了解，吸引更多人才落户广州。畅通专业人才引进通道，充分发挥开放市场的竞争激励机制，为高层次创新人才提供精准服务。另

外，完善劳动者失业保障和就业服务的相关制度和程序。

（三）建立大湾区人才管理改革试验区，对人才交流与合作机制的建设进行试点

充分利用粤港澳大湾区建设重大历史机遇，推动广州人才政策改革创新，积极推动广州深圳"双城联动，比翼双飞"，为广深共建综合性国家科学中心筑牢人才基础，汇聚智力资源。力争"建设全球人才创新创业高地、国际人才特区"，争取国家政策支持。建立灵活的人才流动制度，打破户籍、地域、身份、人事关系等制约，完善人才引进和落户政策，为高层次创新人才合理流动、交流提供通道。充分发挥中国香港和澳门在语言环境、知识产权、法律法规、人才需求等方面的国际化优势，吸引海外人才。鼓励试点放宽具备港澳职业资格的金融、建筑、规划等专业人才从业限制，参与建立粤港澳大湾区专业技术人才职称评价和职业资格认可工作机制。

（四）建立和完善广州人力资源开发系统

加强劳动者职业技能培训，按照国家规定取消水平评价类技能人员职业资格，推行社会化职业技能等级认定。组织实施急需职业和工种的人才培养开发计划，构建技能人才"终身培训体系"，培育技艺精湛、门类齐全、结构合理、素质优良的"羊城工匠"；鼓励和支持企业建立首席技师制度，完善首席技师认定、聘用和考核等机制。依托创新创业项目，建立政府、企业、高层次创新人才的利益共享、风险共担的关联机制，促进人才与区域经济的互动式发展。

（五）建立健全劳动人事争议联合调解工作机制，畅通劳动者维权渠道

广州率先成立"广州市劳动人事争议三方联合调解中心"，有利于和谐劳动关系建设。进一步完善劳动关系调解机制，提高调解服务效能，减轻仲裁和诉讼负累，构建政府、工会、企业多方共同参与的劳动争议多元化解机制，依法维护劳动者合法权益。引导企业加强内部集体协商制度建设，依法保护劳动者及企业合法权益，加大监督执法力度。

四、完善知识产权保护环境 提升人才的成就感

留住人才和用好人才的标准是充分彰显其能力和贡献，并营造认可其能力和贡献、尊重人才和保护人才权益的社会环境，让人才自身有较强的成就感。完善的知识产权保护制度能够有效保护人才知识产品和技能，能够提升人才成就感。知识产权保护能够发挥吸引人才效应，对发挥人才作用、提升企业创新水平具有显著的激励作用。

（一）培养企业知识产权保护意识，引导企业树立知识产权发展战略

加大知识产权保护的宣传力度，开展知识产权的普法教育、现场咨询和培训等，为企业提供知识产权法律咨询和指导服务，增强企业的知识产权保护意识。同时引导企业建立知识产权发展战略，提高对专利技术的研发和转化投入，进而提高知识产权的运用率，保证知识产权的可持续运用和发展。

（二）优化专利申请流程

鼓励企业、高校、科研单位申请专利，减少不必要的专利申请材料，优化专利申请程序，缩短审核时间，提高专利申请的便捷性。

（三）建立知识产权司法与行政保护联动机制

构建知识产权保护行政和司法信息合作平台，明确法院、检察院、海关、市场监督管理局的具体职能，对知识产权侵权案件的移送、立案、结案和执行过程进行实时监督，实现知识产权行政保护与司法保护的有机衔接，提高执法保护工作效率。

（四）营造尊重知识产权人才的制度环境

充分发挥政府规划作用，建立和完善知识产权保护制度，保障高层次创新人才

的权益，增强人才成就感。建立企业知识产权诚信机制，消除知识产权侵权假冒行为，激发高端人才创新热情。

（五）搭建知识产权信息交流和服务平台

鼓励企业与高校、企业和科研机构加强交流与合作，建设促进知识产权交流平台，促使广州域内专利技术的自由流动。建立广州知识产权保护和运用试验区，加快知识产权转化的便利化。

（六）发挥广州核心作用，推进粤港澳三地知识产权保护的合作

以广州知识产权建设为基础，构建知识产权合作新机制。充分发挥中国香港和澳门在知识产权、语言环境、法律法规等方面的国际化优势，建立粤港澳大湾区知识产权联盟，构建粤港澳大湾区知识产权及其职业资格互通认证制度，实现三地知识产权的优势互补和协同创新。另外，按照国民待遇原则，加大对外商投资企业侵权行为的执法查处力度，同时为外商投资企业提供法律服务，切实保障外商投资企业的合法权益。

第五节　优化规制运行环境：提升营商环境社会治理水平

社会治理是政府、非政府组织、社区以及个人等多种主体通过平等对话、协商、沟通、合作等方式，对社会公共事务和社会生活进行协调和共同管理，实现公共利益最大化的过程。与社会管理强调政府主体对客体的管控不同，社会治理强调多元主体平等合作，体现为柔性的、动态的、主动的治理。营商环境建设要求完成社会管理向社会治理的转变，实现多主体协调、共同参与公共事务和公共问题的治理。广州营商环境建设是政府各部门、企业及社会组织和个人共同参与的公共事业，共同推进广州进入世界银行营商环境评估的中国"样本"，是广州社会各界的

共同利益。

在营商环境的共同治理中，重要的是共同制定和遵守规则、服从法规及形成执行机制，能够大幅度降低社会摩擦成本，增进共同利益。因此，规制建设对于社会共同治理和营商环境建设非常重要，必须优化规制运行环境，坚持以下基本思路：以政府与社会组织多方合作为依托，加强制度环境建设，完善公正、公开、执行力强的法治保障环境；对标高标准国际规则体系，完善法治体系及规制运行系统；增强规则意识和契约精神，完善社会诚信体系建设，提升营商环境社会治理水平。

一、优化规则运行环境　加强制度环境建设

从理论上看，制度环境是一系列用来建立生产、交换与分配基础的基本的政治、社会和法律基本规则（戴维斯，诺斯，1994），通常是一定区域的民众在长期交往中自发形成、进一步约束其行为的规范，实际上是指一个国家或区域的基本制度规定，影响和决定其他制度，特别新的规则和制度的安排。一般而言，自然生成的制度与制度环境大体上相适应，而人为的制度安排往往面临着制度环境的选择。改变现状的制度创新，包括体制机制改革，都必须适应制度环境。因此，制度环境是其他制度的"制度"、规则的"规则"，制度环境的改变相对缓慢。在营商环境建设中，体制机制改革的顺利进行和规则的良好运行必须以加强制度环境建设为前提。

（一）健全营商环境建设的法规规章和合规性审核机制

关于广州营商环境建设的规定已经获得立法，《广州市优化营商环境条例（草案）》已经于 2021 年 1 月开始实施。为了完善营商环境建设的法规政策，可以采取以下措施。一是加强该条例的执行，形成法治化营商环境"广州样本"。二是完善法规政策的合规性审核机制，及时清理不利于优化营商环境和公平竞争的法规、规

章和文件。三是及时调整相关法规规章，可以开展支持营商环境建设的试验试点，优先安排新增营商环境的法规制度。四是科学合理制定涉及市场主体的法规政策。通过市场采购选择专业机构研究制定有关法规，并引入第三方评估机构参与评估，同时扩大公众参与度，充分征集采纳市场主体、行业协会、商会和民众的意见与建议。

（二）建立健全规制执行机制，优化"包容审慎"的依法行政环境

对涉及市场主体的行政执法有必要坚持以下几个方面。一是加强行政执法规范化建设。规范行政执法公示、执法全过程记录，加强法制审核制度，规范行政执法自由裁量权，及时调整行政处罚裁量基准，避免"一刀切"式执法等。二是完善行政执法监管机制。"双随机、一公开"监管机制取得了一定效果，还可以创新行政执法方式，加强对涉事主体监督管理。三是着力优化公正、公开的司法环境，确保市场主体合法权益的司法保护。四是对新产业、新业态、新商业模式推行包容审慎柔性执法，采取长期观察、预警提示、守信激励等措施，在严守安全底线的前提下，尽可能减少对市场主体生产经营活动的影响。

（三）着力培育市场主体和民众的规则意识，优化遵纪守法、依法办事的守法环境

规则意识和法治观念需要长期培育逐渐养成。一是开展营商环境建设法治宣传教育。集中宣传有关营商环境建设的政策法规，重点是提升政府公务员、执法部门特别是各部门领导的规则意识和法律底线意识。二是在媒体及政府网站和网络平台，公布有关市场主体的法律、法规、规章、行政规范性文件和各类政策措施，引导市场主体加强自身法治文化建设，培育以法治文化为基础的企业文化，促进企业依法经营和健康发展。

（四）优化法律服务环境

一些市场主体将主要精力放在生产经营方面，有关政府规则、法律制度没有掌

握。这就需要政府营造一个有效的法律服务环境，倡导律师利用一些法治活动，提供知识产权法律服务和维权的咨询；鼓励和支持协会商会建立民商事纠纷调解组织，构建和完善多元化商事纠纷解决机制；提升公证服务商事活动水平，促进公证业务向银行信托、企业融资、资产管理领域延伸；发展涉外法律服务业，构建具有国际影响力的高端商事仲裁平台，建设广州国际商贸商事调解中心，为"一带一路"建设提供专业性法律服务等。

（五）进一步完善监督制度，优化社会评价监督环境

法治社会建设的关键在于掌握规则和法律的部门和公务员的公正、公开的执法，这就需要营造一个社会共建共享的评价监督环境。重点加强对权力运行全过程的监督，优化政商和谐、多方参与的评价监督环境，把权力关进制度的笼子里。建立健全法治化营商环境建设绩效的市场主体评价机制，运用"投诉中心""投诉箱""在线投诉""巡视"制度等方式搜集意见；加强基层问责制度，把监督检查、目标考核和追责结合起来；加强对政府各部门依法行政、特别是司法部门执法的监督，强化新闻媒体的舆论监督作用，曝光损害营商环境的不法行为，由此形成一个公开透明的法制环境。

二、对标高标准国际规则体系 完善外经贸规则体系

随着经济全球化和经济一体化的推进，迫切要求国际经贸规则向有利于贸易、投资的自由化和便利化，有利于新一轮技术或产业革命发展的方向变革。世界各国展开了国际经贸规则的竞争，其自由化水平和便利化程度不断提升。高标准的国际经贸规则基本特征表现为：关税壁垒大幅消减并向"零关税"逼近，非关税壁垒和产业补贴遭到反对，营商环境建设不断优化，规则措施由"边境"向"边境内"转移。因此，涉及市场准入及竞争中立原则、政府采购、安全卫生标准、技术标准、劳工标准、知识产权保护、环境保护、监管一致性、服务贸易、跨境电商、数字贸

易、跨境数据自由流动等方面的规则标准，是世界大多数自由贸易协定的基本框架，也是 WTO 改革的焦点。

中国经济已由高速增长阶段转向高质量发展阶段，要求扩大开放，对标国际高标准经贸规则，完善高水平开放体制机制，形成更高层次的开放型经济。重点是完善支持经贸规制运行的法制环境。"广州样本"作为一个世界银行评价中国营商环境的样本，首先遵守国家层面在双边、诸边及多边协议中的承诺。在这方面，按照国家规定实行统一的市场准入负面清单制度，建立了对接国际标准的跨境贸易规则和投资规则，在跨境贸易方面推进"单一窗口"功能，规范公示口岸收费清单；规范和创新海关监管方式，深入实施单证无纸化和电子化传递；为企业提供全程可跟踪物流信息、电子支付、外汇结算、信用保险等服务；外商投资实施准入前国民待遇加负面清单管理制度，等等。除了这些规制外，广州作为世界银行营商环境评估的中国样本，必须遵守中国承诺的这些国际规则和制度，并进行外经贸规制的创新，打造国际经贸新规则策源地，推动自贸试验区扩容提质，引领中国对外开放方向。

（一）强化企业的国际标准意识

主要引导企业对标各类国际标准，提高生产技术水平和产品质量。加强政策支持和咨询服务指导，强化国际标准解读和培训，形成尊崇标准、追求更高标准的商业文化。同时，加大中国标准国际化推广力度，加强国际化标准的基础设施建设，利用现代信息技术建立中国标准的资料库，便于国际社会及时了解中国标准的发展动态。通过承担或参与国际标准的研制和修订活动，加快实现中国（广州）标准与国际接轨，助力实现"中国制造"向"中国标准"的国家形象转变。

（二）确保自由贸易协议在广州落地实施

确保中国在世界贸易组织（WTO）和中国签署的自由贸易协议在广州落地实施，并鼓励和支持企业积极运用这些规制。中国是 WTO 成员国，并与 30 多个国家和地区签署了包括中国—东盟自由贸易协定、区域全面经济伙伴关系协定（RCEP）在内的 18 份自由贸易协议。广州的政府部门有必要引导企业了解和运用这些协议，推动企业对外贸易、利用外资、对外投资及其国际经济合作，实现内外市场高度联通、要素自由流动和内外贸一体化发展。

（三）完善高标准市场体系

开放型经济首先是高标准市场经济。中共中央、国务院印发了《建设高标准市场体系行动方案》（2021 年 1 月），提出了"基本建成统一开放、竞争有序、制度完备、治理完善的高标准市场体系"的目标。广州作为改革开放前沿地区，必须加快完善高标准市场体系。一是全面完善产权保护制度，完善公平竞争的市场运行机制。二是全面实施市场准入负面清单制度，完善要素自由流动的市场规制，发展知识、技术和数据要素市场。三是加强市场监管，维护市场安全和稳定，加强市场主体权益保护，大幅降低权益受侵害后的维权难度和成本，使各类市场主体提高获得感。四是强化市场基础设施建设，推动互联互通，与虚拟市场崛起为代表的市场形态变化相适应，建设智能市场，引导平台企业健康发展。

（四）完善高标准边境开放规则体系

以准入前国民待遇加负面清单管理制度为基础，扩大开放领域和各类产业开放。一是逐步减少各种非关税壁垒，借鉴国际检验检疫标准，除了进出口产品检验检疫、外资安全审查外，还要遵守国民待遇，实行内外资统一监管措施。二是对标高标准自由贸易试验区边境开放规则，深化体制机制改革，进一步在贸易便利化、产业开放与资本准入、知识产权保护、监管一致性等方面深化改革；同时加快自由贸易试验区有关成功经验和规制在区外的复制推广。三是推动消费品国内外标准接轨。消除内外销产品不公平待遇，最大限度减少因补贴导致的市场价格扭曲，对标 WTO 规则建立补贴合规性审查机制。四是重点探索以资本开放、服务贸易开放为主的国际新规则。按照内外资一致的原则，市场准入负面清单以外的领域，各类市场主体均可以依法平等进入。五是积极参与全球和区域治理，提高在国际经济与贸易规则制定中的话语权。加快推进自由贸易区（协议）建设，重视政策协调机制建设，推动贸易争端解决机制以及服务贸易、数字贸易、电子商务等规则的改革。

（五）加大"边境内"政策国际化接轨的调整力度

在高标准开放规则中，"边境内"开放政策延伸到产业政策、环境政策、区域政策、投资政策、知识产权政策等。广州作为开放前沿城市必须有前瞻性的"边境内"政策措施，从国内制度层面进行系统性改革和创新，大力推进制度型开放。一是在竞争中立原则、知识产权规制、劳工权益、服务贸易规则、电子商务及数字贸易、信息技术规则、政府采购规则、移动支付及金融服务规则等方面进行研究和探索，形成"中国（广州）方案"。二是在产业政策方面，保障不同所有制、不同规模、不同区域的各类市场主体公平竞争，消除所有制歧视、规模歧视和区域限制，清理和废止阻碍统一开放、公平竞争的部门和地区规章，促进生产要素在地区间、产业和企业间自由流动，最大限度提升经济运行效率。三是在环境政策方面，以绿色化为方向，加强节能环保技术、工艺、装备推广应用，强化产品全生命周期绿色管理，构建绿色制造体系。四是在区域政策方面，将海关特殊监管区保税政策和制度向区外延伸，将战略新兴产业、"中国制造 2025"的重点产业政策拓展给符合条件的中小企业、科技型企业等主体。促进国际市场与国内市场深度融合，消除体制障碍和政策壁垒，实现政策内外贸一体化，促进要素自由流动。五是在粤港澳大湾区发展战略背景下，强化与港澳的合作。中国香港和澳门是世界上最开放的地区之一，其国际经贸规则代表先进水平。广州可以学习借鉴香港与澳门的开放制度，特别是在 CEPA 协议、广东自由贸易试验区框架下，加大与香港和澳门的规则对接，重点在服务业开放方面，就咨询、教育、文化、医疗、会计、建筑设计、工业设计等专业服务建立"互认制度"，促进穗港、穗澳服务业深度合作。

三、构建营商环境的治理模式 多方主体协同治理机制

营商环境建设实际上是政府、企业、社会组织和个人等多种主体共同参与的复杂系统，理当采取以"共商共建共享"为基础的共同治理模式，不断推进营商环境建设向更好、更优方向发展。《优化营商环境条例》要求"国家建立和完善以市场主体和社会公众满意度为导向的营商环境评价体系"，营商环境建设的成效取决于市场主体和社会公众评价。因此，企业、社会组织和社会公众参与营商环境建设非常重要。营商环境建设的参与主体多种多样，只有通过多方努力，建立一个协调治理机制，实现"政府主导、企业自治、行业自律、社会监督"多元共治机制，才能形成各方满意的高效率营商环境。

（一）完善政府内部各部门之间协调机制

营商环境建设是一个复杂的系统，需要各部门在政策和行动上进行协调，实现部门职能融合。有必要厘清行政部门间的职权关系，建立和完善跨行业、跨部门、跨层级、跨区域的行政协调机制，从而提高政府行政效率和服务质量，为优化营商环境的共同目标提供了强有力的制度保障。

（二）建立和完善政府与社会多方主体协同治理机制

政府是改善营商环境的主体，但是仅有政府的力量远远不够，需要企业、社会组织和个人共同参与，才能形成达到政府和社会各方期望的营商环境。"政府主导、社会共同参与"是营商环境治理的有效模式。政府是其他主体无法替代的，企业、社会组织和个人都是社会治理的主体，是营商环境的重要利益相关者。社会各方有效参与秩序治理，可以提升营商环境建设的民主性和科学性。

（三）培育和壮大社会组织

推动政府与社会组织建立合作伙伴关系。激发社会组织的主动性和创造性，以

灵活多样的形式致力于改善营商环境。首先采取向社会组织购买服务的方式，为社会组织提供必要的经费支持，促进社会组织成长。其次，加大对志愿者服务组织的扶持力度。树立为社会环境建设做出贡献的志愿者榜样，发挥其在营商环境建设中的示范和带动作用。

（四）重视社区和单位层面组织建设

社区是社会的基本单元，也是社会环境的综合载体，社区治理是改善营商环境的基石。社区已经形成了"自我管理、自我教育、自我服务、自我监督"的自治模式。进一步完善民众民主议事和决策制度，引导社区参与营商环境建设。通过加强社区治理，建设有序、和谐的高质量文明社区，整个地区或城市的社会秩序必然得到大幅提升，为营商环境优化提供综合性支持，从而增强社会环境对民众的吸引力。

四、提升营商环境社会治理水平　完善社会诚信体系建设

营商环境建设是由政府主导、社会各方参与的公共治理行动，其治理成效取决于政府决策正确性，政策有效执行和行动果断，最终取决于政府长期建设起来的公信力和诚信体系。企业之间的活动、企业与社会之间的互动都离不开社会诚信的支撑，完善诚信体系有利于降低企业的营商成本。政府的公信力和亲和力是获得其他主体信任的基础和前提，政府是搭建各主体信息交流的桥梁，利用其信用及公信力发挥协调和监督参与营商环境建设的各方利益和诉求。因此，完善社会诚信体系有助于提升营商环境社会治理水平。

营商环境"广州样本"在社会信用体系建设方面的目标是成为"全国标杆城市"。近几年已经大力推进了越秀区、广州高新区（黄埔区）开展广东省"信用建设服务实体经济发展"的试点建设。2021年5月，广州市委常委会在学习中共中央和国务院办公厅《建设高标准市场体系行动方案》精神时提出广州建设社会信用样板城市是任

务。继续探索形成适应高质量发展要求的社会信用体系，重点在于加强广州市政府诚信建设和社会诚信建设，包括档案管理、诚信管理、失信处理等制度建设。

（一）加强广州诚信政府建设

在营商环境建设中，广州市各级政府、各个部门的行为代表了广州市政府的形象，必须保证各级政府和部门诚信施政，才能取信于天下。因此，诚信社会建设首先在于诚信政府建设。一是制定和推进"信用广州"建设战略行动，探索建立"政府承诺＋社会监督＋失信问责"的政府守信承诺机制。依法依规向社会公开承诺，并将承诺履行情况纳入政务诚信档案，以便考察和监督。二是梳理政府对企业失信事项，对政府这些失信的行为及其造成的社会损失，必须尽快补救和清偿。三是研究建立因政府规划调整、政策变化造成企业合法权益受损的补偿救济机制，要求及时、足额补偿。四是加大对政府部门和公务员失信行为的惩处力度。重点治理危害民众利益、损害市场公平交易等政务失信行为。对不履行承诺的违约行为，要督促限期整改；对整改不到位、严重失职失责的，要依法依规追究责任。

（二）建立覆盖广州全社会的征信系统

健全信用信息运用机制，利用大数据对企业信用进行智慧监管。制定广州统一信用数据目录、标准和格式规范，建立社会诚信档案制度，打破信用信息壁垒。通过大数据等信息科技手段，记录企业和个人在各种活动中的诚信情况，成为可以查证并用来判断信任度的依据。将诚信档案纳入社会征信系统，利用诚信档案考察企业或个人的诚信度，作为决定商业合作、职位招聘、职务晋升等行为的重要因素，增强诚信的影响力，促使个人主动遵守诚信规则。对失信行为进行记录和披露，使作假失信者受到声誉上的损失，使诚实守信者得到褒扬。

（三）建设社会诚信机制

社会诚信决定着整个社会的交易成本。对个人而言，"人无信不立"，对社会而言，缺乏社会信用，社会秩序就会陷于混乱无序状态。因此，必须加强社会诚信机制建设，重点是建立和完善信用奖惩机制，综合运用经济、行政、法律等多元化手段来奖励守信行为、惩罚失信行为。一是构建诚信建设长效机制。推进信用承诺制，完善守信激励和失信的惩戒制度，规定政府部门、市场主体和当事人应遵守诚信规则、违反诚信规则的惩戒规则。二是推动各领域或行业信用评价的应用，在"双随机、一公开"监管中，可以根据企业公共信用综合评价结果和信用等级，合理确定不同等级企业抽查频次。三是推进"信用广州"平台升级。建设信用监管、个人信用等应用支撑平台，探索政府与征信机构、市场主体合作监管的模式。四是建立异议处理、投诉办理和失信责任追究制度，树立信用制度的严肃性和权威性。五是建立信用修复"一网通办"机制。

（四）建立和完善社会信用声誉机制

社会诚信能够增强可预期性，可以简化程序，增强企业经营的信心和安全感。社会信用的建立，在很大程度上依赖于激励相容环境的培育，奖励守信者，提高失信成本，促进市场主体和个人对"守信"理性选择。其中社会声誉机制能够有效约束失信行为，有助于社会信用机制建立。在一个越来越开放的社会，声誉机制是一个渐进的过程，经过长期教育，并与信用制度建设结合起来，才能逐渐营造崇尚诚信、爱护声誉的文化氛围。可以从建立社区声誉机制着手，树立诚信社区榜样，普及诚信文化和知识，提升居民的诚信主体作用和诚信素质，塑造诚信文化。同时，开展诚信居民教育，提高全民社会对失信行为危害性的认识，使得失信者的负面影响无处不在，最终达到社会性惩罚目的，助力营商环境的社会环境改善。

第六节　优化生产生活环境：完善城市服务功能

一个城市营商环境建设离不开基本的功能设施及城市服务功能。"广州样本"

营商环境建设的基本前提和保障条件是城市服务功能的不断完善和提升。城市服务功能是指一个城市为满足人们自身生存和发展需要所具有的生产与生活型服务效能或作用。大体上可以分为以下四类：一是满足生产性服务功能，主要是交通运输及物流、金融与保险服务、信息与中介服务、商贸服务等功能；二是生活性服务功能，包括家政及个人服务、文化体育、医疗卫生、餐饮住宿、教育培训、旅游娱乐等满足基本生活需求的功能；三是专业性服务功能，主要是法律、会计、咨询、研发等服务功能；四是自然生态保护功能，提升城市环境承载能力。因此，优化生产生活环境必须加大对城市环境改造和维护，提升其服务功能。

一、加大城市设施更新改造　促进老城市焕发新活力

2018 年 10 月，习近平总书记在广州提出了老城市新活力号召。这就要求广州大力改造老城市居住环境，提升民众生活便捷度，同时也是为生产活动提供更便捷的条件。实际上，1998 年 7 月，广东省委、省政府就广州城市建设提出了"一年一小变，三年一中变，十年一大变"的城市改造工程，2010 年取得了巨大成就，并迎来"亚运会"检验。2009 年 12 月广州市政府实施了《关于加快推进"三旧"改造工作的意见》对旧城镇、旧村庄、旧厂房进行了大规模改造。2015 年 2 月，广州市城市更新局正式挂牌成立，11 月出台了《广州市城市更新办法》及一系列文件，推动广州城市进入"城市系统和谐更新"阶段，城市更新改造从临时转向常态化。2020 年 8—9 月，广州市委、市政府出台《关于深化城市更新工作　推进高质量发展的实施意见》及《广州市城市更新实现产城融合职住平衡的操作指引》等五个指引文件，推动城市向高质量发展。假以时日，广州生产生活的配套设施将更加完善。未来一段时间，广州老城市改造的重点是高质量推进城市更新改造，补齐基础设施和公共服务设施短板，完善生活设施、环境绿化等，为"吸引进来、留住消费"国际消费中心城市建设奠定基础。

一是推进事权下放，实行"微改造"备案制，推进城市有序更新。创新老旧社

区、旧楼宇更新规划、政策和技术标准。加强城市更新基础数据的调查研究，建设城市更新数据中心，持续系统地推进差异化的城市更新。关注社区人居环境美化，推进老旧社区更新和城市可持续发展，完善老城区供电、供水、排污等市政设施；完善老城区步行购物商业系统；细化老城区功能分区定位，发展生产生活服务业；改善老城区道路交通系统，实现"老城区新活力"。

二是深入推进老旧城区更新行动。继续落实 2020 年以来广州市委、市政府一系列政策措施，加大老城市更新改造力度，不断"翻新"老旧小区。推动 2025 年重点地区先行更新改造目标和 2030 年建成区全面更新改造的目标，优先推进老城区和重大基础设施的改造，优化生产生活环境，打造宜居宜业宜游城市空间。通过设施配置，提升城市国际化水平，吸引和留住国际流动人口生活和消费。

三是全力推进现代化基础设施建设。以创建国家基础设施高质量发展试点示范城市为契机，推动广州城市交通、物流运输、公共卫生、应急管理等领域传统基础设施优化升级，加快包括第五代信息技术（5G）、工业互联网、人工智能和大数据中心等在内的"新基建"行动，优化城市基础设施功能配置和空间布局，构建现代化、国际化基础设施体系，满足广州国际消费中心城市的要求。

四是打造"产—城—人"高度融合的宜居宜业生产生活环境。营商环境"广州样本"还要坚持以创新、协调、绿色、开放、共享的发展理念，实现"产—城—人"的高度融合，将广州打造成粤港澳大湾区宜居宜业的人才高地。提高城市精细化品质化管理水平，按照"干净、整洁、有序、平安"的要求，打造广州宜居宜业的城市环境，助力生产生活服务环境的优化。

二、完善城市综合交通网络　提高交通运输服务水平

城市交通状况关系到生产效率和生活质量，城市交通建设也是营商"硬"环境建设的基础和主要内容。完善的城市综合交通网络是营商环境"广州样本"的重要内容。广州交通网络建设取得了辉煌成就，已形成覆盖航空、铁路、港口航运、

公路运输、城市和城际轨道等多种运输方式基本协调的综合运输体系，公共交通服务水平日益提升，2013 年广州入选国家"公交都市"。缺乏科学的交通管理规划和规章，即使是最优质的交通设施，也难以畅通无阻，反之，不堪重负的老旧、狭窄的公路，无论怎样协调管理，也难以提高交通效率。广州交通网络建设沿着智能化、更快捷的方向发展，解决物流配送"最后一公里"的拥堵问题，提高运输服务水平。

（一）加强城市交通基础设施改造和科学交通管理的结合

加快公共交通设施升级改造。同时，加强交通智能化管理，解决物流环境"最后一公里"问题，缓解交通拥挤等。深化广州市交通运输领域"放管服"改革，完善交通运输局政务服务事项"好差评"监督系统。依托互联网、云计算、大数据等信息化技术，提升交通出行智能化服务水平，完善"广州交通·行讯通"交通出行综合信息服务，让民众交通出行更便捷，随时随地获取城市交通、高速公路的路况信息、交通工具动态信息。

（二）进一步统筹规划以广州为辐射中心的交通网，全力推进湾区城市群基础设施的互联互通

加强与粤港澳大湾区交通网络的对接，通过完善基础设施的科学规划布局，提升广州与粤港澳大湾区、粤东、粤西和粤北之间的便捷程度，重点提升对外高速公路走廊能级，为物流和客流的高效通行提供基础设施保障和交通网络保障，优化提升大湾区城际出行服务品质。

（三）加强跨国交通线路的科学规划，构建"连通世界、辐射全国"的综合运输保障体系

国家重要中心城市、国际商贸中心和综合交通枢纽的定位，要求广州建立"衔接顺畅、服务优质、支撑有力、管理规范"的综合运输服务体系，不断提升综合运

输保障能力。构建以国内大循环为主体，国内国际双循环相互促进的新发展格局，要求循环的通道设施条件先行，积极延伸和拓展港口集群和机场集群的功能，提升水运港口功能定位，打造内联外通、海陆空无缝对接的物流枢纽，改善陆地集疏运条件，增强水运港口和空港的国际航运吞吐能力，促进要素市场的自由流动。

三、加强信息基础设施建设　推动广州智慧城市建设

随着新一轮技术革命演变，大量科技成果应用于经济社会，特别是新一代信息技术、数字技术的广泛应用，社会生产、生活方式正在发生较大变化，推动城市发展模式的创新。数字化技术应用极大地推动了营商环境建设，推动政府部门科学化、精准化管理的效能革命，并在深化"放管服"改革、激发市场活力和社会创造力等方面发挥更多作用。为政府治理理念、治理结构、运行机制、行为模式及资源配置等带来深层次的结构性变化，有力助推国家治理体系和治理能力现代化。数字化发展是一项复杂系统工程，必须遵循数字化发展的规律和特点，加强数字化发展的统筹协调，加大信息基础设施建设。可以借鉴南沙区制定和实施信息基础设施、人工智能、智慧城市、工业互联网、智慧充电设施五大专项工程的经验，南沙区发布《广州市南沙区加快数字新基建发展三年行动计划》（2020年8月），提出到2022年建成泛在互联、高效智能、管理精细、利政惠民的数字新基建设施及相关应用，促进数字新基建与产业创新、融合应用、新消费、市场相结合，优化营商环境，促进城市治理体系和治理能力现代化。

（一）加快推进覆盖广州全域的新一代信息通信技术设施建设

完善通信网络设施建设，加快第五代移动通信网（5G）、工业互联网、物联网、车联网，以及电信网、广播电视网、互联网三网融合的基础设施建设；加快广州超级智能计算中心、巨量数据信息资源库、电子政务云计算平台等战略性基础设施建设，形成万物互联、泛在移动、人机交互、天地一体的网络空间。另外，全面实施

智能化的交通、电网、安全供气及地下管网等基础设施智能化工程，加快推进城市重要设施的智能化改造升级。

（二）基于信息通信技术设施的应用，加强城市智能化管理，推广智慧应用服务

建设城市智能化管控中心，连接政府各部门的智能化信息平台，推进电子政务服务，提升政府管理和公共服务能力。将网络办理事项与区域网页对接，通过网页向市场主体及民众提供"一站式"直通服务。推广智慧民生服务，构建涵盖社区、家居、社保、医疗、文化、教育等重点民生领域的智能化服务体系，培育智能化生活环境。

（三）扩大智能化技术的应用场景

基于工业互联网、数据信息中心等新型基础设施建设，提升 5G、人工智能等应用场景支撑能力。加速人工智能技术与传统企业相融合，大力发展"5G+"技术及其应用场景，与制造业、交通运输、智能港口及口岸管理、金融、旅游、教育等服务结合。完善物流运输、电子商务监管体制机制，促进实体商场和网上购物有机结合，保障商贸流通与物流配送的快捷和安全。

（四）加快前沿"智慧"技术在政务领域的应用，营造快捷、准确的智能化营商环境

大力推动新一代信息技术在政府办公及政务、公共服务、公共安全及管理等领域深度应用。通过先进的 5G 信息技术，强化部门沟通协调，促进部门协同联动，推进智慧城市建设；基于智能化管理的政务服务系统，推动跨域数据共享应用、业务标准互认、流程优化再造，推动全国一体化在线政务服务平台建设，实现"异地可办""跨区通办""一网通办"快捷化政务服务。

四、加强城市软环境建设 提升城市服务品质和管理水平

除了交通、通信等公共设施硬环境建设，城市还有软环境建设。软环境是营商环境的非物质层面的人文环境，包括城市公民素质、民众思想观念、文化氛围、精神文明、信用环境、社会舆论、服务环境、公共秩序及法治环境等。软环境建设要求做到管理规范、政务高效、规制执行的公正、灵活宽松和文明和谐，为守法者生产经营营造人性化的环境。

（一）积极营造广州开放、开明的理念环境

重点在于维护广州开放环境，兼容并包的开明理念，树立大局意识；树立"顾客至上""部门服务企业"观念，增强"人民利益至上"的服务意识。通过理念更新，培育国际化观念，吸引更多国际流动人口来广州消费，推动广州国际消费中心城市建设。

（二）着力营造政府重商、守信的文化氛围

广州作为千年商都，一直重视商贸、守信经营的文化。新时代广州营商环境建设一定坚持重商、守信的风尚。"重商"就要求政府为企业提供高质量、高效率服务，实现行政方式由管理型向服务型、责任型转变，政府的公务员要实现"管理员"向"服务员"的角色转变。同时提供优质的信用环境，首先是政府的"公信力"，维护政策稳定性，规制的公正性，防止政策多变、政出多头、因人行政的现象；其次是中介机构、非政府组织等社会组织有良好的信用环境。这样，为企业营造一个良好的创业环境，以规范的方式为客商提供快捷便利的服务，让企业有一个公平竞争、稳定安全的营商环境，减少交易成本。

（三）着力营造公开、公正的制度环境

企业需要安全的公正竞争环境、公开透明的政策和制度。一方面，加强公民

道德教育，努力提高民众素质，树立"人人是营商环境，处处优化营商环境"的理念，另一方面，重要的是政府官员和公务员保持廉洁公正的行政风尚，为市场主体及投资者生活居住、医疗保健等方面提供便利，使他们创业投资和经营自由自便。

（四）提升城市服务品质和管理水平，打造"广式服务"特色

"以人为本""广式服务"是广州城市突出的特色品牌，多元化、便利化"广式服务"已融入广州城市血脉中。未来，应维护和提升"广式服务"优良品质。大力推进公共服务多样性，满足各类企业和民众的需要；增强公共服务的均等化建设，满足个性化需求；让高收入群体可以享受相应的公共服务，让低收入群体生活有保障。这样可以保证多层次人才汇聚，适应企业发展的多种需要。积极打造宜居城市、韧性城市、智能城市、绿色城市和人文城市，让民众在广州城市生活的更方便、更舒心、更美好。

（五）加强广州城市人性化、精细化管理

"细节决定成败"，坚持以人为本，关注细节，致力于满足民众对美好环境的期待。近年来，广州提出了运用"绣花功夫"优化营商环境，绣出精致优雅的市容品牌。大力实施市容环卫精细化、市政设施标准化行动，统一城市道路、桥梁、标识、路灯等设施风貌，有序更新市政公用设施，注重设施使用时的便捷性、连续性、通畅性和安全性；提升道路及照明等各类设施品质，精心打造每一处街巷、景点和建筑。

第七章
巩固和提升营商环境"广州样本"的保障措施

近几年来，广州推动营商环境建设的力度不断加大，正在争取成为世界银行评估中国营商环境的"样本"。营商环境建设永远在路上，没有"终点"，也没有"最好"，只有"更好"。持续建设和维护广州良好营商环境状态对于广州经济高质量发展和社会和谐运行具有重要意义。世界银行对广州营商环境的评价不仅代表"广州水平"，更是中国营商环境的代表和缩影，代表中国形象在世界舞台上参与竞争，这为广州带来了新机遇与挑战，对广州提出了更高要求。为此，必须加强保障措施建设，加强营商环境"广州样本"的宣传，提高民众对广州良好营商环境的认识，同时增强政府组织保障，并动员企业广泛参与营商环境建设，积极巩固和提升广州营商环境建设的成果。

第一节 提高对中国营商环境"广州样本"的认识

"营商环境"自 2012 年正式被中国政府接受并纳入政策文件以来，大大拓展了体制改革的内涵和行动范围。营商环境建设与体制改革一脉相承，在宏观层面不仅包含了经济体制、政治体制的改革，而且包含了社会管理体制改革；在微观层面更加关注微观机制建设，深入企业生命周期所需服务。这与中央提出来的"更深层次改革""更高水平开放"相一致。习近平总书记于2017年7月在中央财经领导小组第十六次会议上强调北京、上海、广州和深圳等特大城市先行先试，打造公平透明的营商环境，于2018年10月在广州视察时再次强调了广州要在现代化国际化营商环境方面出新出彩。因此，实现现代化营商环境出新出彩是广州肩负的一项重要政治任务，也是广州营商环境建设的根本遵循。

一、"广州样本"为广州营商环境建设指明方向和路径

营商环境建设是持续不断革新、而非"一劳永逸"改革过程。广州作为改革开放的"排头兵"和"先行者"，近年来，致力于打造市场化、法治化、国际化的营商环境建设新"名片"。在营商环境建设方面取得了显著成绩，通过积极创新服务方式，切实为企业运行提供了便捷化的政府服务。广州营商环境建设的成效，加上广州的区位及其国际化水平，引起了国内外广泛关注，也可能被世界银行纳入中国营商环境评估的"样本"城市。因此，广州营商环境建设肩负着"中国样本"城市的任务，一方面遵循中国对广州发展的定位和要求，另一方面按照世界银行对营商环境评估框架的要求，拟定"广州样本"目标、任务和建设路径。按照企业生命周期各个环节的要求，提高政府行政及公共服务水平，改善投资和产业发展环境，营造一个有创新活力的社会环境，以及高度法治化和国际化的软环境、设施条件和现代化的硬环境，保障企业高效率运行。

包括世界银行在内的多个国际机构都在开展营商环境评估，引起世界各国纷纷参与"营商环境建设优化"的竞争。广州即将作为中国营商评估样本，也就参与了营商环境建设的国际竞争。必须树立竞争意识，"没有最好，只有更好"，在营商环境建设方面坚持持续改革，不断优化，争取达到国际先进水平。

世界银行对营商环境评估标准是动态变化的，其评估框架和指标选择也不断拓展，而且开发出新领域的评估框架和标准。因此，营商环境"广州样本"建设也

必须动态调整内容，拓宽改革和创新内容，"倒逼"广州进行全面系统、深入细致的改革，推动营商环境建设"领跑全国"，并与世界营商环境建设的国际先进水平进行比较，展开营商环境建设的国际竞争。广州应该高度重视、清醒认识、准确把握，对照党中央、国务院有关政策及其指示精神，提高对即将被选入世界银行《营商环境报告》的"广州样本"的认识，持续推动体制机制创新措施"落地"，形成营商环境改革的重要动力源泉。

二、"广州样本"为转变政府职能提供示范

广州有机会被世界银行列入评价中国营商环境的样本城市，说明广州营商环境建设取得了优异成效，同时能够代表中国营商环境建设，其方法和措施值得肯定。同时，还要持续接受世界银行营商环境评估框架的检验。其中，政府与企业关系是考察的主要内容，关于广州市政府职能、行政体制建设的评价和动态提升，将为进一步转变政府职能提供示范。营商环境"广州样本"建设能够更加关注企业和民众的需求和获得感的评价，必须进一步深化行政审批制度改革，加快转变政府职能，强化服务意识，改善服务效率，促进服务质量的提升。

（一）关注企业生命周期各个环节的体制改革

营商环境"广州样本"重点关注企业生命周期各环节的改革、市场主体办事效率、生产经营过程制度性成本。对此必须高度重视对企业经营过程中涉及政府监管和服务环节的体制机制改革进行科学设计，从基层企业需要出发，综合各方的意见与建议，立足整体、兼顾各方，统筹规划制定出切实可行的优化营商环境的政策性方案。因此，各级政府各个部门要重视"广州样本"，加强其责任感、使命感和紧迫感，开展自我检查和自我剖析，找出制约营商环境发展的因素与制度创新政策"落地"过程中存在的问题，梳理与总结提升营商环境中的"症结"，及时整改，"对症下药"，不断优化营商环境。

（二）精准划定政府的权力清单

经过近几年"放管服"改革，广州市政府行政效率大幅度提升，企业和民众个人办事时间大幅度缩短。按照"广州样本"要求，全力营造稳定透明公平、可预期的营商环境。继续做好行政权力下放和流程再造，提高行政权力运行效率。重点是不断缩减和优化政府权力清单，减少政府对企业的直接干预；在企业运行事中事后监管方面，大力推行"双随机、一公开"制度、"监管纠错容错机制"等，通过实施市场轻微违法经营行为"双免清单"，持续优化营商环境，落实各有关市场领域持续健康发展的有效举措，激发市场活力。

（三）动态关注市场主体获得感和满意度评价

优化营商环境的本质是为企业生产经营活动提供便捷服务。市场主体获得感评价成为营商环境建设成效的首要指标。关键要提升市场主体的满意度，首先是增强政府服务意识，为企业运行提供优质服务，增强对企业的吸引力度，吸纳企业投资发展。其次是深化企业办事流程，对行政业务流程拆分和重构，整合和简化不同部门的办事程序，持续对流程环节进行削减、合并和优化，推进办理业务手续的简化。最后是破除部门内部业务壁垒，提高政府办事的效率和质量，让企业和群众切实享受"放管服"改革带来的便利。

三、"广州样本"为营商环境提供法治化保障

"法治要素"是营商环境规范化评估的重要内容，法治化是制度建设的重要行动，其关键是以法律制度建设为基础，为营商环境优化提供保障。因此，法治化营商环境是"广州样本"建设不可或缺的重要内容。"广州样本"通过对各层次法律法规制定、修正和建设，不断提升和完善广州法治化营商环境，维护市场主体合法权益，进一步激发市场主体活力。

（一）"广州样本"建设有助于加强市场公平竞争制度建设

公平竞争的营商环境建设以完善的法制体系、公正的执法机制、公开的司法机制为保障，实现"有法可依，有法必依，执法必严，违法必究"。一是立足市场主体的实际需要，深入开展地方立法，扩大营商环境制度供给。完善包括中小企业发展、人力资源市场、地方金融监管、公平竞争环境等方面的地方性法规。二是以民法典配套法规规章制度建设为指导，对地方性法律法规进行全面的清理和修改，消除地方性法规、规章、规范性文件中妨碍统一、公平竞争、平等保护的内容。三是有效保护市场主体的平等地位，建立健全公开透明、便民的司法机制。同时向公众公开司法和执法等信息，接受社会监督，督促被执行人履行义务。

（二）促进执法和司法等法治机制的创新

"广州样本"建设要求转变相关领域的法治方式，提高治理能力，推进城市治理体系建设。一是从先前的单项执法转变为推行综合性执法，做到"一次检查、全面体检"。二是创新监管方式，在重点领域之外的其他领域实施"双随机、一公开"监管。三是实行包容审慎和监管纠错机制，避免"一刀切"。实施首次轻微违法行为容错清单，给新技术、新产业、新业态、新模式等行为纠错机会，对不涉及国家公共安全、人身安全和生态环境保护的首次轻微违法行为实施容错机制，审慎采取限产、停产等应急管理措施。

（三）促进广州诚信社会建设

除了建设法治社会，还必须建设"诚信社会"，党中央、国务院一直重视社会信用体系建设，早在 2014 年，国务院就提出了社会信用体系建设规划[①]，要求加强

---

① 国务院颁发和实行《社会信用体系建设规划纲要（2014—2020 年）》（国发〔2014〕21 号）、《关于建立完善守信联合激励和失信联合惩戒制度加快推进社会诚信建设的指导意见》（国发〔2016〕33 号）。

政务诚信、商务诚信、社会诚信和司法公信建设，构建以信用为核心的新型市场监管机制。一是促进政务诚信机制建设。除了建设法治政府，还必须建设"诚信政府"，建立政务诚信机制，对政府违约、失信问题加强治理。二是增强对失信主体的信用监管，增强市场监管能力。通过一系列制度安排，增强各类主体诚信意识，提升全社会诚信水平；同时完善守法诚信褒奖机制和违法失信惩戒机制。三是推进信用风险分类监管，完善企业信用修复机制。四是推进知识产权制度建设。知识产权问题实质是社会诚信问题。"广州样本"对知识产权保护提出了更高的要求，要求完善知识产权法律制度，严格执行知识产权法，保护企业创新成果和企业知识产权的权益。

四、"广州样本"为开放型体制建设提供行动指引

中国加入WTO、IMF等国际经济组织，与多个国家及国家联盟构建双边自由贸易区（协议），在境内开辟了一系列自由贸易园（试验）区，边境开放已经达到一定水平，而且还在继续扩大开放度。基于世界银行的营商环境建设的突出特点是国际化，不仅要求在边境政策和体制方面继续扩大开放，而且要求在境内政策及国内体制机制方面不断开放。在这种背景下，"广州样本"的建设也必须提升国际化水平。进一步扩大开放，实现政策型开放向制度型开放的转变，保证广州优良营商环境的持续稳定。因此，"广州样本"将为广州制度型开放、完善开放型经济体制建设提供方向指引。

（一）进一步扩大边境开放

在全球化和国际化背景下，广州在边境政策和体制开放方面还有一定空间。中国（广东）自由贸易试验区赋予了南沙片区自主权，近几年，在贸易和投资便利化建设方面进行了一系列创新和探索，进一步开放可以沿着边境开放思路和方式，建立和稳定制度型开放体制机制。一是加快南沙自由贸易试验区扩容升级建设，增强

其开放功能，对标自由贸易港和高标准国际经贸规则，增强"首创性"制度创新，打造跨境电子商务综合试验区，扩大金融对外开放的试验，加强穗港金融合作。二是加快广州与港澳制度环境和规则的衔接，破除穗港澳在投资和贸易便利化方面的体制机制障碍，推进广州与港澳地区间产业相互合作与融合发展。三是创新开放体制机制，增强要素集聚能力和经济中心功能，吸引高质量要素集聚广州，引领及带动湾区战略性新兴产业发展，推动广州经济高质量发展。

（二）加强境内制度改革和开放

为了应对境内制度开放潮流，必须深入研究境内政策和制度的开放方向和路径。一是借鉴国际先进开放规则标准，推进境内开放制度创新。重点是学习中国香港和澳门的开放的体制机制，推进重大行政决策的规范化。二是加快先进自由贸易试验区体制机制的复制和推广，推动全域制度型开放，扩大广州全域开放度和便利化水平。三是加快内外贸、内外资政策的统一，创新税收制度，降低国内税负和费用水平，促进国际国内双循环新格局的建设。

（三）对标国际高标准规则体系，推动更深层次制度型开放

随着中国开放深入推进，建立了多个自由贸易协议，未来会构建高标准的投资与贸易协议，虽然还没有进入"全面与进步跨太平洋伙伴关系协定"（CPTPP），并推迟了批准中欧投资协定，但是，中国已经开始向高标准开放规则接轨。广州开放型经济体系建设必须研究和对标国际先进规则体系，积极推进规则、规制、管理、标准等制度型开放方式的试验。积极探索有关货物贸易、服务贸易和投资的新规则体系，健全促进对外投资政策和服务体系，探讨国有企业、劳工标准、跨境电商、服务贸易、政府采购等领域的体制的开放创新，为推动深层次制度型开放提供重要参考。积极推动"走出去"投资，参与国际经济合作，充分运用各类双边、多边投资贸易合作机制，参与和引领"一带一路"建设，扩大广州对外开放水平。

（四）提升抵御外部风险能力

随着对外开放程度不断扩大，开放型经济风险逐步扩大，必须加强外部风险的防范，提高涉外经济安全风险防范能力。借鉴国际规则，健全海外利益保护和风险防范体系，健全开放条件下的金融风险防控体系，运用境外投资的法律及制度体系，维护广州企业海外合法权益。建立健全和推进落实外商投资的安全审查、反垄断审查、国际技术安全清单管理、出口管制、不可靠实体清单等规则体系，维护广州企业海外合法权益。

第二节　加强"广州样本"标准的宣传和普及

营商环境建设是区域政府、企业、社会和个人共同的事业，需要社会各界共同参与，才能及时发现问题及时纠正，使营商环境越来越如各方所愿。让各方共同参与营商环境建设，就必须了解营商环境建设的行动框架，把各自的行为和行动汇集到共同方向上。为此，必须开展营商环境建设的宣传，让营商环境建设"广州样本"的基本知识、行动框架、已有成就及经验、发展方向等普及到社会各界，使社会各界形成共识，主动参与营商环境"广州样本"的建设和巩固。

一、多渠道多方式加强舆论导向宣传营商环境"广州样本"

社会分区域、分类型、分层级呈现网络状，宣传营商环境建设基本知识及广州建设状况也必须采取多渠道和多方式，广泛告知社会各界。一是编辑出版物，供社会各界了解广州营商环境建设状况。中共广州市委宣传部召集专家研究广州营商环境建设"出新出彩"的专著、广州市人大常委会经济工作委员会与广州市社会科学院合作编著的年度报告《广州营商环境报告》并出版书籍等就是一种非常有效的方式。二是编制专题报道、年度专题报告等形式，在《南方日报》《羊城晚报》《广州日报》《南风窗》等报刊连载，向社会介绍国家及广东（广州）地方营商环境建设的政策和规章制度，报道各个领域营商环境建设状况和动态变化。三是采取漫画、动漫形式，把营商环境建设成果图示化和形象化，在电视节目中播放，在社区街头巷尾的宣传栏张贴，广泛告知民众。四是在广州市政府网站建立"广州营商环境"网页或者建立专门网站，开辟微信公众号，以电子信息形式发布广州营商环境建设动态。广州市司法局和其他单位前期通过互联网"线上"方式宣传营商环境政策，取得一定的效果。"线上"方式比较即时，但受众范围窄。必须加大"线下"现场会议集中推介和交流。同时，采取"立体式"宣传解读机制，会议宣传解读、记录与播报、居民公告栏的宣传，会议后落地与推广各项政策，把营商环境政策解读与宣传融入政策实施的过程，进一步提升政府的公信力，维护和保障"广州样本"的长效运行。五是发挥广州营商环境咨询委员会的宣传推介作用，广泛向各行业各领域的企业及机构宣传推进广州营商环境建设成就，增强企业及机构在营商环境建设优化中的获得感。另外，建设国际语言环境，完善国际标识系统，增强城市国际传播能力，让世界更充分了解广州，让广州声名远播。总之采取多形式向社会告知营商环境建设的基本知识和广州营商环境建设态势，让社会各界了解和参与广州营商环境建设过程。

二、围绕民众需求提升"广州样本"的社会知晓度和参与度

营商环境建设是社会各界共同参与和共享的事业，民众广泛了解和参与非常重要。树立"人人是营商环境，处处有营商环境"的理念，让民众知晓"广州样本"的重要性，其有效方式是让民众共享营商环境建设成果，同时参与建设过程，这是维护营商环境"广州样本"长效运行的基础。一般采取具有"熟人社会"特性的社区方式，通过社区组织动员、志愿者参与等，能够较快地宣传政府意图，提高民众对政府政策和行动的知晓度。一是以民众的需求为导向，向民众征求政务服务、公共服务的问题、意见与建议，发现营商环境建设"难点""痛点"，群策群力参与解

决营商环境存在的短板及难题。二是针对民众关注度高、受惠广的政务服务领域，向社区民众宣讲政府一系列举措，回应民众的需求。引领社会树立人人参与营商环境建设的意识，进一步巩固法治化的营商环境理念，让良好的营商环境惠及民生。三是构建民众监督机制。民众参与监督，就会自觉不自觉地了解到营商环境建设政策、规制的进程，及时领会和知晓营商环境改革举措的重点和具体实现路径，也就是打通政策落地"最后一公里"，实现营商环境"广州样本"深入人心，家喻户晓，广州营商环境持续优化就会得到民心保障。民众参与监督营商环境建设进程也是最有效的宣传方式，也能够发挥"广州样本"的引领作用，有助于广州营商环境的优化和提升。

三、围绕市场主体获得感提升企业关注度和参与度

市场主体是营商环境建设状况的直接体验者。世界银行研发的营商环境评估实际是围绕企业生命周期阶段的政府监管和服务展开评价。因此，通过企业对营商环境建设的"获得感"可以达到向企业宣传营商环境"广州样本"的目的。提高企业获得感的有效方式是让企业关注、参与营商环境建设，让企业了解营商环境建设的过程和态势，同时也让企业参与监督，督促政府进行营商环境建设的进程。一是举行企业代表政策宣讲会，及时宣传国家和广东省政府关于营商环境改革的重要指示精神，解读广州市政府《广州优化营商环境条例》、优化营商环境"广州样本"的规划和政策文件，展示营商环境建设的规制体系和相关部门便利化举措，介绍营商环境建设过程和动态。二是召开企业代表专题座谈会，了解各类企业对政府行政体制改革、各个部门"放管服"改革及其便利化措施的"获得感"，从而获得完善营商环境改革的意见和建议，提升企业对营商环境建设的关注度。三是实地考察企业，了解企业经营状况和行为，考察政府一些限制措施的落实情况，了解企业的真实问题和意见，发挥企业对营商环境建设过程的监督，从而进一步破除企业创业创新中的体制机制障碍。四是设立企业反映营商环境建设问题的"企业专窗""电话

专线"和专门网络平台。也可以利用广州各个部门网上办事服务平台、在线政务服务平台，同时搜集企业的意见。通过企业对营商环境建设的"获得感"调试企业关注度，从而动员企业参与营商环境建设过程，也实现了向企业宣传营商环境"广州样本"建设态势。五是开展营商环境建设的法律服务进企业活动。组织专业法律服务人员到企业开展"法治体检"，宣讲营商环境建设法律和规制体系，针对企业需求提供法律服务，引导企业完善合规管理机制，依法维护自身合法权益。

四、围绕优化政务关系强化政府部门宣讲职责

营商环境"广州样本"是广州市政府积极推动的一项行动，达到"以评促建"目的。作为营商环境改革的各项规制和举措的"供给方"，不仅要让社会各界了解和支持政府所做的各项政策和举措，而且让政府内部公务员充分认识营商环境"广州样本"的意义。对政府内部宣传营商环境建设政策最有效的方式是组织各个部门及公务员学习有关政策和理论知识，采取自学和专题培训班形式。要求公务员围绕优化政务关系，掌握营商环境改革的基本理论、中国营商环境建设实践及经验、问题与改革方向。

一是全面系统学习十八届三中全会以来党中央、国务院关于营商环境建设的指示和文件精神、法律和规制，了解营商环境建设的思路和各个阶段成就，领会广东省委、省政府和广州市委、市政府各个时期关于营商环境建设的政策文件，学习《广州市优化营商环境条例》及有关规划和部署。

二是全面宣讲世界银行《营商环境报告》的评估体系。让各个部门及其公务员准确领会世界银行对营商环境评估的核心思想及评估体系，弄清世界银行评估的框架——"测评问题、中国答案、作为支撑的法律或规范性文件、具体条文、实践做法与典型案例"五个要素，根据企业生命周期的问题导向，总结"广州样本"的经验性"答案"，寻求法律依据和典型个案及其具体方法。

三是通过强化政府各个部门职责的方式，向政府各个部门及其公务员宣传"广

州样本"建设的要求。要求政府各个部门积极主动参与营商环境"广州样本"建设，参与广州社会经济管理体制改革和创新活动，不断增加优化营商环境的规制和政策"供给"。积极开展相关法律法规政策的宣传活动，发挥以案释法宣传作用，发布优化营商环境典型案例，引导市场主体合法经营。

四是围绕优化政务关系的体制机制创新，强化公务员政策"宣讲员"身份。公务员是营商环境建设的各项规则和制度的执行者，经常直接面对企业代表和民众，代表政府解释和执行各项政策，在优化政务关系中发挥主动作用。作为政策的"化身"，必须熟悉各项制度和政策，同时具备一定理论知识，承担营商环境各项规制和政策的"宣传员"，把营商环境建设的政策和"广州样本"建设规划"传真"给企业代表、社会各界和民众。

第三节　提升对标"广州样本"的企业国际化规则意识

营商环境建设主要是针对企业需求，特别是中小企业在一个生命周期中各环节需求而进行的规制、政策和服务等多方面建设。因此，营商环境建设实质上是政商关系调整，企业是市场主体，其行为受到法律制度约束；其效率又来自规制的激励。规制由政府提供，由政府维护市场公平竞争的公共管理职能和职责决定。在营商环境"广州样本"建设中，企业的作用非常重要，必须服从有关法律和规制的约束，配合政府提供的服务；必须有"角色"担当的责任意识，有国际视野和规制意识，积极参与营商环境建设，自觉维护广州营商环境"广州样本"建设的成果。

一、新型政商关系：基于规则的政企良性互动

企业作为政商关系建设的一方，在营商环境建设中占有重要地位。政府是市场竞争的公平竞争规则制定者和执行者，被称为"裁判"；同时规定"裁判"不能参

与市场竞争，企业不能阻碍政府执行规则。政府在法律约束下被赋予为企业运行提供必要服务的职责。在中国计划经济时代，"政企不分"，政府干预企业经营管理，企业被赋予政府职能，承担社会管理的义务。改革开放以来，随着市场经济体制逐渐确立，政府与企业分开，履行各自的职责和义务。按照世界银行关于营商环境的要求，政府给企业运行提供宽松环境，以此提高企业运行效率。"广州样本"要求广州政府与企业进行良性互动，形成基于规则的"亲""清"新型政商关系。一是政府有关部门加强优化营商环境的法律法规、政策措施的宣传，加大政府关于营商环境改革措施的传播和宣传，让企业有更多途径和机会了解政府有关政策。二是市场监管部门不断深化商事规则改革，积极引导市场主体合法经营、依法维护自身权益。三是大力支持中小企业健康发展，促进中小企业按照法律、政策进行合理合法经营活动，企业家要自觉加强自我学习，及时准确掌握国家经济发展规划和产业政策，关键是要树立底线意识，增强遵纪守法和诚信经营的意识。四是引领企业树立参与营商环境建设的意识，进一步巩固法治化的营商环境理念，让良好的营商环境惠及每一个企业。

二、培育企业制度文化和国际化规则意识

企业一般都重视内部的规章制度建设，对员工讲"规矩"，要求员工严格遵守企业规章制度，员工在内部遵守规章、生产流程和秩序，有助于生产效率提升。但对外部环境制度采取规避办法。其原因可能是企业进行选择性遵守部分规制，遵守对企业有利的规则，规避不利于自身利益的法规；也可能由于规制创新不够导致的规则空位和执行力不够，导致企业钻政策和规制"空子"。这些都是规则意识不强。企业都采取选择性遵守部分法规，必然会破坏公平竞争的法治环境，最终遭遇损失。必须把企业内部"规则"延伸到外部，约束企业行为，遵守外部营商环境的法规和政策。一是建设企业内外统一的"制度文化"。企业一定要有"法治是最好的营商环境"的意识，要求企业员工人人遵守规则、法律和政策，形成内部的"规则

意识""制度文化"。在这种制度文化的约束下，内部文化必然"外化于行"，员工对外代表企业遵守政府有关规则制度和政策，有助于提升企业社会形象。反过来，法律和制度将内化为企业本身的规章制度，最终成为企业和员工的规则和行为规范。二是培育企业国际化规则意识。世界银行选择"广州样本"作为评估中国营商环境建设的调查样本，说明广州营商环境改革与国际规则逐步接轨。因此，培育企业树立国际规则意识，培育国际视野和战略眼光，了解掌握跨国投资和贸易的国际规则、法律制度和政策规定。企业在规则、法制约束的范围内，企业行为也就从国内发展空间拓展到国际市场，赢得长期发展的空间。跨国经贸和投资活动必然遇到国际惯例，比如进出口贸易惯例、产品标准、市场准入、招投标惯例、环境保护、劳工权益等相关的法律问题，这些问题直接影响企业国际化经营效益。三是营造良好的企业知识产权保护文化氛围。在建设"广州样本"过程中，必须重点关注知识产权问题。无论是国内市场还是国际市场，知识产权已成为企业竞争力的支柱。产品技术及商标、版权等涉及知识产权问题。无论国内法律还是国际法律，都非常重视知识产权规制建设。必须在企业内部树立知识产权法制观念，形成员工知识产权意识，并将知识产权意识转变为自觉的行动，有效地维护本公司知识产权。同时，自觉地尊重和有效地保护外部企业或伙伴的知识产权，营造一种"激励创新、保护创新"的营商环境，提高广州企业的国际竞争力。

三、培育和提高企业社会责任意识

企业是市场竞争主体，除了利润核心目标外，还被赋予社会责任，社会各界非常关注企业履行社会责任的情况。国际社会也越来越关注企业履行社会责任的情况，越来越多的国际组织提出企业社会责任的倡议、规定和绩效评估，相关评价指标的量化分析越来越普遍。世界银行也早已把环境因素和社会责任纳入贷款、投资和风险评估程序。社会责任一般是企业与利益相关者的关系，强调对消费者、社区和环境、遵纪守法、社会发展的贡献。可见，企业承担社会责任本身就是国际规则，是遵纪守法的延伸。因此，推进营商环境"广州样本"还必须加强培育和提高企业社会责任意识。一是企业对政府的责任。企业必须自觉按照政府有关法规的规定，合法经营，并接受政府的监督，承担政府规定的其他责任和义务。二是企业对利益相关者的责任。比如，对投资者（股东）的资金安全和收益负责；为消费者提供物美价廉、安全舒适、耐用的商品和服务，以满足消费者的需求；满足员工利益需求，关注员工地位、待遇和满足感；与所在社区建立相互融洽的关系，并积极参加社区活动，为社区提供就业机会，资助社区的公益事业等。三是承担保护环境和社会可持续发展的责任。要求企业在生产经营过程中改进技术、经营管理方式，避免企业对资源浪费或者低效开发和利用，对环境污染或低效利用，减少资源环境的破坏和浪费，促使社会可持续发展。

四、培育企业诚实守信的信用文化

企业"诚实守信"也是遵纪守法的规则意识的体现。企业信用文化是指以诚实守信为核心的理念和信条，企业及其成员在一定时期形成的共同价值观、行为准则和道德规范。一个企业没有规则意识，就不会自律，就意味着"失信"于社会，失信于利益相关者，不利于行业有序竞争氛围的形成，最终损害企业自身利益。在激烈的市场竞争中，有行业倡导的"诚信"准则，企业"失信"必然招致全行业的排挤和惩罚。因此，加强企业信用文化建设非常重要。一是确立诚实守信、信用至上的企业理念，建立企业内部信用管理制度，塑造良好的企业信用文化；对外自觉形成一种重合同、守信用的社会风气。二是培养全员参与的诚信意识。加强企业员工诚信文化的培育，强化员工的信用观念和信用意识，营造企业信用文化。三是发挥政府行为信用示范作用。在培育企业信用文化方面，政府信用示范作用非常重要。通过政府遵守信用的形象，营造良好的诚信社会环境，完善信用体系建设。四是建立健全社会信用制度，通过建立和完善企业征信体系，加强社会信用管理。加强信用立法和信用执法，对企业信用及时公示并予以曝光，对失信主体给予法律制裁和惩罚。同时，分清诚信与依法办事的界限。在企业内部，遵守企业的规章制度就是讲诚信，"依诚办事"；在法律面前，"依法办事"，不能曲解诚信而做违规违纪的事。

第四节 加强对标"广州样本"的政府组织行动

营商环境建设连接着政府与企业，企业是市场竞争主体，政府是企业经营环境的构建维护的重要主体。企业生命周期各个环节运行离不开政府的监管和服务。广州营商环境建设被纳入世界银行评估中国营商环境的样本，其建设和维护需要社会各界共同参与。按照世界银行的评估框架，政府主要制定营商环境建设规划，完善营商环境规制建设体系；同时组织政府各个部门与社会各界实施规划；动员企业、社区和个人共同参与各个领域、各个层次的营商环境建设，完成各自既定的建设任务。

一、组织制定和实施"广州样本"建设规划

营商环境建设规划作为指导"广州样本"建设的实施依据，由市委、市政府领导牵头，发展改革委员会主导协调各部门贯彻落实，其他有关各个部门分工执行，明确各部门的权责，并构建政府各部门内部相互监督协调机制。然后，采取规划实施目标责任制管理，合理设置年度目标，将各项任务或重要指标纳入工作目标考核体系，重点考核企业和民众对窗口业务的"满意度"。最后，构建内部评估机制，加强内部评估，规范营商环境建设标准，为营商环境建设事业的发展提供支撑依据，不断提升广州营商环境水平。一是加强党的领导。贯彻党的十八大以来党中央、国务院关于营商环境建设的各项政策，深入学习领会习近平总书记视察广东过程中关于广州推动现代化国际化营商环境建设"出新出彩"的指示精

神。发挥市委、市政府总揽全局、协调各方的职能和核心作用，把方向、谋大局、定政策，切实把各项决策部署落到实处，促进广州营商环境建设进入世界银行评估中国营商环境"样本"。二是加强关键岗位公务员队伍建设。政府各部门公务员队伍常常处于流动之中，有必要开展干部队伍新一轮学习和培训，重点加大关键岗位、"窗口"岗位干部的"营商环境"专门理论知识和方法的培训，培养"学习型""研究型"干部队伍，不断提升干部队伍的综合能力。三是建立健全以"广州样本"建设总体规划为统领、以各部门或行业专项规划为基础、区域规划为支撑的广州营商环境建设统一规划体系，加强规划衔接协调和可操作性。四是加强营商环境建设规划的实施，强化监测评估。组织规划实施年度监测分析、中期评估和总结评估。将规划落实情况作为政务信息公开，及时反映实施进展，自觉接受人大监督、政协监督、审计监督和社会监督。

二、培育广州营商环境建设的优化机制

营商环境建设处于开放的、动态的变化过程，而且内部各部门和区域建设水平不平衡，国际竞争性也比较强，"没有最好，只有更好"。因此，营商环境"广州样本"也是处于不断改善的过程中，需要培育营商环境优化机制。一是加强营商环境的理论研究。加强营商环境的基础理论及从理论内涵到现实应用的研究，以及从宏观管理体制改革到微观监管机制，延伸到企业运行和各个经营环节的机制创新，以及国际比较研究，丰富中国营商环境的理论体系。二是加强政府内部各部门自我评估，内部之间相互评估，寻找差距和问题，解决"难点""堵点"，不断完善建设方案。三是建立健全政企互动沟通机制。依托市政府门户网站及政务服务大厅，建立线上线下相融合的企业建议、咨询、投诉平台，创新政企互动机制。在全市政务服务大厅建立政务服务"好差评"机制，明确评价规则，动态公布榜单，建设线上线下相统一、多渠道全方位评估体系。四是加强第三方评估。委托专门研究机构，对广州营商环境建设进行分领域、分区域的跟踪评估研究，甚至可以形成内部评估指

数，以此寻找差距和问题，为营商环境优化决策提供参考。

三、对标世界银行评估"问题—答案"模式

世界银行对营商环境评估采取"问题—答案"模式和框架——"测评问题、中国答案、作为支撑的法律或规范性文件、具体条文、实践做法与典型案例"五个要素。长期以来广州坚持不懈地改善营商环境，积累了大量的建设实践经验。在新的起点上有必要按照"问题—答案"模式，总结营商环境建设经验的"广州答案"。一是对过去的广州营商环境建设实践进行提炼，按照"问题—答案"模式，倒推"广州案例"、法律依据和具体方法。二是对将来广州营商环境建设重新规划布局，按照"问题—答案"模式，对照《广州市优化营商环境条例》及其有关规划和政策文件，构建营商环境建设的载体项目，安排布局若干"典型案例"，进行观察和总结。三是聚焦企业生命周期各环节的体制机制改革。深化商事制度改革，在各区域推广企业简易注销登记改革，加快工程建设审批制度改革，促进不动产登记便利化，深化招投标领域改革，优化公共设施接入服务，提升政务服务市场主体满意度。

四、争取国家对广州营商环境建设的支持

中国改革开放进入新时代，站在新的历史起点，中国改革开放呈现出许多新的历史特点，面临着如何继续深入的重大挑战。

广州营商环境建设适应了国际形势变化的要求，同时充分应用新一轮科技革命的成果和手段，逐步构建了一套具有前瞻性的系统工程，从细微处着手，"人人是营商环境，处处有营商环境"，逐步形成一系列配套的更加开放、深入细致改革的"绣花式"举措，实时回答了这场挑战。

自党的十八届三中全会把"营商环境建设"作为全国性行动以来，广州加快营

商环境建设步伐，一系列政策逐步演变为完善和定型的"制度"，实行制度型开放，赢得国际社会认可，即将纳入世界银行营商环境评估中国的"广州样本"。营商环境"细微化"建设系统架起联通国内、国际社会通行规则体系，形成营商环境建设标准的重要"策源地"。"广州样本"在制度更加成熟定型、发展更有质量、治理更有水平、人民更有获得感的建设方向上树立了标杆，值得在全国推广。

广州作为粤港澳大湾区的核心关键区，主动顺应历史潮流、引领时代潮流，积极响应党中央号召和习近平总书记关于实现老城市新活力、"四个出新出彩"的指引，坚持不断地推进营商环境改革。从宏观体制机制改革到企业和民众"获得感"，不断渗透进入企业经营的生命周期每一个阶段每一个活动节点，普及到民众日常生活的每一个细节，不断提高政务的便利化水平。不久的将来，广州在营商环境建设中的"绣花功夫"将产生前所未有的效应。鉴于此，建议加强广州营商环境建设的经验总结和理论研究，形成具有普遍推广价值的"广州方案"，获取国家对广州营商环境建设的支持。

参考文献

[1] 北京市司法局：《强化营商环境法治保障全力提升北京营商服务水平》，2019年11月12日，见 http://sfj.beijing.gov.cn/sfj/sfdt/ywdt82/jcgz20/617548/index.html。

[2] 毕磊：《"公平、高效、开放"中国营商环境持续优化》，2020年10月7日，见 http://finance.people.com.cn/n1/2020/1007/c1004–31883862.html。

[3] 蔡少华：《优化投资软环境再创广东对外开放新优势》，《广州市经济管理干部学院学报》1999年第3期。

[4] 曹小曙：《粤港澳大湾区区域经济一体化的理论与实践进展》，《上海交通大学学报（哲社版）2019年第5期。

[5] 陈伟伟、张琦：《系统优化我国区域营商环境的逻辑框架和思路》，《改革》2019年第5期。

[6] 陈晓玲：《香港营商环境现状评价及经验借鉴》，《广东经济》2019年第5期。

[7] 崔卫杰：《制度型开放的特点及推进策略》，《开放导报》2020年第2期。

[8] 崔卫杰：《自贸试验区开辟制度型开放新路》，《经济参考报》2019年9月18日。

[9] 崔园园、周海蓉、张云伟：《对标顶级全球城市进一步优化上海营商环境》，《科学发展》2020年第2期。

[10] 戴维斯、诺斯：《制度变迁的理论：概念与原因．论文集》，载科斯、阿尔钦、诺斯等：《财产权利与制度变迁（中译本）》，上海三联书店1994年版，第27页。

[11] 丁艳丽：《广州创新政策机制激励领军人才创新创业》，《中国人才》2016年第7期。

[12] 董志强、魏下海、汤灿晴：《制度软环境与经济发展——基于30个大城市

营商环境的经验研究》，《管理世界》2012 年第 4 期。

[13] 高淑桂：《进一步优化营商环境的路径探析》，《人民论坛》2018 年第 8（上）期。

[14] 广东省人民政府法制办公室：《广州市全面清理法规规章规范性文件》，2018 年 2 月 5 日，见 http://sft.gd.gov.cn/sfw/news/workSt/content/post_1137154.html。

[15] 广州市商务局：《广州市加强国际贸易"单一窗口"建设》，2021 年 3 月 18 日，见 http://www.gz.gov.cn/zwgk/cssj/content/mpost_7148042.html。

[16] 广州市商务委：《广州：落实外资管理改革释放外商投资活力》，《中国外资》2017 年第 11 期。

[17] 广州市政务服务数据管理局：《广州"十三五"回顾：深化"放管服"改革，数字政府建设成效显著》，2021 年 2 月 8 日，见 http://www.gzns.gov.cn/nsdt/nsyw/content/post_7092333.html。

[18] 广州营商环境报告编委会：《广州营商环境报告（2018）》，中国社会科学出版社 2019 年版。

[19] 广州营商环境报告编委会：《广州营商环境报告（2019）》，中国社会科学出版社 2020 年版。

[20] 国家发展改革委员会：《中国营商环境报告（2020）》，中国地图出版社 2020 年版。

[21] 韩春晖：《以法治化营商环境提升国家竞争力》，《中国司法》2019 年第 8 期。

[22] 韩江子：《审批"万里长征图"揭示官僚作风制度化》，《羊城晚报》2013 年 1 月 24 日。

[23] 何小敏：《广州市设立 254 个政务公开专区为市民服务》，《信息时报》2021 年 5 月 7 日。

[24] 黄宝仪：《广州科研资金成功跨境拨付香港科大饮"头啖汤"》，《大公报》2019 年 8 月 9 日。

[25] 黄庆：《广州"十三五"回顾：深化"放管服"，数字政府建设成效显著》，

《广州日报》2021 年 2 月 9 日。

[26] 黄舒旻:《广州推出营商环境改革 2.0 版》,《南方日报》2019 年 4 月 1 日。

[27] 蒋博涵:《法治化营商环境:内涵、困境与进路》,《长春理工大学学报》2021 年第 3 期。

[28] 赖彦文、梁晓婷:《粤港澳大湾区高层次创新人才引进的探索》,《中国市场》2020 年第 13 期。

[29] 李燕:《追溯商都文化基因优化广州营商环境》,《广州日报》2020 年 8 月25 日。

[30] 李志军:《中国城市营商环境评价》,中国发展出版社 2019 版。

[31] 李志清:《借鉴英国创新人才培养经验打造粤港澳大湾区创新人才高地》,《广东经济》2019 年第 1 期。

[32] 刘小玲:《进一步优化广州投资软环境的思考》,《开放时代》1991 年第 5 期。

[33] 娄成武、张国勇:《基于市场主体主观感知的营商环境评估框架构建——兼评世界银行营商环境评估模式》,《当代经济管理》2018 年第 6 期。

[34] 罗艾桦:《广州南沙自贸区擦亮五张新名片》,《人民日报》2018 年 4 月23 日。

[35] 吕绍刚、李语:《广州花都优化营商环境打造政务服务"花都速度"》,2018年 10 月 29 日,见 https://www.huadu.gov.cn/gzhdzs/gkmlpt/content/5/5836/post_5836731.html?jump=false#5223。

[36] 马亮:《新加坡推进"互联网 + 政务服务"的经验与启示》,《电子政务》2017 年第 11 期。

[37] 马兴瑞:《加快数字化发展》,《求是》2021 年第 2 期。

[38] 庞泽欣:《广州:构建体系化的人才政策打造优质化的创业板块》,《留学生》2013 年第 2 期。

[39] 彭向刚、马冉:《政务营商环境优化及其评价指标体系构建》,《学术研究》2018 年第 11 期。

[40] 沈荣华：《优化营商环境的内涵、现状与思考》，《行政管理改革》2020 年第 10 期。

[41] 沈云樵：《营商环境法治化之理念与路径——以广东省为例》，《南海法学》2017 年第 2 期。

[42] 宋超：《"万里长征图"审批改革要做到 5.0 版》，《新京报》2017 年 11 月 10 日。

[43] 孙景宇、魏雅璇：《中国各省份营商环境的评估与比较：1998—2014》，《天津市社会科学界第十五届学术年会优秀论文集》2019 年版，第 3—12 页。

[44] 孙丽燕：《企业营商环境的研究现状及政策建议》，《全球化》2016 年第 8 期。

[45] 陶达嫄：《入世十年广州在开放中加速国际化》，《南方日报》2011 年 11 月 3 日。

[46] 王斌：《〈北京市优化营商环境条例〉提出 5 大制度创新》，《法制日报》2020 年 3 月 27 日。

[47] 王德业、曾节、沈贵进：《广州市改善投资环境的对策》，《国际经济合作》1988 年第 10 期。

[48] 王伟文：《广州南沙自贸区挂牌 3 年：加速构建国际一流营商环境》，《人民日报》2018 年 4 月 23 日。

[49] 温国辉：《2021 年广州市政府工作报告——2021 年 1 月 29 日在广州市第十五届人民代表大会第六次会议上》，2021 年 2 月 4 日，见 http://www.gz.gov.cn/xw/gzyw/content/post_7067569.html。

[50] 吴瑕、史伟宗：《广州市部署推进高标准市场体系建设率先开展高标准市场体系示范建设进一步激发各类市场主体活力》，《信息时报》2021 年 5 月 6 日。

[51] 武靖州：《振兴东北应从优化营商环境做起》，《经济纵横》2017 年第 1 期。

[52] 向晓梅、杨娟：《粤港澳大湾区产业协同发展的机制和模式》，《华南师范大学学报（社科版）》2018 年第 2 期。

[53] 谢红星：《法治化营商环境的证成、评价与进路——从理论逻辑到制度展

开》,《学习与实践》2019 年第 11 期。

[54] 徐南铁:《广州：全力优化投资环境》,《开放时代》1991 年第 1 期。

[55] 严剑漪:《上海：打好"组合拳"全力推进法治化营商环境建设》,《人民法院报》2020 年 3 月 2 日。

[56] 杨继瑞、周莉:《优化营商环境：国际经验借鉴与中国路径抉择》,《新视野》2019 年第 1 期。

[57] 杨平、涧泉:《关于进一步优化广州投资环境的思考》,《探索》2006 年第 6 期。

[58] 余长林:《知识产权保护与发展中国家的经济增长》,《厦门大学学报（哲学社会科学版）》2010 年第 2 期。

[59] 曾雅:《重磅解读广州十年大变》,《南方日报》2010 年 10 月 22 日。

[60] 张伟雄:《〈建设法治化国际化营商环境五年行动计划〉解读》, 2012 年 10 月 29 日，见 http://www.anhuinews.com/zhuyeguanli/system/2012/10/30/005287881.shtml。

[61] 张志铭、王美舒:《中国语境下的营商环境评估》,《中国应用法学》2018 年第 5 期。

[62] 钟飞腾、凡帅帅:《投资环境评估、东亚发展与新自由主义的大衰退：以世界银行营商环境报告为例》,《当代亚太》2016 年第 12 期。

[63] 朱羿锟、高轩、陈胜蓝、费兰芳:《中国主要城市 2017—2018 年度营商环境报告：基于制度落实角度》, 暨南大学出版社 2019 年版。

[64] Carlin, Wendy J., Paul Seabright. *Bring me sunshine: which parts of the business climate should public policy try to fix?* in J. Yifu Lin and Boris Pleskovic（eds.）Annual Bank Conference on Development Economics, Bled Slovenia, 2007,（1）.

[65] Eifert, B., Alan Gelb & Vijaya Ramachandran. *Business Environment and Comparative Advantage in Africa : Evidence from the Investment Climate Data ICA*. World Bank. Working Paper, 2005,（56）.

[66] Lucas, Henry C. Jr. *Information Technology for Management(7Th edition)*. Irwin

and Miller, 2000.

[67] Slappendel, Carol. *Perspectives on innovation in Organizations*. Organization Studies. 1996, 17(1):107–129.

[68] Stern, Eric. *Crisis Learning: A Conceptual Balance Sheet*. Journal of Contingencies and Crisis Management, 2002, (12).

后 记

2020 年 9 月中旬，我得知广州市委宣传部正在定向招标一批课题的消息，被告知一个关于营商环境建设的题目正在紧急寻找合适的课题组，而且要求在半年内完成研究任务，形成著作成果并正式出版。我及时搭建课题组，酝酿研究提纲和研究内容，9 月下旬，课题组把研究提纲和主要内容转交给了宣传部。10 月下旬，通过参加竞争性申报，广州市委宣传部正式确定委托本人组织的研究团体来承担关于营商环境建设的研究课题。随后，我们双方详细讨论了研究内容和研究方案，确定包括成果形式和完善时间等细节，并与广州市社会科学规划领导小组办公室签订研究项目立项协议，该研究项目《机遇之城：建构世界一流的广州营商环境》被列为"广州新型智库丛书"（第 1 辑）。

11 月初正式开始深入研究广州营商环境建设的问题，对课题组成员进行分工，经过各位成员深入研究和多次讨论，拟定三级写作提纲。11 月下旬，宣传部召集"广州新型智库丛书"各个课题代表，听取专家组对研究提纲的评审意见，并完善了研究内容和写作提纲。2020 年 12 月之后，课题组分工调研和写作，先后到广州市商务局、市场监督管理局、司法局、南沙区有关部门、黄埔区有关部门、市发改委等部门和机构进行座谈，还到一些企业考察，听取企业管理层对现实营商环境建设的意见和诉求。在整个调研过程中，由于受到疫情防控的影响和限制，许多调研不能进行面对面座谈和现场考察，好在现在通信手段发达，通过电话、微信和邮件取代现场调研，广州市政府有关部门提供了详细的材料，这些材料都是各个部门的总结报告、专题调研报告和研究报告，有助于课题组对广州营商环境建设的研究和判断。

在整个调研和研究过程中，课题组得到了中共广州市委宣传部常务副部长，市社科联党组书记、主席曾伟玉，市社科联副主席郭德焱等多位领导的指导和大力支持。从研究提纲的形成，到调研对象的安排，再到书稿的成型和修改，宣传部多次组织专家进行评审和研讨。广州市委宣传部理论处梅声洪处长、广东外语外贸大学原副校长董小麟教授、广州市社会科学院原党组副书记刘江华研究员、华南理工大学原党委副书记张振刚教授在宣传部召开的"广州新型智库丛书——老城市新活力"研究推进会上提出了许多宝贵意见，给本书最终完善提供了极大帮助。

2021 年 4 月中旬形成了完整的书稿，我们课题组进行了一次研讨会，相互提出意见和建议，5 月下旬完成一次修改；在梅声洪处长指导下于 6 月底又完成一次修改。然后，邀请董小麟教授和广州市社科院杨再高副院长对书稿进行了审读，他们提出了许多真知灼见，根据他们的意见和建议，对书稿进行系统修改，终于在 8 月上旬定稿。

对上述提到的机构和个人表示衷心感谢，感谢他们在本课题研究过程中给予的帮助，特别要感谢梅声洪处长、董小麟教授、杨再高副院长、刘江华研究员和张振刚教授对写作提纲和书稿提出的意见和建议。

当然，整个书稿中的问题由课题组负责。完成书稿的责任分工是：陈万灵教授负责整个研究方案和调研方案的设计，韦晓慧博士和冯峥、胡耀、陈子杰、郁萌等研究生参与了调研并完成了调研报告。陈万灵负责撰写第一章，韦晓慧负责撰写第二章，张庆霖负责撰写第三章，蔡永刚负责撰写第四章，陈少铭负责撰写第五章，陈万灵和吴喜龄共同完成第六章，陈万灵与冯峥和陈浩共同完成第七章，最后由陈万灵统稿和修改定稿。

陈万灵

2021 年 9 月